Collection dirigée par Frank Marchand

Concours administratifs

Catégorie C

LES ÉPREUVES DE MATHS ET DE TABLEAUX NUMÉRIQUES

Concours interne et externe

Rappels de cours

Sujets de concours et d'entraînement

Corrigés détaillés

Aline Bligny et Didier Suard
Professeurs de mathématiques

vuibert

ISBN 2-7117-8182 8

Avant-propos

Ce livre est destiné à tous les candidats aux concours administratifs de catégorie C, qu'ils se présentent à un concours interne ou externe. Il permet :

• d'*acquérir* ou de *revoir* **toutes les notions mathématiques** essentielles au programme des épreuves **(arithmétique, algèbre, géométrie, tableaux numériques) ;**

• de s'*entraîner* à partir d'exercices **corrigés de manière détaillée** afin d'assimiler les notions et de maîtriser les méthodes de résolution ;

• de se *préparer* efficacement aux épreuves grâce aux **sujets de concours**, récents et divers, corrigés eux aussi.

Chaque chapitre se décompose **en quatre parties** :

• rappel des notions essentielles ;

• exercices d'entraînement ;

• sujets de concours ;

• corrigés détaillés des exercices et des sujets de concours.

Des conseils pédagogiques et méthodologiques sont signalés par le symbole ⚠.

Un chapitre est consacré à **l'épreuve de tableaux numériques**. Quelques sujets très spécifiques ou de synthèse font l'objet d'un chapitre spécial intitulé « Problèmes divers » (chapitre 20).

Nous avons conçu cet ouvrage avec le souci constant que le candidat puisse travailler **de façon autonome** et **s'auto-évaluer**.

À tous, nous souhaitons bon courage et bonne chance.

Les auteurs

Sommaire

CAPES

N° 5, *CAPES de lettres modernes*, L. Fourcaut

N° 14, *CAPES d'histoire-géographie*, B. Élissalde

N°15, CAPES d'anglais, G. Werlé

SÉRIE CONCOURS ADMINISTRATIFS (série rouge)

Catégorie C

N° 1, *Les Épreuves de français*, F. Brunel

N° 6, *Les Épreuves de mathématiques et de tableaux numériques*, A. Bligny, D. Suard

N° 7, *QCM et exercices*, A. Lachaud, M. Marchand, M. Mérignat

Catégorie B

N° 2, *Les Épreuves d'économie*, M. Lakehal

N° 3, *Les Épreuves de droit*, O. Tréand

N° 8, *Les Épreuves de français*, G. Baille, M. Dubois

N° 9, *Les Épreuves de mathématiques*, R. Proteau

N° 10, *Les Épreuves de QCM*, M. Lakehal

Catégorie B et A

N° 4, *Méthodologie de la note de synthèse*, R. Le Saout

Catégorie A

N° 5, *La Note sur dossier économique*, A. Demarolle, A. Quinet

N° 11, *La Note sur dossier juridique*, O. Tréand

N° 12, *La Dissertation économique*, M. Lakehal

N° 13, *La Dissertation juridique*, O. Tréand

SÉRIE CONCOURS PARAMÉDICAUX ET SOCIAUX (série verte)

N° 1, *Concours d'entrée dans les centres de formation d'orthophonie*, F. Thiébault-Roger

N° 2, *QCM de culture générale, concours d'entrée dans les écoles paramédicales*, F. Thiébault-Roger

N° 3, *Concours d'admission dans les Instituts de Formation en Soins infirmiers (IFSI)*, collectif

N° 4, *L'Épreuve de biologie, concours paramédicaux*, R. Platel

N° 5, *Thèmes sanitaires et sociaux, concours d'admission dans les Instituts de Formation en Soins infirmiers* (IFSI), J. Bruneteau

N° 6, *Tests psychotechniques, concours d'admission dans les Instituts de Formation en Soins infirmiers (IFSI)*, A.-M. Bruneteau

1. Nombres et opérations

$\mathbb{N}$ est l'ensemble des nombres entiers naturels.

Exemple :

0; 1; 2; 3; ...

$\mathbb{Z}$ est l'ensemble des nombres entiers relatifs.

Exemple :

...; –3; –2; –1; 0; 1; 2; ...

$\mathbb{D}$ est l'ensemble des nombres décimaux relatifs.

Il comprend les précédents plus ceux dont la partie décimale est finie.

Exemple :

–4; 8,75; ...

$\mathbb{Q}$ est l'ensemble des nombres rationnels ou fractionnaires : $\frac{a}{b}$ avec $a \in \mathbb{Z}$, $b \in \mathbb{Z}$ et $b \neq 0$.

Exemple :

$\frac{3}{4}$; $-\frac{2}{7}$; $\frac{19}{-20}$; …

$\mathbb{R}$ est l'ensemble des nombres réels.

Il comprend les précédents plus ceux dont la partie décimale est illimitée et non périodiques.

Exemple :

Π ; $\sqrt{2}$; $\sqrt{5}$; …

I. Diviseurs d'un nombre

> ***a* et *b* sont des nombres entiers.**
> **Un nombre *b* divise un nombre *a* si la division de *a* par *b* a un quotient entier et un reste nul.**

Exemple :

18 : 3 = 6 donc 3 est un diviseur de 18
ou 18 est divisible par 3.

II. Caractères de divisibilité

- Un nombre décimal est divisible par 2 s'il est pair.
- Un nombre décimal est divisible par 5 s'il se termine par 0 ou 5.
- Un nombre décimal est divisible par 10; 100; … s'il se termine par 0; 00; …
- Un nombre décimal est divisible par 3 si la somme de ses chiffres est divisible par 3.

Exemple :

5 325 → 5 + 3 + 2 + 5 = 15

15 est divisible par 3, donc 5 325 aussi.

• Un nombre décimal est divisible par 4 si le nombre formé par ses 2 derniers chiffres est divisible par 4.

Exemple :

624 → 24 divisible par 4 donc 624 aussi.

• Un nombre décimal est divisible par 25 s'il se termine par 00; 25; 50 ou 75.

III. Nombres premiers

Un nombre premier n'admet que 2 diviseurs : 1 et lui-même.

Exemple :

2; 3; 5; 7; 11; 13; 17; 19; 23…

Tout nombre entier peut s'écrire sous la forme d'un produit de facteurs premiers.

Disposition du calcul

Quotients	Diviseurs premiers
36	2
18	2
9	3
3	3
1	

$36 = 2 \times 2 \times 3 \times 3 = 2^2 \times 3^2$

124	2
62	2
31	31
1	

$124 = 2^2 \times 31$

Plus grand commun diviseur (PGCD)

Pour obtenir le PGCD de 2 ou plusieurs nombres :

• On écrit ces nombres sous la forme d'un produit de facteurs premiers.

• On fait le produit des facteurs communs avec leur plus petit exposant.

Exemple :

$$\left.\begin{array}{l} 36 = 2^2 \times 3^2 \\ 24 = 2^3 \times 3 \end{array}\right\} \text{PGCD} = 2^2 \times 3 = 12.$$

IV. Factorielle

$n!$ se lit « factorielle n »

$n!$ est égale au produit des n premiers entiers naturels consécutifs non nuls.

$$\boldsymbol{n! = 1 \times 2 \times 3 \times \ldots \times n}$$

Exemple :

$7! = 1 \times 2 \times 3 \times 4 \times 5 \times 6 \times 7 = 5\,040$

$$\frac{5!}{3!} = \frac{\cancel{1} \times \cancel{2} \times \cancel{3} \times 4 \times 5}{\cancel{1} \times \cancel{2} \times \cancel{3}} = 4 \times 5 = 20.$$

V. Nombres relatifs

Un nombre relatif comporte :
- un signe (+ ou –)
- une valeur absolue.

Exemple :

$-12{,}5$: $-$ → signe ; $12{,}5$ → valeur absolue ; $+126$: $+$ → signe ; 126 → valeur absolue

⚠ Le signe + est facultatif. (+6 = 6)

Le signe – ne peut pas être enlevé.

VI. Valeur absolue

$|a|$ se lit « valeur absolue de a »

Soit a un nombre relatif.
Si $a \geqslant 0$; alors $|a| = a$.
Si $a < 0$; alors $|a| = -a$.

Exemples :

$|+3| = 3$; $|-5{,}2| = 5{,}2$

$A = |-3{,}5| + |-2| - |-7{,}4|$

$A = 3{,}5 + 2 - 7{,}4$

$A = -1{,}9.$

VII. Addition

La somme de 2 nombres relatifs de même signe est un nombre relatif qui a :
- **pour signe, le signe commun;**
- **pour valeur absolue, la somme des valeurs absolues des 2 nombres.**

Exemple :

$(+12{,}6) + (+15{,}5) = +28{,}1$

$(-40) + (-3) = -43.$

La somme de 2 nombres relatifs de signes contraires est un nombre relatif qui a :
- **le signe qui précède la plus grande valeur absolue;**
- **pour valeur absolue, la différence des valeurs absolues des 2 nombres.**

Exemple :

$(+10) + (-4) = +6$

$(+3) + (-12) = -9.$

VIII. Écriture simplifiée

Dans une addition, ou peut supprimer les signes + et les parenthèses. Cette écriture simplifiée est une ***somme algébrique.***

Exemple :

$(-2) + (+6) = -2 + 6 = 4$

$(-3) + (-7) = -3 - 7 = -10.$

IX. Soustraction

Pour soustraire un nombre relatif, on ajoute son opposé.

Exemple :

$(-3) - (+4) = (-3) + (-4) = -3 - 4 = -7$

$(+6) - (-3) = (+6) + (+3) = 6 + 3 = 9.$

X. Produit

Le produit de 2 nombres relatifs de même signe est positif.

Exemple :

$(+3) \times (+6) = +18$ ou 18

$(-5) \times (-2) = +10$ ou 10.

Le produit de 2 nombres relatifs de signes contraires est négatif.

Exemple :

$(-2) \times (+7) = -14$

$(+10) \times (-3) = -30.$

XI. Quotient

Le quotient de 2 nombres relatifs de même signe est positif.

Exemple :

$\frac{+3}{+4} = +\frac{3}{4}$; $\frac{-2}{-7} = +\frac{2}{7}.$

Le quotient de 2 nombres relatifs de signes contraires est négatif.

Exemple :

$\frac{-5}{+2} = -\frac{5}{2}$; $\frac{+7}{-10} = -\frac{7}{10}$

Priorité dans les calculs

a. Calculs sans parenthèses

Dans une écriture sans parenthèses, la multiplication et la division ont priorité sur l'addition et la soustraction.

Exemple :

$A = 12 - 3 \times 5$

$A = 12 - 15$

$A = -3$

$B = 25 + 6 \times 2 - 8 : 4$

$B = 25 + 12 - 2$

$B = 37 - 2$

$B = 35$

b. Calculs avec parenthèses

Dans une écriture qui comporte des parenthèses, on effectue d'abord les parenthèses.

Exemple :

$C = 18 \times (6 - 8) + 5$

$C = 18 \times (-2) + 5$

$C = -36 + 5$

$C = -31.$

Dans une écriture qui comporte des parenthèses emboîtées, on effectue d'abord les parenthèses les plus intérieures.

⚠ Crochets et parenthèses ont la même valeur.

Exemple :

$D = 12 \times (4 - 3 \times 2) - 5 \times (7 + 4)$
$D = 12 \times (4 - 6) - 5 \times 11$
$D = 12 \times (-2) - 5 \times 11$
$D = -24 - 55$
$D = -79.$

$E = 125 - [18 - (2 - 5)] - 12$
$E = 125 - [18 - (-3)] - 12$
$E = 125 - [18 + (+3)] - 12$
$E = 125 - 21 - 12$
$E = 104 - 12$
$E = 92.$

Écritures littérales

XII. Somme algébrique

On ne peut additionner et soustraire que des termes ayant la même partie littérale (appelés aussi termes semblables).

Exemple :

$A = 2x^2 + 3x - 4 - 2x - x^2 + 3$
$A = 2x^2 - x^2 + 3x - 2x - 4 + 3$
$A = x^2 + x - 1.$

XIII. Suppression de parenthèses

Lorsqu'on supprime des parenthèses précédées :
• d'un signe +, on recopie les termes qui sont à l'intérieur avec leurs signes;
• d'un signe –, on recopie les termes qui sont à l'intérieur en changeant tous les signes.

Exemple :

$A = 12y + (3x - 4) + (-5 + 14x - 2y)$
$A = 12y + 3x - 4 - 5 + 14x - 2y$
$A = 3x + 14x + 12y - 2y - 4 - 5$
$A = 17x + 10y - 9.$
$B = 4 - (5x - 3) - (-8x + 12)$
$B = 4 - 5x + 3 + 8x - 12$
$B = -5x + 8x + 4 + 3 - 12$
$B = 3x - 5.$

XIV. Produit

On peut supprimer le signe × entre :

- un nombre et une lettre

Exemple : $2 \times x = 2x$

- deux lettres

Exemple : $a \times b = ab$

- un terme et une parenthèse

Exemple : $2 \times (3 + x) = 2(3 + x)$; $x \times (3 - y) = x(3 - y)$

- deux parenthèses

Exemple : $(3x - 4) \times (2x + 5) = (3x - 4)(2x + 5)$.

⚠ Dans une écriture, lorsqu'il manque un signe d'opération, c'est **toujours** le signe ×.

Exercices d'entraînement

1. Compléter le tableau suivant :

divisible par	2	3	4	5	9	10
723						
4 035						
9 170						
1 125						
736						

2. Décomposer sous forme d'un produit de facteurs premiers :

48; 147; 675; 225; 280

3. Effectuer :

$$5! \; ; \; \frac{3!}{7!} \; ; \; \frac{5! \times 3!}{7! \times 2!}.$$

4. Effectuer :

$|+1{,}4|$; $|-5{,}75|$; $|+2{,}3| + |-7| - |-5{,}4|$;
$|+8{,}4| \times |-2|$; $13 - |-5| + |-12|$

5. Effectuer :

$A = (-5) + (-3) + (-1{,}4) + (+5)$.
$B = (-12) - (+3) + (-7) - (-9)$.
$C = 18 - (4 \times (-3))$.
$D = 14 \times (-18 + 12)$.
$E = 18 \times (7 - 4) + 5 - 4 \times 7$.
$F = 2x^2 - 4x - 3 + 5x^2 - 3x + 12$.

Corrigés

1.

divisible par	2	3	4	5	9	10
723	non	oui	non	non	non	non
4 035	non	oui	non	oui	non	non
9 170	oui	non	non	oui	non	oui
1 125	non	oui	non	oui	oui	non
736	oui	non	oui	non	non	non

2.

48	2	280	2	147	3	225	5	675	5
24	2	140	2	49	7	45	5	135	5
12	2	70	2	7	7	9	3	27	3
6	2	35	5	1		3	3	9	3
3	3	7	7			1		3	3
1		1						1	

$48 = 2^4 \times 3$; $147 = 3 \times 7^2$; $675 = 5^2 \times 3^3$

$225 = 3^2 \times 5^2$; $280 = 2^3 \times 5 \times 7$.

3. $5! = 1 \times 2 \times 3 \times 4 \times 5 = 120$.

$$\frac{3!}{7!} = \frac{1 \times \cancel{2} \times \cancel{3}}{1 \times \cancel{2} \times \cancel{3} \times 4 \times 5 \times 6 \times 7} = \mathbf{\frac{1}{840}}.$$

$$\frac{5! \times 3!}{7! \times 2!} = \frac{1 \times \cancel{2} \times \cancel{3} \times \cancel{4} \times \cancel{5} \times \cancel{2} \times 3}{1 \times \cancel{2} \times \cancel{3} \times \cancel{4} \times \cancel{5} \times 6 \times 7 \times \cancel{2}} = \frac{1 \times \cancel{3}}{2 \times \cancel{3} \times 7} = \frac{1}{14}.$$

4. $|+1{,}4| = \mathbf{1{,}4}$; $|-5{,}75| = -(-5{,}75) = \mathbf{5{,}75}$;

$|+2{,}3| + |-7| - |-5{,}4| = 2{,}3 + 7 - 5{,}4 = \mathbf{3{,}9}$;

$|+8{,}4| \times |-2| = 8{,}4 \times 2 = \mathbf{16{,}8}$;

$13 - |-5| + |-12| = 13 - 5 + 12 = \mathbf{20}$.

5. $\boldsymbol{A = (-5) + (-3) + (-1{,}4) + (+5)}$

$A = -5 - 3 - 1{,}4 + 5$

$A = -9{,}4 + 5$

$\boldsymbol{A = -4{,}4}$.

$B = (-12) - (+3) + (-7) - (-9) = (-12) + (-3) + (-7) + (+9)$

$B = -12 - 3 - 7 + 9 = \mathbf{-13.}$

$C = 18 - (4 \times (-3)) = 18 - (-12) = 18 + 12 = \mathbf{30}.$

$D = 14 \times (-18 + 12) = 14 \times (-6) = \mathbf{-84.}$

$E = 18 \times (7 - 4) + 5 - 4 \times 7 = 18 \times 3 + 5 - 4 \times 7$

$E = 54 + 5 - 28 = \mathbf{31.}$

$F = 2x^2 - 4x - 3 + 5x^2 - 3x + 12$

$F = 2x^2 + 5x^2 - 4x - 3x - 3 + 12 = \mathbf{7x^2 - 7x + 9.}$

Sujets de concours

1. Adjoint administratif, Défense. Trouver le nombre premier :

A	551	B	625	C	233	D	141

2. Agent technique des Haras, Agriculture, 1997.

Décomposer en facteurs premiers les nombres 784 et 1 225.

- En **déduire la racine carrée** de 784 et celle de 1 225.
- **Simplifier la fonction** $\frac{784}{1\,225}$.

3. Agent administratif, Police nationale, 1994. On note *n*! (factorielle *n*) le nombre obtenu en effectuant le produit des *n* premiers entiers naturels non nuls consécutifs.

$n! = 1 \times 2 \times 3 \times 4 \ldots\ldots (n-1)n.$

Exemple : $5! = 120.$

a. **Calculer** $\frac{19!}{17!}$.

b. **Écrire à l'aide de deux factorielles le produit :**

$4 \times 5 \times 6 \times 7 \times 8 \times 9 =$

4. Agent administratif, INSEE, 1995. Calculer :

$a = |2 - |-5|| - |3 - 8|$

$b = |2 - 3| + ||4 - 5| - 2| - |3 - 5|$

5. Agent de maîtrise territorial, 1996. Quelle est la simplification exacte de A ?

$A = 4\left[\frac{1}{10}(5(2a + 3) + 5) - a + 7\right].$

6. Agent de maîtrise territorial, 1996. Développer :

$2x - (2x^2 - 2x - 3) + 2x^2 + 7.$

$4x - 5 + (-3x + 2) + 2x + 1.$

Corrigés

1. 625 se termine par 5 ; il est divisible par 5.

141 → 1 + 4 + 1 = 6 ; il est divisible par 3.

551 n'étant divisible ni par 2 ; 5 ; 3. On essaye les nombres premiers suivants 7 ; 11 ; 13 ; 17.

La division par 19 donne 29 ; donc 551 = 19 × 29.

Le seul nombre premier est **233.**

2.

784	2
392	2
196	2
98	2
49	7
7	7
1	

1 225	5
245	5
49	7
7	7
1	

$\mathbf{784 = 2^4 \times 7^2}$ $\mathbf{1\,225 = 5^2 \times 7^2}$

$\sqrt{748} = \sqrt{2^4} \times \sqrt{7^2} = 2^2 \times 7 = \mathbf{28.}$

$\sqrt{1\,225} = \sqrt{5^2} \times \sqrt{7^2} = 5 \times 7 = \mathbf{35.}$

$\dfrac{784}{1\,225} = \dfrac{2^4 \times \cancel{7^2}}{5^2 \times \cancel{7^2}} = \dfrac{2^4}{5^2} = \mathbf{\dfrac{16}{25}}.$

3. *a.* $\dfrac{19!}{17!} = \dfrac{\cancel{17!} \times 18 \times 19}{\cancel{17!}} = \mathbf{18 \times 19.}$

b. $\dfrac{\cancel{1} \times \cancel{2} \times \cancel{3} \times 4 \times 5 \times 6 \times 7 \times 8 \times 9}{\cancel{1} \times \cancel{2} \times \cancel{3}} = \mathbf{\dfrac{9!}{3!}}.$

4. $a = |2 - |-5|| - |3 - 8| = |2 - 5| - |-5| = |-3| - |-5|$

$a = 3 - 5 = \mathbf{-2}.$

$b = |2 - 3| + ||4 - 5| - 2| - |3 - 5|$

$b = |-1| + |+1 - 2| - |3 - 5|$

$b = 1 + 1 - 2 = \mathbf{0.}$

5. $A = 4\left[\dfrac{1}{10}(5(2a + 3) + 5) - a + 7\right]$

$A = 4\left[\dfrac{1}{10}(10a + 15 + 5) - a + 7\right]$

$A = 4[\cancel{a} + 2 - \cancel{a} + 7] = 4(9)$

$\mathbf{A = 36.}$

6. $\mathbf{2x - (2x^2 - 2x - 3) + 2x^2 + 7 =}$

$2x - 2x^2 + 2x + 3 + 2x^2 + 7 = \mathbf{4x + 10.}$

$4x - 5 + (-3x + 2) + 2x + 1 =$

$4x - 5 - 3x + 2 + 2x + 1 = \mathbf{3x - 2.}$

2. Fractions

La fraction $\frac{a}{b}$ est une autre écriture du quotient $a : b$ (avec a et b entiers relatifs, et $b \neq 0$)

$\frac{a \longrightarrow \text{numérateur}}{b \longrightarrow \text{dénominateur}}$

Une fraction, dont le numérateur est égal au dénominateur, est égale à 1.

Exemple : $\frac{4}{4} = 1$; $\frac{-7}{-7} = 1$ Tout ***nombre entier*** peut être écrit sous la forme d'une fraction de dénominateur 1.

Exemple : $5 = \frac{5}{1}$; $-12 = \frac{-12}{1}$.

On obtient une fraction équivalente à une fraction donnée, si l'on multiplie ou si l'on divise le numérateur et le dénominateur par le même nombre (non nul).

Exemple :

$$\frac{5}{3} = \frac{5 \times 2}{3 \times 2} = \frac{10}{6}$$

$$\frac{12}{15} = \frac{12:3}{15:3} = \frac{4}{5}$$

ou $$\frac{12}{15} = \frac{\cancel{3} \times 4}{\cancel{3} \times 5} = \frac{4}{5}.$$

Dans le 2e exemple $\frac{12}{15}$ a été écrite avec des nombres plus petits, on dit qu'on a simplifié la fraction.

Une ***fraction irréductible*** est une fraction qu'on ne peut plus simplifier.

Exemple : Simplifier au maximum $\frac{24}{36}$. On écrit les nombres 24 et 36 sous la forme d'un produit de facteurs premiers (voir chapitre 1, Nombres et opérations).

24	2	36	2
12	2	18	2
6	2	9	3
3	3	3	3
1		1	

$$\frac{24}{36} = \frac{\cancel{2}\times\cancel{2}\times 2\times\cancel{3}}{\cancel{2}\times\cancel{2}\times\cancel{3}\times 3} = \frac{2}{3}.$$

⚠ On ne peut simplifier comme ci-dessus que si l'écriture ne comporte **que des multiplications.**

Exemple :

Simplifier au maximum $\frac{60}{75}$

$60 = 2\times 2\times 3\times 5$ et $75 = 5\times 5\times 3$

$\frac{60}{75} = \frac{2\times 2\times\cancel{3}\times\cancel{5}}{\cancel{5}\times 5\times\cancel{3}} = \frac{4}{5}.$

Mettre des fractions au même dénominateur

Le dénominateur commun à 2 ou plusieurs fractions est le ***plus petit commun multiple*** (PPCM) de leurs dénominateurs.

Pour obtenir ce PPCM :

- On écrit les nombres sous la forme d'un produit de facteurs premiers.
- On fait le produit des différents facteurs premiers avec leur plus grand exposant.

Exemple :

Écrire avec le même dénominateur

$\frac{3}{15}$ et $\frac{7}{12}$ $\quad 15 = 3\times 5$

$20 = 2^2\times 5.$

PPCM de 15 et 20 : $2^2\times 3\times 5 = 60.$

$\frac{3}{15} = \frac{3\times 4}{15\times 4} = \frac{12}{60}$ et $\frac{7}{20} = \frac{7\times 3}{20\times 3} = \frac{21}{60}.$

I. Opérations

Pour faire la somme de 2 fractions qui ont le même dénominateur :
- **On fait la somme des numérateurs;**
- **On garde le dénominateur commun.**

$$\frac{a}{b} + \frac{c}{b} = \frac{a+c}{b} \quad \text{avec } b \neq 0$$

Exemple : $\frac{2}{3}+\frac{5}{3} = \frac{2+5}{3} = \frac{7}{3}$

Pour faire la différence de 2 fractions ayant le même dénominateur :
- **on fait la différence des numérateurs;**
- **on garde le dénominateur commun.**

$$\boldsymbol{\frac{a}{b}-\frac{c}{b}=\frac{a-c}{b}} \quad \textbf{avec } b \neq 0$$

Exemple :

$$\frac{13}{11}-\frac{5}{11} = \frac{13-5}{11} = \frac{8}{11}.$$

$$\frac{7}{5}-\frac{12}{5} = \frac{7-12}{5} = \frac{-5}{5} = -1.$$

⚠ Si les fractions ont des dénominateurs différents, on commence par les écrire avec le même dénominateur.

Pour faire le produit de 2 fractions, on multiplie les numérateurs entre eux et les dénominateurs entre eux.

$$\boldsymbol{\frac{a}{b}\times\frac{c}{d}=\frac{a\times c}{b\times d}} \quad \text{avec } b \neq 0 \text{ et } d \neq 0$$

⚠ Pour faire le produit il est inutile d'écrire les fractions avec le même dénominateur.

⚠ Avant d'effectuer les produits, penser à simplifier si possible.

Exemple : $\frac{3}{5}\times\frac{7}{2} = \frac{3\times 7}{5\times 2} = \frac{21}{10}.$

Exemple : $\frac{12}{25}\times\frac{20}{8} = \frac{12\times 20}{25\times 8} = \frac{\cancel{2}\times\cancel{2}\times 3\times\cancel{2}\times 2\times\cancel{5}}{\cancel{5}\times 5\times\cancel{2}\times\cancel{2}\times\cancel{2}} = \frac{6}{5}.$

⚠ Si la simplification a été complète, on obtient le produit sous la forme d'une fraction irréductible.

Pour diviser 2 fractions, on multiplie la première par l'inverse de la seconde.

$$\boldsymbol{\frac{a}{b}:\frac{c}{d}=\frac{a}{b}\times\frac{d}{c}=\frac{a\times d}{c\times b}} \quad \text{avec } b \neq 0,\ d \neq 0,\ c \neq 0$$

Exemple : $\frac{2}{3}:\frac{5}{7} = \frac{2}{3}\times\frac{7}{5} = \frac{2\times 7}{3\times 5} = \frac{14}{15}.$

Exemple : $\frac{7}{15}:\frac{21}{10} = \frac{7}{15}\times\frac{10}{21} = \frac{\cancel{7}\times 2\times\cancel{5}}{3\times\cancel{5}\times\cancel{7}\times 3} = \frac{2}{9}.$

II. Valeur exacte, valeur approchée

$\frac{4}{16} = \frac{\not{4} \times 1}{\not{4} \times 4} = \frac{1}{4}$ ou $\frac{4}{16} = 4 : 16 = 0,25.$

$\frac{1}{4}$ et 0,25 sont des valeurs exactes.

$\frac{2}{6} = \frac{\not{2} \times 1}{\not{2} \times 3} = \frac{1}{3}$ ou $2 : 6 = 0,333\ldots$

$\frac{1}{3}$ est une valeur exacte mais $0,333$ est une valeur approchée à 10^{-3} près ou 0,001 près par défaut.

III. Troncature et arrondi

Il n'est pas toujours nécessaire de garder toutes les décimales d'un nombre.

Tronquer un nombre c'est le couper.

Exemple : 18,526.
Troncature à l'unité : 18.
Troncature au 1/10e : 18,5.
Troncature au 1/100e : 18,52.

Pour arrondir un nombre, le dernier chiffre écrit :
- **reste inchangé, s'il est suivi de 0; 1; 2; 3; 4;**
- **augmente de 1, s'il est suivi de 5; 6; 7; 8; 9.**

Exemple : 18,526.
arrondi à l'unité : 19 (suivi de 5).
arrondi au 1/10e : 18,5 (suivi de 2).
arrondi au 1/100e : 18,53 (suivi de 6).

IV. Calculer une fraction d'un nombre

Calculer une fraction $\frac{a}{b}$ d'un nombre n, c'est effectuer l'opération $n \times \frac{a}{b}$.

Exemple :

Calculer les $\frac{2}{3}$ de 18, c'est effectuer l'opération :

$18 \times \frac{2}{3}$ ou $\frac{18}{1} \times \frac{2}{3} = \frac{3 \times 6 \times 2}{1 \times 3} = 12.$

Exemple :

Soit une somme de 3 600 F. Paul en prend les $\frac{2}{5}$ et Pierre les $\frac{5}{12}$. Combien ont-ils chacun ?

Part de Paul : 1 440 F.

$3\,600 \times \frac{2}{5} = \frac{720 \times \not{5} \times 2}{\not{5}} = 1\,440.$

Part de Pierre : 1 500 F.

$$3\,600 \times \frac{5}{12} = \frac{300 \times \cancel{12} \times 5}{\cancel{12}} = 1\,500.$$

Exercices d'entraînement

1. Donner 3 fractions équivalentes à chacune des fractions suivantes :

$\frac{2}{5}$; $\frac{21}{28}$; $\frac{10}{15}$; $\frac{1}{2}$; $\frac{5}{7}$.

2. Calculer le PPCM de 12 et 20 et de 21 et 14.

3. Simplifier les fractions suivantes :

$\frac{18}{36}$; $\frac{28}{49}$; $\frac{360}{240}$; $\frac{26}{143}$.

4. Effectuer les opérations suivantes :

$$A = \frac{7}{5} + \frac{3}{10} ;\ B = \frac{7}{3} - \frac{2}{11} ;\ C = \frac{3}{4} \times \frac{5}{7} ;\ D = \frac{18}{25} \times \frac{30}{21} ;\ E = \frac{5}{3} - \left(\frac{2}{3} - \frac{4}{7}\right) + \left(\frac{5}{7} - \frac{4}{3}\right) ;$$

$$F = 4 \times \frac{13}{12} \times \frac{9}{39} ;\ G = \frac{9}{2} : \frac{2}{5} ;\ H = \frac{49}{165} : \frac{63}{33} ;\ I = \frac{5}{3} \times \left(\frac{3}{5} + \frac{4}{3}\right) ;$$

$$J = \left(\frac{5}{2} - \frac{1}{3}\right)\left(\frac{2}{5} + \frac{3}{4}\right) ;\ K = \left(\frac{2}{3} - \frac{1}{4} - \frac{5}{2}\right) \times \left[\left(\frac{5}{7} + \frac{3}{4}\right) - \left(\frac{5}{4} - \frac{2}{7}\right)\right] ;$$

$$L = \frac{3 - \frac{2}{3}}{5 + \frac{4}{9}} ;\ M = \frac{\left(\frac{2}{5} - \frac{1}{3}\right)\left(1 - \frac{1}{2}\right)}{\left(3 + \frac{1}{5}\right)\left(5 - \frac{1}{2}\right)}.$$

5. Une cuve remplie aux $\frac{2}{3}$ contient 184 litres. Quelle est sa contenance totale ?

6. Sylvain a 3 600 F. Il en dépense les $\frac{3}{5}$ puis $\frac{1}{3}$ du reste. Combien lui reste-t-il alors ?

7. 3 amis se partagent une somme de 3 360 F. Le premier en prend $\frac{1}{4}$. Le 2e prend $\frac{5}{7}$ du reste. Le troisième prend ce qui reste.

Quelle est la part de chacun ?

8. Une boulangère a un certain nombre de croissants. Le matin elle en vend les $\frac{4}{7}$.

L'après-midi elle vend les $\frac{2}{5}$ du reste.

Il lui reste alors 18 croissants.

Combien en avait-elle le matin ?

9. Soit les nombres 18,6235; 0,52756; 359,5637

Compléter le tableau suivant :

	à l'unité	au 1/10^e	au 1/100^e	au 1/1000^e
troncature				
arrondi				

Corrigés

1. $\frac{2}{5} = \mathbf{\frac{4}{10}} = \mathbf{\frac{20}{50}} = \mathbf{\frac{16}{40}}$.

$\frac{21}{28} = \mathbf{\frac{3}{4}} = \mathbf{\frac{9}{12}} = \mathbf{\frac{168}{224}}$.

$\frac{10}{15} = \mathbf{\frac{20}{30}} = \mathbf{\frac{2}{3}} = \mathbf{\frac{12}{18}}$.

$\frac{1}{2} = \mathbf{\frac{15}{30}} = \mathbf{\frac{20}{40}} = \mathbf{\frac{50}{100}}$.

$\frac{5}{7} = \mathbf{\frac{15}{21}} = \mathbf{\frac{30}{42}} = \mathbf{\frac{35}{49}}$.

2. $\left.\begin{array}{l} 12 = 2^2 \times 3 \\ 20 = 2^2 \times 5 \end{array}\right\} \text{PPCM} = 2^2 \times 3 \times 5 = 60.$

$\left.\begin{array}{l} 21 = 3 \times 7 \\ 14 = 2 \times 7 \end{array}\right\} \text{PPCM} = 2 \times 3 \times 7 = 42.$

3. $\frac{18}{36} = \frac{18 \times 1}{18 \times 2} = \mathbf{\frac{1}{2}}$; $\frac{28}{49} = \frac{7 \times 4}{7 \times 7} = \mathbf{\frac{4}{7}}$.

$\frac{360}{240} = \frac{36 \times 10}{24 \times 10} = \frac{36}{24} = \frac{3 \times 12}{2 \times 12} = \mathbf{\frac{3}{2}}$.

$\frac{26}{143} = \frac{2 \times 13}{11 \times 13} = \mathbf{\frac{2}{11}}$.

4. $A = \frac{7}{5} + \frac{3}{10} = \frac{14}{10} + \frac{3}{10} = \mathbf{\frac{17}{10}}$; $B = \frac{7}{3} - \frac{2}{11} = \frac{77}{33} - \frac{6}{33} = \mathbf{\frac{71}{33}}$.

$C = \frac{3}{4} \times \frac{5}{7} = \mathbf{\frac{15}{28}}$; $D = \frac{18}{25} \times \frac{30}{21} = \frac{3 \times 6 \times 2 \times \cancel{5} \times \cancel{3}}{5 \times \cancel{5} \times \cancel{3} \times 7} = \mathbf{\frac{36}{35}}$.

$E = \frac{5}{3} - \left(\frac{2}{3} - \frac{4}{7}\right) + \left(\frac{5}{7} - \frac{4}{3}\right) = \frac{5}{3} - \frac{2}{3} + \frac{4}{7} + \frac{5}{7} - \frac{4}{3}$

$E = \frac{35}{21} - \frac{14}{21} + \frac{12}{21} + \frac{15}{21} - \frac{28}{21} = \mathbf{\frac{20}{21}}$.

$F = 4 \times \frac{13}{12} \times \frac{9}{39} = \frac{\cancel{2} \times \cancel{2} \times \cancel{13} \times \cancel{3} \times \cancel{3}}{\cancel{2} \times \cancel{2} \times \cancel{3} \times \cancel{3} \times \cancel{13}} = \mathbf{1}.$

$$G = \frac{9}{2} : \frac{2}{5} = \frac{9}{2} \times \frac{5}{2} = \mathbf{\frac{45}{4}}.$$

$$H = \frac{49}{165} \div \frac{63}{33} = \frac{49}{165} \times \frac{33}{63} = \frac{7 \times \cancel{7} \times \cancel{3} \times \cancel{11}}{15 \times \cancel{11} \times \cancel{3} \times 3 \times \cancel{7}} = \mathbf{\frac{7}{45}}.$$

$$I = \frac{5}{3} \times \left(\frac{3}{5} + \frac{4}{3}\right) = \frac{5}{3} \times \left(\frac{9}{15} + \frac{20}{15}\right) = \frac{5}{3} \times \frac{29}{15} = \frac{\cancel{5} \times 29}{3 \times 3 \times \cancel{5}} = \mathbf{\frac{29}{9}}.$$

$$J = \left(\frac{5}{2} - \frac{1}{3}\right)\left(\frac{2}{5} + \frac{3}{4}\right) = \left(\frac{15}{6} - \frac{2}{6}\right)\left(\frac{8}{20} + \frac{15}{20}\right)$$

$$J = \frac{13}{6} \times \frac{23}{20} = \mathbf{\frac{299}{120}}.$$

$$K = \left(\frac{2}{3} - \frac{1}{4} - \frac{5}{2}\right)\left[\left(\frac{5}{7} + \frac{3}{4}\right) - \left(\frac{5}{4} - \frac{2}{7}\right)\right] = \left(\frac{2}{3} - \frac{1}{4} - \frac{5}{2}\right)\left(\frac{5}{7} + \frac{3}{4} - \frac{5}{4} + \frac{2}{7}\right)$$

$$K = \left(\frac{8}{12} - \frac{3}{12} - \frac{30}{12}\right)\left(\frac{20}{28} + \frac{21}{28} - \frac{35}{28} + \frac{8}{28}\right) = \left(-\frac{25}{12}\right)\left(\frac{14}{28}\right)$$

$$K = -\frac{25 \times 14}{12 \times 28} = -\frac{25 \times \cancel{2} \times \cancel{7}}{\cancel{2} \times 2 \times 3 \times 2 \times 2 \times \cancel{7}} = \mathbf{-\frac{25}{24}}$$

$$L = \frac{3 - \frac{2}{3}}{5 + \frac{4}{9}} = \frac{\frac{9}{3} - \frac{2}{3}}{\frac{45}{9} + \frac{4}{9}} = \frac{\frac{7}{3}}{\frac{49}{9}} = \frac{7}{3} : \frac{49}{9} = \frac{7}{3} \times \frac{9}{49}$$

$$L = \frac{\cancel{7} \times 3 \times \cancel{3}}{\cancel{3} \times \cancel{7} \times 7} = \mathbf{\frac{3}{7}}.$$

$$M = \frac{\left(\frac{2}{5} - \frac{1}{3}\right)\left(1 - \frac{1}{2}\right)}{\left(3 + \frac{1}{5}\right)\left(5 - \frac{1}{2}\right)} = \frac{\left(\frac{6}{15} - \frac{5}{15}\right)\left(\frac{2}{2} - \frac{1}{2}\right)}{\left(\frac{15}{5} + \frac{1}{5}\right)\left(\frac{10}{2} - \frac{1}{2}\right)} = \frac{\frac{1}{15} \times \frac{1}{2}}{\frac{16}{5} \times \frac{9}{2}} = \frac{\frac{1}{30}}{\frac{72}{5}}$$

$$M = \frac{1}{30} : \frac{72}{5} = \frac{1}{30} \times \frac{5}{72} = \frac{1 \times \cancel{5}}{\cancel{5} \times 6 \times 72} = \mathbf{\frac{1}{432}}.$$

5. $\frac{2}{3}$ de la cuve font 184 litres.

$\frac{1}{3}$ de la cuve fait $\frac{184}{2} = 92$ litres.

$\frac{3}{3}$ ou la cuve entière font $92 \times 3 =$ **276 litres.**

6. Sylvain dépense la 1re fois 2 160 F.

$\frac{3\,600 \times 3}{5} = 2\,160.$

Il lui reste 1 440 F.

3 600 – 2 160 = 1 440 F.

Il dépense la 2e fois 480 F.

$\frac{1\,440 \times 1}{3} = 480.$

Il lui reste alors **960 F.**

$1\,440 - 480 = 960.$

ou Sylvain dépense $\frac{3}{5}$ donc il lui reste les $\frac{2}{5}$ soit 1 440 F.

$\frac{3\,600 \times 2}{5} = 1\,440.$

La 2e fois il lui reste $\frac{2}{3}$ du 1er reste soit **960 F.**

$\frac{1\,440 \times 2}{3} = 960.$

ou il lui reste la 1re fois 2/5 et il lui reste la 2e fois les $\frac{2}{3}$ de $\frac{2}{5}$ soit $\frac{4}{15}$ ou **960 F.**

$\frac{2}{3} \times \frac{2}{5} = \frac{4}{15}.$

$\frac{3\,600 \times 4}{15} = 960.$

7. Part du 1er : 840 F.

$\frac{3\,360 \times 1}{4} = 840.$

Part du 2e : **1 800 F.**

$\frac{(3360 - 840) \times 5}{7} = 1\,800.$

Part du 3e : **720 F.**

$3\,360 - (840 + 1\,800) = 720.$

8. L'après-midi, elle vend $\frac{2}{5}$ de $\frac{3}{7}$ soit $\frac{6}{35}$.

$\frac{2}{5} \times \frac{3}{7} = \frac{6}{35}.$

Le soir, il reste $\frac{9}{35}$ ou 18 croissants.

$1 - \left(\frac{4}{7} + \frac{6}{35}\right) = \frac{9}{35}.$

Nombre de croissants le matin : **70**

$\frac{18 \times 35}{9} = 70.$

9.

	à l'unité	au 1/10e	au 1/100e	au 1/1000e
troncature	18 0 359	18,6 0,5 359,5	18,62 0,52 359,56	18,623 0,527 359,563
arrondi	19 1 360	18,6 0,5 359,6	18,62 0,53 359,56	18,624 0,528 359,564

Sujets de concours

1. Adjoint administratif, Équipement, Intérieur, Agriculture, 1997.

Simplifier les fractions suivantes :

$\frac{105}{324}$; $\frac{120}{270}$; $\frac{48}{72}$; $\frac{84}{132}$.

2. Agent technique des Haras, 1997.

Décomposer en facteurs premiers les nombres 784 et 1 225. Simplifier $\frac{784}{1\,225}$.

3. Agent administratif de la Police nationale, 1994.

La fraction $\frac{2}{27}$ divisée par $\frac{1}{3}$ est égale à la fraction ?

4. Agent technique des Haras, 1996.

Calculer $\frac{2}{5}+\frac{3}{2}$; $\frac{1}{64}\times\frac{8}{3}$; $\frac{7}{33} : \frac{21}{11}$.

5. Agent administratif, Agriculture, Pêche, Alimentation, 1996.

Donner l'écriture décimale de :

$\frac{56}{-40}$ et $\frac{\frac{8}{64}\times\frac{16}{4}}{2}$.

6. Agent de maîtrise territorial, 1996.

Calculer et réduire :

$A = \frac{5}{6}-\frac{2}{3}$; $B = \frac{4}{3}\times\frac{9}{2}$; $A\times B$.

7. Adjoint administratif, Économie, Finances, 1996.

Calculer le nombre suivant :

$$A = \frac{7}{3}\left(\frac{3}{5}-\frac{2}{3}+\frac{3}{4}\right)+\left(-\frac{5}{6}+\frac{2}{3}\right)\left(\frac{1}{6}-\frac{2}{3}\right).$$

8. Agent technique, Agriculture, Pêche, 1995.

Calculer et simplifier :

$$D = \left(3-\frac{9}{13}\right)\times\left(4-\frac{1}{4}+\frac{7}{12}\right);\ E = \left(2-\frac{3}{1,8}\right) : \left(2-\frac{2,1}{1,8}+\frac{1}{3}\right)$$

9. Garde-pêche, 1995

Calculer le nombre rationnel :

$$a = \frac{4}{3}-\left(\frac{2}{5}\times\frac{7}{2}\right)+\frac{3}{4}\times 5.$$

10. Agent technique des Haras, 1996.

Calculer et réduire sous forme de fraction la plus simple, les expressions suivantes :

$A = \frac{3}{2} + \frac{4}{3} - \frac{5}{4}$; $B = \frac{1}{2}\left(\frac{2}{3} - 1\right) + \frac{4}{5}\left(3 - \frac{1}{2}\right)$

$C = 4\left(\frac{3}{2} - 1\right)\left(\frac{1}{3} - \frac{1}{2}\right) - \left(\frac{1}{5} - 2\right)\left(\frac{2}{3} + 1\right)$

$D = \dfrac{\frac{2}{3} + 1}{5\left(2 - \frac{1}{3}\right)}.$

11. Garde-pêche, 1995.

Effectuer le calcul :

$E = \dfrac{\left(\frac{2}{3} + \frac{3}{4}\right)\left(1 - \frac{1}{5}\right)}{\left(\frac{11}{9} - \frac{5}{6}\right)\left(3 - \frac{1}{5}\right)}.$

12. Adjoint administratif, Chancellerie, 1996.

Sachant que $a = \frac{2}{3}$; $b = -\frac{1}{4}$; $c = \frac{2}{5}$ **;** $d = -\frac{1}{2}$.

Calculer $A = ab + cd$ et $B = \dfrac{a + d}{b + c}$ en donnant les résultats sous la forme d'une fraction aussi simple que possible.

13. Agent administratif, Police nationale, 1995.

Je dispose de 9 200 F. J'en place les $\frac{3}{12}$ sur mon compte d'épargne et j'en verse les $\frac{3}{4}$ sur mon compte bancaire.

Combien me reste-t-il ?

14. Agent technique des parcs nationaux, Équipement, 1990.

On envisage de planter des arbres sur un terrain rectangulaire de 325 m de long sur 130 m de large.

La plantation doit être constituée pour un quart de bouleaux, pour deux cinquièmes de châtaigniers, et pour le reste de chênes.

Les arbres sont alignés, et plantés tous les 5 m sur tout le terrain. Tout autour du terrain, on laisse une bordure de 5 m sans arbre.

a. **Calculer le nombre d'arbres à planter.**

b. **Quelle sera la proportion de chênes ? Calculer le nombre d'arbres de chaque espèce.**

Corrigés

1. $\dfrac{105}{324} = \dfrac{5\times3\times7}{2^2\times3^4} = \dfrac{5\times7}{2^2\times3^3} = \mathbf{\dfrac{35}{108}}.$

$\dfrac{120}{270} = \dfrac{\cancel{10}\times\cancel{3}\times4}{\cancel{10}\times\cancel{3}\times9} = \mathbf{\dfrac{4}{9}}.$

$\dfrac{48}{72} = \dfrac{\cancel{2^3}\times2\times\cancel{3}}{\cancel{2^3}\times\cancel{3}\times3} = \mathbf{\dfrac{2}{3}}.$

$\dfrac{84}{132} = \dfrac{\cancel{2^2}\times\cancel{3}\times7}{\cancel{2^2}\times\cancel{3}\times11} = \mathbf{\dfrac{7}{11}}.$

2. $\mathbf{784 = 2^4\times7^2 \quad 1225 = 5^2\times7^2}$

$\dfrac{784}{1\,225} = \dfrac{2^4\times\cancel{7^2}}{5^2\times\cancel{7^2}} = \dfrac{2^4}{5^2} = \mathbf{\dfrac{16}{25}}.$

3. $\dfrac{2}{27} : \dfrac{1}{3} = \dfrac{2}{27}\times\dfrac{3}{1} = \dfrac{2\times\cancel{3}}{9\times\cancel{3}} = \mathbf{\dfrac{2}{9}}.$

4. $\dfrac{2}{5}+\dfrac{3}{2} = \dfrac{4}{10}+\dfrac{15}{10} = \mathbf{\dfrac{19}{10}}.$

$\dfrac{1}{64}\times\dfrac{8}{3} = \dfrac{1\times\cancel{8}}{\cancel{8}\times8\times3} = \mathbf{\dfrac{1}{24}}.$

$\dfrac{7}{33} : \dfrac{21}{11} = \dfrac{7}{33}\times\dfrac{11}{21} = \dfrac{\cancel{7}\times\cancel{11}}{3\times\cancel{11}\times3\times\cancel{7}} = \mathbf{\dfrac{1}{9}}.$

5. $-\dfrac{56}{40} = -56 : 40 = \mathbf{-1,4.}$

$\dfrac{\dfrac{8}{64}\times\dfrac{16}{4}}{2} = \dfrac{\dfrac{\cancel{2}\times\cancel{4}\times\cancel{16}}{\cancel{16}\times\cancel{4}\times\cancel{2}\times2}}{2} = \dfrac{\frac{1}{2}}{2} = \dfrac{1}{2}\times\dfrac{1}{2} = \dfrac{1}{4} = \mathbf{0,25.}$

6. $A = \dfrac{5}{6}-\dfrac{2}{3} = \dfrac{5}{6}-\dfrac{4}{6} = \mathbf{\dfrac{1}{6}}.$

$B = \dfrac{4}{3}\times\dfrac{9}{2} = \dfrac{\cancel{2}\times2\times\cancel{3}\times3}{\cancel{3}\times\cancel{2}} = \mathbf{6.}$

$A\times B = \dfrac{1}{6}\times6 = \mathbf{1.}$

7. $A = \dfrac{7}{3}\left(\dfrac{3}{5}-\dfrac{2}{3}+\dfrac{3}{4}\right)+\left(-\dfrac{5}{6}+\dfrac{2}{3}\right)\left(\dfrac{1}{6}-\dfrac{2}{3}\right)$

$A = \dfrac{7}{5}-\dfrac{14}{9}+\dfrac{7}{4}-\dfrac{5}{36}+\dfrac{10}{18}+\dfrac{2}{18}-\dfrac{4}{9}$

$A = \dfrac{252}{180}-\dfrac{280}{180}+\dfrac{315}{180}-\dfrac{25}{180}+\dfrac{100}{180}+\dfrac{20}{180}-\dfrac{80}{180} = \dfrac{302}{180}$

$A = \dfrac{\cancel{2}\times151}{\cancel{2}\times90} \quad \mathbf{A = \dfrac{151}{90}}.$

8. $D = \left(3 - \frac{9}{13}\right) \times \left(4 - \frac{1}{4} + \frac{7}{12}\right) = \left(\frac{39}{13} - \frac{9}{13}\right) \times \left(\frac{48}{12} - \frac{3}{12} + \frac{7}{12}\right)$

$D = \frac{30}{13} \times \frac{52}{12} = \frac{\cancel{3} \times \cancel{2} \times 5 \times \cancel{2} \times 2 \times \cancel{13}}{\cancel{13} \times \cancel{3} \times \cancel{2} \times \cancel{2}}$ $\quad \boldsymbol{D = 10}.$

$E = \left(2 - \frac{3}{1,8}\right) : \left(2 - \frac{2,1}{1,8} + \frac{1}{3}\right) = \left(\frac{36}{18} - \frac{30}{18}\right) : \left(\frac{36}{18} - \frac{21}{18} + \frac{6}{18}\right)$

$E = \frac{6}{18} : \frac{21}{18} = \frac{6}{18} \times \frac{18}{21} = \frac{\cancel{3} \times 2 \times \cancel{18}}{\cancel{18} \times \cancel{3} \times 7}$ $\quad \boldsymbol{E = \frac{2}{7}}.$

9. $a = \frac{4}{3} - \left(\frac{\cancel{2}}{5} \times \frac{7}{\cancel{2}}\right) + \frac{3}{4} \times \frac{5}{1} = \frac{4}{3} - \frac{7}{5} + \frac{15}{4}$

$a = \frac{80}{60} - \frac{84}{60} + \frac{225}{60}$ $\quad \boldsymbol{a = \frac{221}{60}}.$

10. $A = \frac{3}{2} + \frac{4}{3} - \frac{5}{4} = \frac{18}{12} + \frac{16}{12} - \frac{15}{12}$ $\quad \boldsymbol{A = \frac{19}{12}}.$

$B = \frac{1}{2}\left(\frac{2}{3} - 1\right) + \frac{4}{5}\left(3 - \frac{1}{2}\right) = \frac{1}{2}\left(\frac{2}{3} - \frac{3}{3}\right) + \frac{4}{5}\left(\frac{6}{2} - \frac{1}{2}\right)$

$B = \frac{1}{2} \times \left(-\frac{1}{3}\right) + \frac{4}{\cancel{5}} \times \frac{\cancel{5}}{2} = -\frac{1}{6} + \frac{4}{2} = -\frac{1}{6} + \frac{12}{6}$

$\boldsymbol{B = \frac{11}{6}}.$

$C = 4\left(\frac{3}{2} - 1\right)\left(\frac{1}{3} - \frac{1}{2}\right) - \left(\frac{1}{5} - 2\right)\left(\frac{2}{3} + 1\right)$

$C = 4\left(\frac{3}{2} - \frac{2}{2}\right)\left(\frac{2}{6} - \frac{3}{6}\right) - \left(\frac{1}{5} - \frac{10}{5}\right)\left(\frac{2}{3} + \frac{3}{3}\right)$

$C = 4 \times \frac{1}{2} \times \left(-\frac{1}{6}\right) - \left(-\frac{9}{5}\right) \times \frac{5}{3} = -\frac{\cancel{2} \times \cancel{2} \times 1}{\cancel{2} \times \cancel{2} \times 3} + \frac{\cancel{3} \times 3 \times \cancel{5}}{\cancel{5} \times \cancel{3}}$

$C = -\frac{1}{3} + 3 = -\frac{1}{3} + \frac{9}{3}$ $\quad \boldsymbol{C = \frac{8}{3}}.$

$D = \frac{\frac{2}{3} + 1}{5\left(2 - \frac{1}{3}\right)} = \frac{\frac{5}{3}}{5 \times \frac{5}{3}} = \frac{5}{3} : \frac{25}{3} = \frac{5}{3} \times \frac{3}{5} = \frac{\cancel{5} \times \cancel{3}}{\cancel{3} \times \cancel{3} \times \cancel{5}}$ $\quad \boldsymbol{D = \frac{1}{3}}.$

11. $E = \frac{\left(\frac{2}{3} + \frac{3}{4}\right)\left(1 - \frac{1}{5}\right)}{\left(\frac{11}{9} - \frac{5}{6}\right)\left(3 - \frac{1}{5}\right)} = \frac{\left(\frac{8}{12} + \frac{9}{12}\right)\left(\frac{5}{5} - \frac{1}{5}\right)}{\left(\frac{22}{18} - \frac{15}{18}\right)\left(\frac{15}{5} - \frac{1}{5}\right)} = \frac{\frac{17}{12} \times \frac{4}{5}}{\frac{7}{18} \times \frac{14}{5}}$

$E = \left(\frac{17 \times \cancel{4}}{3 \times \cancel{4} \times 5}\right) : \left(\frac{7 \times 7 \times \cancel{2}}{\cancel{2} \times 9 \times 5}\right) = \frac{17}{15} \times \frac{45}{49} = \frac{17 \times 3 \times \cancel{3} \times \cancel{5}}{\cancel{3} \times \cancel{5} \times 49}$

$\boldsymbol{E = \frac{51}{49}}.$

12. $A = ab + cd = \frac{2}{3} \times \left(-\frac{1}{4}\right) + \frac{2}{5} \times \left(-\frac{1}{2}\right)$

$$A = -\frac{\cancel{2} \times 1}{3 \times \cancel{2} \times 2} - \frac{\cancel{2} \times 1}{5 \times \cancel{2}} = -\frac{1}{6} - \frac{1}{5} = -\frac{5}{30} - \frac{6}{30} \qquad \boldsymbol{A = -\frac{11}{30}}.$$

$$B = \frac{\frac{2}{3} - \frac{1}{2}}{-\frac{1}{4} + \frac{2}{5}} = \left(\frac{4}{6} - \frac{3}{6}\right) : \left(-\frac{5}{20} + \frac{8}{20}\right) = \frac{1}{6} : \frac{3}{20}$$

$$B = \frac{1}{6} \times \frac{20}{3} = \frac{1 \times \cancel{2} \times 10}{\cancel{2} \times 3 \times 3} \qquad \boldsymbol{B = \frac{10}{9}}.$$

13. Je place $\frac{3}{12}$ ou $\frac{1}{4}$; je verse $\frac{3}{4}$.

J'ai donc déposé en tout $\frac{1}{4} + \frac{3}{4} = \frac{4}{4}$ soit tout mon argent. **Il ne reste rien!**

14.

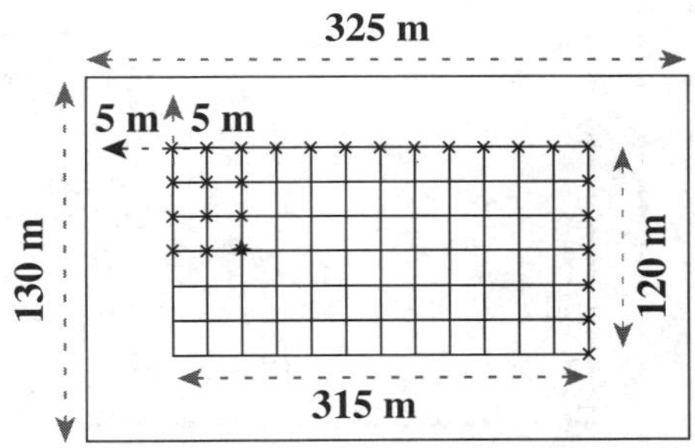

En laissant une bordure de 5 m tout autour, on retire 10 m à chacune des dimensions.

Le rectangle de plantation mesure 315 m sur 120 m.

Nombres d'intervalles :

- dans la longueur $315 : 5 = 63$;
- dans la largeur $120 : 5 = 24$.

Il y a un arbre à chaque extrémité de la longueur, donc 64.

Il y a un arbre à chaque extrémité de la largeur, donc 25.

Nombre total d'arbres $64 \times 25 =$ **1600.**

Proportion de chênes : $1 - \left(\frac{1}{4} + \frac{2}{5}\right) = \boldsymbol{\frac{7}{20}}$.

Nombre de bouleaux : $1600 \times \frac{1}{4} =$ **400.**

Nombre de châtaigners : $1600 \times \frac{2}{5} =$ **640.**

Nombre de chênes : $1600 \times \frac{7}{20} =$ **560.**

LES GUIDES PRATIQUES

JEUNES ÉDITIONS

LE GUIDE DES CONCOURS DE LA FONCTION PUBLIQUE actualisé chaque année

Ce guide, unique en son genre, recense sur 240 pages les 500 concours réguliers de la fonction publique *(fonction publique d'état, territoriale, hospitalière, européenne et ville de Paris).* Ces concours sont ouverts à partir de 16 ans, du CAP au Bac+5, en province, à Paris ou à l'étranger pour des centaines de métiers différents.

Pour chaque concours, il présente :

- le métier préparé
- la rémunération *(de l'embauche à la fin de carrière)*
- les conditions d'accès *(âge, diplômes)*
- les épreuves
- le nombre de postes, le % d'admis
- les dates d'inscription, qui contacter ?

ISBN : 2-910934-33-0

89 Frs SEULEMENT !

BIEN PREPARER LES CONCOURS DE LA FONCTION PUBLIQUE

Tout savoir sur les concours, les épreuves, les préparations. Tous les conseils pratiques pour réussir.

200 pages
69 Frs seulement

ISBN :
2-910934-50-0

LES METIERS DE LA FONCTION PUBLIQUE

Un panorama complet de la multitude de métiers qu'offre la fonction publique : culturels, administratifs, financiers, techniques, paramédicaux...

200 pages
69 Frs seulement

ISBN : 2-910934-18-7

LES METIERS DE LA FONCTION PUBLIQUE TERRITORIALE

Les collectivités locales recrutent de plus en plus ! Ce guide vous présente les différents métiers de ce secteur en expansion, les formations et les concours pour y accéder, ainsi que des conseils pour trouver un emploi dans la territoriale...

200 pages
69 Frs seulement

ISBN :
2-910934-60-8

EN VENTE EN LIBRAIRIE

DISTRIBUTION DILISCO

3. Puissance d'un nombre relatif

I. Notion de puissance

a^n est égal au produit de n facteurs égaux à a.

$$a^n = \underbrace{a \times a \times a \times \ldots \times a}_{n\text{fois}}$$

a^n se lit « a puissance n » ou « a exposant n ».
a^2 se lit « a au carré »; a^3 se lit « a au cube ».

$$\boxed{a^1 = a} \quad \text{et} \quad \boxed{a^0 = 1 \quad \text{si} \quad a \neq 0.}$$

a^{-n} est l'inverse de a^n donc :

$$\boxed{a^{-n} = \frac{1}{a^n}}$$

Exemple :

$5^2 = 5 \times 5 = 25.$

$(-7)^3 = (-7) \times (-7) \times (-7) = -343.$

$2^{-3} = \dfrac{1}{2^3} = \dfrac{1}{8}.$

Toute puissance d'un nombre relatif est positif, sauf si :

et
- **le nombre est négatif;**
- **la puissance est impaire.**

Exemple : $(-2)^6 = 64$; $(-2)^5 = -32$; $(+3)^3 = 27$.

En l'absence de parenthèses, l'élévation à une puissance a priorité sur les autres opérations.

Exemple :

$A = 18 + 5^3 \times 3 - 6^2$

$A = 18 + 125 \times 3 - 36$

$A = 18 + 375 - 36$

$A = 357.$

II. Opérations sur les puissances

Soient a et b des nombres relatifs non nuls et m et n des entiers relatifs.

$$\boxed{a^m \times a^n = a^{m+n}}$$

Exemple : $7^2 \times 7^3 = 7^{2+3} = 7^5$

$3^{-2} \times 3 \times 3^4 \times 3^{-7} = 3^{-2+1+4-7} = 3^{-4}$.

$$\boxed{\frac{a^m}{a^n} = a^{m-n}}$$

Exemple : $\dfrac{(-8)^5}{(-8)^3} = (-8)^{5-3} = (-8)^2$; $\dfrac{5^3}{5^{-4}} = 5^{3-(-4)} = 5^7$.

$$\boxed{(ab)^m = a^m \times b^m}$$

Exemple : $(4x)^2 = 4^2 \times x^2 = 16x^2$.

$$\boxed{(a^m)^n = a^{m \times n}}$$

Exemple : $(5^3)^6 = 5^{3\times 6} = 5^{18}$; $((-2)^3)^{-2} = (-2)^{3\times(-2)} = (-2)^{-6}$.

III. Puissance de 10

$$\boxed{10^n = \underbrace{10 \times 10 \times 10 \times \ldots \times 10}_{n \text{ fois}}}$$

10^n s'écrit avec un 1 suivi de n zéros.

Exemple : $10^2 = 100$; $10^6 = 1\ 000\ 000$.

$$\boxed{10^{-n} = \frac{1}{10^n} = \underbrace{0{,}00\ldots1}_{\substack{n \text{ chiffres} \\ \text{après la virgule}}}}$$

Exemple : $10^{-4} = \dfrac{1}{10^4} = \dfrac{1}{10\ 000} = 0{,}0001$.

Les puissances de 10 servent à écrire des nombres très grands ou très petits.

L'écriture scientifique d'un nombre est de la forme $a \times 10^n$ avec $1 \leqslant a \leqslant 9$.

Exemple :

$39\ 000\ 000 = 3{,}9 \times 10^7$

$0{,}0000042 = 4{,}2 \times 10^{-6}$

$0{,}002 = 2 \times 10^{-3}$

⚠ La calculatrice n'affiche jamais (× 10)

Exemple : $2{,}5 \times 10^{-7}$ s'affichera [2] . [5] [ ] [−] [7]

Exercices d'entraînement

1. Calculer : 2^3 ; 5^{-2} ; 10^5 ; 1^{-12} ; $(-1)^3$; $(-3)^2$; $(-7{,}2)^0$.

2. Écrire sous la forme a^n les expressions :

$A = 7^3 \times 7^{-4} \times 7 \times 7^{-8}$.

$B = (-3)^{10} \times (-3)^{-2} \times (-3)^3 \times (-3)$.

$C = \dfrac{5^8}{5^{-6}}$; $D = \dfrac{(-7)^{-10}}{(-7)^{+3}}$; $E = \dfrac{(-10)^{-3}}{(-10)^{-7}}$; $F = (5^{-3})^7$.

3. Écrire en écriture scientifique :

75 000 ; 372×10^{-8} ; $0{,}003 \times 10^5$.

4. Donner le signe des puissances suivantes :

$(-7)^{12}$; $(+345)^{-2}$; $(-5)^{11}$; $(-\pi)^6$; π^{-11}.

5. Écrire sous la forme d'un nombre décimal :

25×10^3 ; -4×10^2 ; $1{,}3 \times 10^{-3}$; 372×10^{-2} ; $0{,}003 \times 10^4$.

6. Simplifier sous la forme $a^m \times b^n \times c^p$

$\dfrac{2^3 \times 3^2 \times 5}{2^4 \times 3 \times 5^7}$; $\dfrac{2^3 \times 25 \times 7^3}{8 \times 49 \times 5^3}$; $\dfrac{121 \times 16 \times 3^3}{2^6 \times 11^3 \times 3}$

Corrigés

1. $2^3 = \mathbf{8}$; $5^{-2} = \dfrac{1}{5^2} = \mathbf{\dfrac{1}{25}}$; $10^5 = 100\,000$; $1^{-12} = \dfrac{1}{1^{12}} = \dfrac{1}{1} = \mathbf{1}$;

$(-1)^3 = \mathbf{-1}$; $(-3)^2 = \mathbf{9}$; $(-7{,}2)^0 = \mathbf{1}$.

2. $A = 7^3 \times 7^{-4} \times 7 \times 7^{-8} = 7^{3-4+1-8} = \mathbf{7^{-8}}$.

$B = (-3)^{10} \times (-3)^{-2} \times (-3)^3 \times (-3) = (-3)^{10-2+3+1} = \mathbf{(-3)^{12}}$.

$C = \dfrac{5^8}{5^{-6}} = 5^{8-(-6)} = 5^{8+6} = \mathbf{5^{14}}$.

$D = \dfrac{(-7)^{-10}}{(-7)^3} = (-7)^{-10-3} = \mathbf{(-7)^{-13}}$.

$E = \dfrac{(-10)^{-3}}{(-10)^{-7}} = (-10)^{-3-(-7)} = \mathbf{(-10)^4}$.

$F = (5^{-3})^7 = 5^{-3\times 7} = \mathbf{5^{-21}}$.

3. $75\,000 = 7{,}5 \times 10^4$.

$372 \times 10^{-8} = 3{,}72 \times 10^2 \times 10^{-8} = \mathbf{3{,}72 \times 10^{-6}}$.

$0{,}003 \times 10^5 = 3 \times 10^{-3} \times 10^5 = \mathbf{3 \times 10^2}$.

4. $(-7)^{12}$ est positif (puissance paire).

$(+345)^{-2} = \frac{1}{345^2}$ est **positif** (c'est un inverse).

$(-5)^{11}$ est **négatif** (nombre négatif, puissance impaire).

$(-\pi)^6$ est **positif** (puissance paire).

π^{-11} est **positif** (c'est un inverse).

5. $25 \times 10^3 = 25 \times 1000 = \mathbf{25\ 000}$.

$-4 \times 10^2 = -4 \times 100 = \mathbf{-400}$.

$1{,}3 \times 10^{-3} = 1{,}3 \times \frac{1}{10^3} = 1{,}3 \times \frac{1}{1000} = \mathbf{0{,}0013}$.

$372 \times 10^{-2} = 372 \times \frac{1}{100} = \mathbf{3{,}72}$.

$0{,}003 \times 10^4 = 0{,}003 \times 10\ 000 = \mathbf{30}$.

6. $\frac{2^3 \times 3^2 \times 5}{2^4 \times 3 \times 5^7} = 2^{3-4} \times 3^{2-1} \times 5^{1-7} = \mathbf{2^{-1} \times 3 \times 5^{-6}}$.

$\frac{2^3 \times 25 \times 7^3}{8 \times 49 \times 5^3} = \frac{2^3 \times 5^2 \times 7^3}{2^3 \times 7^2 \times 5^3} = 2^0 \times 5^{-1} \times 7 = \mathbf{5^{-1} \times 7}$.

$\frac{121 \times 16 \times 3^3}{2^6 \times 11^3 \times 3} = \frac{11^2 \times 2^4 \times 3^3}{2^6 \times 11^3 \times 3} = \mathbf{2^{-2} \times 3^2 \times 11^{-1}}$.

Sujet de concours

Agent administratif, Police nationale, 1995.

Le nombre $10^2 \times 10^{-3}$ est égal à ?

( ) 10^{-6} ( ) 0,1 ( ) $\frac{10^3}{10^2}$.

Corrigé

$10^2 \times 10^{-3} = 10^{2-3} = 10^{-1} = \mathbf{0{,}1}$.

4. Racines carrées

I. Notion de racine carrée

Soit a un nombre positif, $\sqrt{a}$ est le nombre positif dont le carré est a.

$\sqrt{a}$ se lit « racine carrée de a ».

Le symbole $\sqrt{\ }$ s'appelle **le radical** et a **le radicande**.

⚠ **Si a est négatif, $\sqrt{a}$ n'a pas de sens.**

Exemple : $\sqrt{9} = 3$; $\sqrt{0{,}01} = 0{,}1$; $\sqrt{0} = 0$.

$\sqrt{2} \approx 1{,}4142\ldots$ alors $\sqrt{2}$ est la **valeur exacte**.

et $1{,}4142$ est une **valeur approchée**.

Quel que soit $a \geqslant 0$, alors :

$$\boxed{\sqrt{a^2} = |a|} \quad \text{et} \quad \boxed{(\sqrt{a})^2 = a}$$

Exemple : $\sqrt{(-3)^2} = 3$ et $(\sqrt{5})^2 = 5$.

II. Produits de radicaux

Quels que soient $a \geqslant 0$ et $b \geqslant 0$, alors :

$$\boxed{\sqrt{ab} = \sqrt{a} \times \sqrt{b}}$$

Exemple :

$\sqrt{15} = \sqrt{3 \times 5} = \sqrt{3} \times \sqrt{5}$.

$\sqrt{50} = \sqrt{25 \times 2} = \sqrt{25} \times \sqrt{2} = 5\sqrt{2}$.

$3\sqrt{80} = 3\sqrt{16 \times 5} = 3 \times \sqrt{16} \times \sqrt{5} = 3 \times 4\sqrt{5} = 12\sqrt{5}$.

$\sqrt{3} \times \sqrt{12} = \sqrt{3 \times 12} = \sqrt{36} = 6$.

III. Racine carrée exacte d'un nombre

Quelle est la racine carrée exacte de 2 450?

Comment écrire $\sqrt{2\,450}$ sous la forme $a\sqrt{b}$, avec b le plus petit possible? (Ces 2 questions sont équivalentes).

Décomposons 2 450 en un produit de facteurs premiers.

2 450	2
1 225	5
245	5
49	7
7	7
1	

$2\,450 = 2 \times 5^2 \times 7^2$

$\sqrt{2\,450} = \sqrt{2} \times \sqrt{5^2} \times \sqrt{7^2} = \sqrt{2} \times 5 \times 7 = 35\sqrt{2}.$

Exemple : Écrire $\sqrt{540}$ sous la forme $a\sqrt{b}$, avec b le plus petit possible.

540	2
270	2
135	5
27	3
9	3
3	3
1	

$540 = 2^2 \times 5 \times 3^2 \times 3$

$\sqrt{540} = \sqrt{2^2} \times \sqrt{5} \times \sqrt{3^2} \times \sqrt{3} = 2 \times \sqrt{5} \times 3 \times \sqrt{3} = 6\sqrt{15}.$

IV. Quotients de radicaux

Quels que soient $a \geqslant 0$ et $b > 0$, alors :

$$\boxed{\sqrt{\frac{a}{b}} = \frac{\sqrt{a}}{\sqrt{b}}}$$

Exemple : $\sqrt{\frac{7}{4}} = \frac{\sqrt{7}}{\sqrt{4}} = \frac{\sqrt{7}}{2}$ $\quad \sqrt{\frac{36}{25}} = \frac{\sqrt{36}}{\sqrt{25}} = \frac{6}{5}.$

V. Rendre le dénominateur entier

Écrire une fraction avec un dénominateur entier se dit aussi « Rendre la fraction rationnelle ».

Exemple :

$$\frac{3}{\sqrt{5}} = \frac{3 \times \sqrt{5}}{\sqrt{5} \times \sqrt{5}} = \frac{3\sqrt{5}}{5}.$$

$$\frac{5}{3\sqrt{2}} = \frac{5 \times \sqrt{2}}{3\sqrt{2} \times \sqrt{2}} = \frac{5\sqrt{2}}{3 \times 2} = \frac{5\sqrt{2}}{6}.$$

$$\frac{1 - \sqrt{5}}{\sqrt{3}} = \frac{(1 - \sqrt{5}) \times \sqrt{3}}{\sqrt{3} \times \sqrt{3}} = \frac{\sqrt{3} - \sqrt{15}}{3}.$$

VI. Somme algébrique de radicaux

On ne peut ajouter deux radicaux que si leur radicande est le même.

Quels que soient $a \geqslant 0$; c et d des nombres relatifs, alors :

$$\boldsymbol{c\sqrt{a} + d\sqrt{a} = (c + d)\sqrt{a}}$$

Exemple :

$7\sqrt{2} - 9\sqrt{2} = (7-9)\sqrt{2} = -2\sqrt{2}$.

$\sqrt{12} + \sqrt{75} = 2\sqrt{3} + 5\sqrt{3} = 7\sqrt{3}$.

⚠ $\sqrt{2} + \sqrt{3}$ n'est pas simplifiable.

Exercices d'entraînement

1. Écrire chacun des nombres suivants sous la forme $a\sqrt{b}$ avec b le plus petit possible :

$A = \sqrt{108}$; $B = \sqrt{640}$; $C = \sqrt{8\,000}$; $D = \sqrt{441}$; $E = 5\sqrt{98}$; $F = 6\sqrt{242}$.

2. Écrire le plus simplement possible :

$a = \dfrac{\sqrt{6}}{\sqrt{24}}$; $b = \sqrt{\dfrac{35}{45}}$; $c = \sqrt{\dfrac{30}{54}}$; $d = \sqrt{\dfrac{10}{36}} \times \sqrt{\dfrac{75}{45}}$;

$e = \sqrt{28} \times \sqrt{\dfrac{1}{7}}$; $f = 3\sqrt{5} \times 5\sqrt{3} \times 7\sqrt{15}$.

3. Développer :

$A = (\sqrt{5} + 3)^2$; $B = (2\sqrt{3} - \sqrt{5})^2$; $C = (2\sqrt{3} - 5)(7 - 3\sqrt{3})$;

$D = (3\sqrt{2} - 5)(3\sqrt{2} + 5)$.

4. Écrire sans radicaux au dénominateur (on dit aussi « rendre rationnel ») :

$a = \dfrac{2}{\sqrt{3}}$; $b = \dfrac{\sqrt{3} - 1}{\sqrt{3}}$; $c = \dfrac{5}{7\sqrt{2}}$; $d = \dfrac{\sqrt{2} + 1}{\sqrt{5}}$.

5. Effectuer les opérations :

$A = 4\sqrt{27} + 2\sqrt{48} - 5\sqrt{75}$.

$B = 7\sqrt{80} + 3\sqrt{45} - 2\sqrt{20}$.

$C = 2\sqrt{48} - \sqrt{363} + \sqrt{108} - 3\sqrt{12}$.

Corrigés

1. $A = \sqrt{108} = \sqrt{36} \times \sqrt{3} = \mathbf{6\sqrt{3}}.$

$B = \sqrt{640} = \sqrt{64} \times \sqrt{10} = \mathbf{8\sqrt{10}}.$

$C = \sqrt{8\,000} = \sqrt{2^6} \times \sqrt{5^2} \times \sqrt{5} = 2^3 \times 5\sqrt{5} = \mathbf{40\sqrt{5}}.$

$D = \sqrt{441} = \sqrt{3^2} \times \sqrt{7^2} = 3 \times 7 = \mathbf{21}.$

$E = 5\sqrt{98} = 5\sqrt{49} \times \sqrt{2} = 5 \times 7\sqrt{2} = \mathbf{35\sqrt{2}}.$

$F = 6\sqrt{242} = 6 \times \sqrt{121} \times \sqrt{2} = 6 \times 11\sqrt{2} = \mathbf{66\sqrt{2}}.$

2. $a = \dfrac{\sqrt{6}}{\sqrt{24}} = \sqrt{\dfrac{6}{24}} = \sqrt{\dfrac{1}{4}} = \dfrac{\sqrt{1}}{\sqrt{4}} = \mathbf{\dfrac{1}{2}}.$

$b = \sqrt{\dfrac{35}{45}} = \sqrt{\dfrac{7}{9}} = \dfrac{\sqrt{7}}{\sqrt{9}} = \mathbf{\dfrac{\sqrt{7}}{3}}.$

$c = \sqrt{\dfrac{30}{54}} = \sqrt{\dfrac{5}{9}} = \dfrac{\sqrt{5}}{\sqrt{9}} = \mathbf{\dfrac{\sqrt{5}}{3}}.$

$d = \sqrt{\dfrac{10}{36}} \times \sqrt{\dfrac{72}{45}} = \sqrt{\dfrac{10 \times 72}{36 \times 45}} = \sqrt{\dfrac{\cancel{5} \times 2 \times \cancel{36} \times 2}{\cancel{36} \times 9 \times \cancel{5}}} = \sqrt{\dfrac{4}{9}} = \mathbf{\dfrac{2}{3}}.$

$e = \sqrt{28} \times \sqrt{\dfrac{1}{7}} = \sqrt{\dfrac{4 \times \cancel{7} \times 1}{\cancel{7}}} = \sqrt{4} = \mathbf{2}.$

$f = 3\sqrt{5} \times 5\sqrt{3} \times 7\sqrt{15} = 3\sqrt{5} \times 5\sqrt{3} \times 7\sqrt{3} \times \sqrt{5} = 3 \times 5 \times 7 \times 5 \times 3 = \mathbf{1\,575}.$

3. $A = (\sqrt{5} + 3)^2 = 5 + 2 \times \sqrt{5} \times 3 + 3^2 = 5 + 6\sqrt{5} + 9 = \mathbf{14 + 6\sqrt{5}}.$

$B = (2\sqrt{3} - \sqrt{5})^2 = 4 \times 3 - 2 \times 2\sqrt{3} \times \sqrt{5} + 5 = 12 - 4\sqrt{15} + 5 = \mathbf{17 - 4\sqrt{15}}.$

$C = (2\sqrt{3} - 5)(7 - 3\sqrt{3}) = 14\sqrt{3} - 6 \times 3 - 35 + 15\sqrt{3} = \mathbf{29\sqrt{3} - 53}.$

$D = (3\sqrt{2} - 5)(3\sqrt{2} + 5) = (3\sqrt{2})^2 - 5^2 = 18 - 25 = \mathbf{-7}.$

4. $a = \dfrac{2}{\sqrt{3}} = \dfrac{2 \times \sqrt{3}}{\sqrt{3} \times \sqrt{3}} = \mathbf{\dfrac{2\sqrt{3}}{3}}$; $b = \dfrac{(\sqrt{3} - 1)\sqrt{3}}{\sqrt{3} \times \sqrt{3}} = \mathbf{\dfrac{3 - \sqrt{3}}{3}}.$

$c = \dfrac{5}{7\sqrt{2}} = \dfrac{5 \times \sqrt{2}}{7\sqrt{2} \times \sqrt{2}} = \dfrac{5\sqrt{2}}{7 \times 2} = \mathbf{\dfrac{5\sqrt{2}}{14}}.$

$d = \dfrac{\sqrt{2} + 1}{\sqrt{5}} = \dfrac{(\sqrt{2} + 1)\sqrt{5}}{\sqrt{5} \times \sqrt{5}} = \mathbf{\dfrac{\sqrt{10} + \sqrt{5}}{5}}.$

5. $A = 4\sqrt{27} + 2\sqrt{48} - 5\sqrt{75}$

$A = 4 \times 3\sqrt{3} + 2 \times 4\sqrt{3} - 5 \times 5\sqrt{3}$

$A = 12\sqrt{3} + 8\sqrt{3} - 25\sqrt{3}$

$\mathbf{A = -5\sqrt{3}}.$

$B = 7\sqrt{80} + 3\sqrt{45} - 2\sqrt{20}$

$B = 7 \times 4\sqrt{5} + 3 \times 3\sqrt{5} - 2 \times 2\sqrt{5}$

$B = 28\sqrt{5} + 9\sqrt{5} - 4\sqrt{5}$

$\mathbf{B = 33\sqrt{5}.}$

$C = 2\sqrt{48} - \sqrt{363} + \sqrt{108} - 3\sqrt{12}$

$C = 2 \times 4\sqrt{3} - 11\sqrt{3} + 6\sqrt{3} - 3 \times 2\sqrt{3}$

$C = 8\sqrt{3} - 11\sqrt{3} + 6\sqrt{3} - 6\sqrt{3}$

$\mathbf{C = -3\sqrt{3}.}$

Sujets de concours

1. Agent technique des Haras, 1997.

Décomposer en facteurs premier les nombres 784 et 1 225. En déduire la racine carrée de 784 et 1 225.

2. Agent administratif, Police nationale, 1995.

Le nombre $\sqrt{8} \times 3\sqrt{2}$ est égal à :

$3\sqrt{10}$; ou $\sqrt{48}$ ou 12.

3. Agent-administratif, INSEE, 1995.

Écrire sous la forme $a\sqrt{b}$; a entier relatif

b entier naturel

$\mathbf{E = \sqrt{20} - 4\sqrt{45} + \sqrt{180}.}$

4. Agent technique des Haras, 1996.

Simplifier l'expression $A = 2\sqrt{27} - 3\sqrt{75} + 2\sqrt{3}$.

5. Agent technique des Haras, 1997.

Écrire sous la forme $a\sqrt{b}$ l'expression $A = \sqrt{500} + 4\sqrt{5} - 2\sqrt{45}$.

6. Agent-chef de surveillance, commune de Paris, 1995.

Développer $(3x + \sqrt{2})^2 - (x\sqrt{2} + 1)$.

Corrigés

1. $784 = \mathbf{2^4 \times 7^2}$ $\quad 1\,225 = \mathbf{5^2 \times 7^2}$.

(Voir chapitre « Nombres et opérations »)

$\sqrt{784} = \sqrt{2^4} \times \sqrt{7^2} = 2^2 \times 7 = \mathbf{28.}$

$\sqrt{1\,225} = \sqrt{5^2} \times \sqrt{7^2} = 5 \times 7 = \mathbf{35.}$

2. $\sqrt{8} \times 3\sqrt{2} = \sqrt{2} \times \sqrt{4} \times 3 \times \sqrt{2} = \sqrt{4} \times \sqrt{4} \times 3 = 2 \times 2 \times 3 = \mathbf{12.}$

3. $E = \sqrt{20} - 4\sqrt{45} + \sqrt{180} = \sqrt{4} \times \sqrt{5} - 4 \times \sqrt{9} \times \sqrt{5} + \sqrt{36} \times \sqrt{5}$

$E = 2\sqrt{5} - 4 \times 3\sqrt{5} + 6\sqrt{5} = 2\sqrt{5} - 12\sqrt{5} + 6\sqrt{5}$

$\boldsymbol{E = -4\sqrt{5}.}$

4. $A = 2\sqrt{27} - 3\sqrt{75} + 2\sqrt{3} = 2 \times \sqrt{9} \times \sqrt{3} - 3\sqrt{25} \times \sqrt{3} + 2\sqrt{3}$

$A = 6\sqrt{3} - 15\sqrt{3} + 2\sqrt{3}$ $\quad \boldsymbol{A = -7\sqrt{3}.}$

5. $A = \sqrt{500} + 4\sqrt{5} - 2\sqrt{45} = \sqrt{100} \times \sqrt{5} + 4\sqrt{5} - 2 \times \sqrt{9} \times \sqrt{5}$

$A = 10\sqrt{5} + 4\sqrt{5} - 6\sqrt{5}$ $\quad \boldsymbol{A = 8\sqrt{5}.}$

6. $(3x + \sqrt{2})^2 - (x\sqrt{2} + 1) = (9x^2 + 6x\sqrt{2} + 2 - x\sqrt{2} - 1) = \boldsymbol{9x^2 + 5x\sqrt{2} + 1.}$

5. Proportionnalité

I. Suites proportionnelles

• 2 suites de nombres sont proportionnelles si l'on passe de l'une à l'autre en multipliant ou en divisant par le même nombre.

Ce nombre est le *coefficient de proportionnalité.*

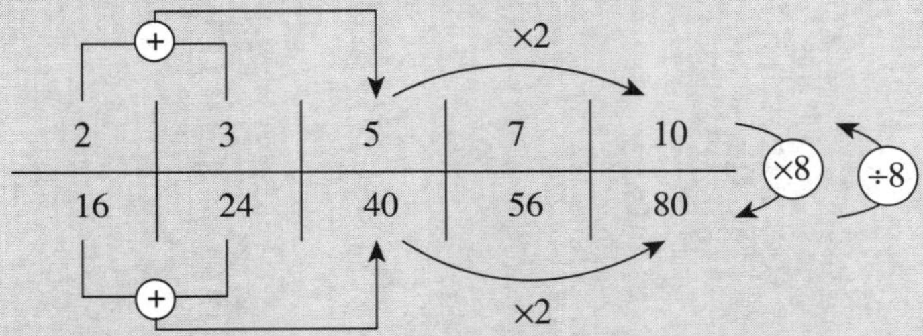

2; 3; 5; 7; 10 et 16; 24; 40; 56; 80 sont 2 suites proportionnelles.

8 est le coefficient de proportionnalité.

• Propriété de linéarité :

$2 + 3 = 5$ donc $16 + 24 = 40$.

$5 \times 2 = 10$ donc $40 \times 2 = 80$.

• Dans un tableau de proportionnalité les « produits en croix » sont égaux :

$2 \times 24 = 16 \times 3$; $3 \times 40 = 24 \times 5$; $5 \times 56 = 7 \times 40$...

• Une proportion est une égalité de 2 rapports.

$\frac{a}{b} = \frac{c}{d}$ est une proportion ($b \neq 0$; $d \neq 0$)

alors $ad = bc$.

Exemple :

$\frac{5}{7} = \frac{17,5}{24,5}$ alors $5 \times 24{,}5 = 7 \times 17{,}5$.

de plus $\frac{a}{b} = \frac{c}{d} = \frac{a+c}{b+d} = \frac{a-c}{b-d}$ avec $b \neq 0; d \neq 0$

et si $\frac{a}{b} = \frac{c}{d}$ alors $\frac{a}{c} = \frac{b}{d}$ et $\frac{d}{b} = \frac{c}{a}$ avec $a, b, c, d \neq 0$.

Application dans les équations :

$\frac{x}{92} = \frac{13}{4}$ alors $4 \times x = 13 \times 92$.

$x = \frac{13 \times 92}{4}$ d'où $x = 299$.

• 2 nombres x et y sont proportionnels à 2 nombres a et b si $\frac{x}{a} = \frac{y}{b}$ (avec $a \neq 0$ et $b \neq 0$) alors $bx = ay$.

II. Partages proportionnels

Exemple : Une somme de 3 600 F est partagée entre 3 personnes proportionnellement aux nombres 2; 5; 9.

Calculer la part de chacun.

Soit x la part du 1er.

y la part du 2e.

t la part du 3e.

On a : $\frac{x}{2} = \frac{y}{5} = \frac{t}{9} = \frac{x+y+t}{2+5+9} = \frac{3\,600}{16}$.

d'où $\frac{x}{2} = \frac{3\,600}{16}$ et $x = \frac{3\,600 \times 2}{16} = 450.$

$\frac{y}{5} = \frac{3\,600}{16}$ et $y = \frac{3\,600 \times 5}{16} = 1\,125.$

$\frac{t}{9} = \frac{3\,600}{16}$ et $y = \frac{3\,600 \times 9}{16} = 2\,025.$

La part du premier est 450 F.

La part du 2e est 1 125 F.

La part du 3e est 2 025 F.

Vérification : 450 + 1 125 + 2 025 = 3 600.

III. Pourcentages directs

• Appliquer un pourcentage.

• Calculer x % d'un nombre n, c'est effectuer le calcul $\frac{n \times x}{100}$.

Exemple :

Calculer 5 % de 1 025.

$\frac{1\,025 \times 5}{100} = 51,25$

donc 5 % de 1 025 c'est 51,25.

IV. Pourcentages par tranches

Une même quantité est parfois divisée en plusieurs parties, un pourcentage différent est alors appliqué à chaque partie.

Exemple : Les commissions d'un représentant sont calculées de la façon suivante, sur le chiffre d'affaires :

de 0 F à 50 000 F : 3 %.

de 50 000 F à 100 000 F : 5 %.

au-delà de 100 000 F : 8 %.

Calculer la commission correspondant à un chiffre d'affaires de 165 000 F.

de 0 F → à 50 000 F → $\dfrac{50\,000 \times 3}{100} = 1\,500$ F.

de 50 000 F à 100 000 F → $\dfrac{50\,000 \times 5}{100} = 2\,500$ F

de 100 000 F à 165 000 F → $\dfrac{65\,000 \times 8}{100} = \dfrac{5\,200 \text{ F}}{9\,200 \text{ F}}$

Commission totale 9 200 F.

V. Calculer un pourcentage

Exemple : Sur un groupe de 60 élèves, 42 ont été reçus.

Calculer le pourcentage de reçus.

• Le nombre total d'élèves et le nombre de reçus sont proportionnels. Nous allons chercher le nombre de reçus pour un groupe de 100 élèves.

Reçus	42	x
Total	60	100

d'où $x = \dfrac{42 \times 100}{60} = 70.$

Pourcentage de reçus : 70 %.

• Calculer x % de y %, c'est effectuer le calcul x % × y %.

Exemple : Calculer 18 % de 25 %.

$\dfrac{18}{100} \times \dfrac{25}{100} = \dfrac{9}{200} = \dfrac{4,5}{100}$ soit 4,5 %.

VI. Pourcentages indirects

Exemple : Le tarif de la SNCF sur un parcours est de 246,75 F après une augmentation de 5 %.

Quel était le tarif avant augmentation ?

• Une augmentation de 5 % signifie que sur un prix d'origine de 100 F, l'augmentation est de 5 F. Le nouveau prix est donc 105 F.

Le prix d'origine et le prix augmenté sont proportionnels.

Prix après augmentation	105	246,75
Prix avant augmentation	100	x

d'où $x = \dfrac{246,75 \times 100}{105} = 235.$

Tarif avant augmentation : 235 F.

VII. Échelles

$$\text{Échelle} = \frac{\text{dimension de l'« image »}}{\text{dimension réelle}}$$

⚠ Les dimensions doivent être exprimées dans ***la même unité***.

Exemple :

Un plan à l'échelle $\frac{1}{200\ 000}$ signifie que 1 cm sur le plan représente 200 000 cm réels (ou 2 km).

***1er cas*. On connaît l'échelle et la dimension réelle. On cherche la dimension de « l'image ».**

Exemple :

2 villes sont distantes de 120 km. Quelle sera leur distance sur une carte au 1/5 000 000 ^{e} ?

120 km = 12 000 000 cm.

Distances sur la carte et distances réelles sont proportionnelles, donc on établit le tableau :

Distance sur la carte en cm	1	x
Distance réelle en cm	5 000 000	12 000 000

d'où $x = \frac{12\ 000\ 000}{5\ 000\ 000} = 2,4.$

Distance sur la carte : 2,4 cm.

Ou Avec une échelle de 1/5 000 000e, la dimension sur la carte est 5 000 000 fois plus petite que la réalité.

donc $x = \frac{12\ 000\ 000}{5\ 000\ 000} = 2,4.$

***2e cas*. On connaît l'échelle et la dimension de l'« image ». On cherche la dimension réelle.**

Exemple :

Un modèle réduit de voiture mesure 12 cm de long à l'échelle 1/25e. Quelle est la longueur réelle de la voiture ?

À l'échelle 1/25e la réalité est 25 fois plus grande que le modèle réduit, donc :

$$L = 12 \times 25 = 300.$$

Longueur réelle de la voiture : 300 cm ou 3 m.

Ou

Longueur réduite en cm	1	12
Longueur réelle en cm	25	x

d'où $x = 25 \times 12 = 300$ cm ou 3 m.

***3e cas*. On connaît la dimension de l'« image » et la dimension réelle. On cherche l'échelle.**

Exemple :

Sur un plan, une distance réelle de 4 km est représentée par une distance de 8 cm. Quelle est l'échelle de ce plan ?

4 km = 400 000 cm.

Dimension sur le plan, en cm	8	1
Dimension réelle, en cm	400 000	x

d'où $x = \dfrac{400\,000}{8} = 50\,000$; échelle : 1/50 000 e.

VIII. Change des monnaies

Les valeurs des différentes monnaies sont proportionnelles.

Exemple : 1 000 lires italiennes valent 3,70 F.

a. Combien de lires valent 240 F ?

b. Combien de francs valent 23 000 lires ?

Lires	1 000	x	23 000
Francs	3,70	240	y

a. $x = \dfrac{240 \times 1\,000}{3{,}70} \approx 64\,864{,}86.$

240 francs valent 64 864,86 lires

b. $y = \dfrac{3{,}70 \times 23\,000}{1\,000} \approx 85{,}1$

23 000 lires valent 85,10 francs.

IX. Les indices

L'indice est un nombre d'une échelle dont la valeur de départ est souvent 100.

Il permet de suivre l'évolution d'une somme par rapport à une valeur de référence.

$$\text{Valeur actuelle} = \frac{\text{Prix de référence} \times \text{indice actuel}}{\text{Indice du prix de référence}}.$$

Exemple : Un loyer est de 4 500 F à l'indice 1 006.

Quel est le montant de ce loyer à l'indice 1 038 ?

$$\text{Loyer actuel} = \frac{4\,500 \times 1\,038}{1006} \approx 4\,643{,}14 \text{ F}.$$

Exercices d'entraînement

1. Les suites 8; 12; 23,5 et 21,6; 32,4; 63,45 sont-elles proportionnelles? Si oui, quel est le coefficient de proportionnalité qui permet de passer de la 1re à la 2e suite?

2. Compléter le tableau de proportionnalité.

6	*a*	24	*c*
27	40,5	*b*	11,7

(×)

3. Calculer x dans chacun des cas suivants :

a.

x	4
12	25

b. $\frac{18}{x} = \frac{4}{7}$ *c.* $\frac{x+3}{24} = \frac{x-5}{12}$

4. Calculer 2 nombres connaissant leur différence : 40 et leur rapport : $\frac{12}{7}$.

5. Trois serveurs se partagent un pourboire de 720 F proportionnellement à leurs heures de travail : 23; 12; et 10. **Quelle est la part de chacun?**

6. Un père partage une récompense entre ses 4 enfants proportionnellement à leurs notes : 9; 12; 13,5; et 15. Il a donné 72 F à celui qui a la moins bonne note.

a. **Quelle est la part de chacun?**

b. **Quelle est la somme totale?**

7. Calculer les pourcentages correspondant aux rapports suivants : $\frac{24}{75}$; $\frac{7}{40}$; $\frac{1,2}{3}$.

8. La SNCF propose une réduction de 25 % pour les billets « Congés payés ». **Quel sera le prix d'un billet dont la tarif plein est 575 F?**

9. Un commerçant vend les 2/3 des 630 paires de chaussures qu'il a en stock. Parmi les invendus 60 % sont des chaussures de femmes.

Calculer le pourcentage de chaussures pour femmes invendues par rapport au stock total.

10. Après avoir dépensé 88 % de son avoir, Sylvain a encore 36 F. **Combien avait-il au départ?**

11. Parmi les 80 % de reçus à un examen, 45 % sont des garçons. **Quel est le pourcentage de garçons reçus?**

12. Le salaire d'un employé est passé de 6 850 F à 7 158,25 F. **Quel est le pourcentage de l'augmentation?**

13. Un article soldé est affiché 245 F après une réduction de 30 %. **Quel était son prix d'origine?**

14. 1 franc équivaut à 25 pesetas, et 1 000 lires valent 4 francs.

Combien de lires font 3 500 pesetas?

15. Sur une carte, une distance de 72 km est représentée par 12 cm. **Quelle est l'échelle de la carte?**

16. Une personne touche une pension de 3 540 F à l'indice 112,8. **Combien touchera-t-elle à l'indice 114?**

17. Sachant qu'un euro équivaut à 6,60 F; **quel est le prix en euros d'une voiture de 125 000 F?**

Quel est le prix en francs d'un livre qui coûte 18,5 euros?

Corrigés

1. 21,6 : 8 = 2,7; 32,4 : 12 = 2,7; 63,45 : 23,5 = **2,7**.

Les deux suites sont proportionnelles. Le coefficient de proportionnalité est **2,7**.

2.

6	a = **9**	24	c = **2,6**
27	40,5	b = **108**	11,7

(× 4,5)

27 : 6 = 4,5.

$$a = 40,5 : 4,5 = \frac{40,5 \times 6}{27} = 9.$$

$$b = 24 \times 4,5 = \frac{24 \times 27}{6} = 1,8.$$

$$c = 11,7 : 4,5 = \frac{11,7 \times 6}{27} = 2,6.$$

3. *a.* $x = \frac{12 \times 4}{25} = \mathbf{1,92}$; *b.* $x = \frac{18 \times 7}{4} = \mathbf{31,5}$.

c. $12(x + 3) = 24(x - 5)$

$12x + 36 = 24x - 120$

$12x - 24x = -120 - 36$

$-12x = -156$

$x = \frac{-156}{-12}$

$\mathbf{x = 13.}$

4. Soient *x* et *y* les 2 nombres

$$\frac{x}{y} = \frac{12}{7} \text{ alors } \frac{x}{12} = \frac{y}{7} = \frac{x-y}{12-7} = \frac{x-y}{5} = \frac{40}{5} = 8.$$

$$\frac{x}{12} = 8 \text{ donc } x = 8 \times 12 = 96.$$

$$\frac{y}{7} = 8 \text{ donc } y = 8 \times 7 = 56.$$

Les 2 nombres sont 96 et 56.

5. Soit *a* la part du 1er.

Soit b la part du 2e.

Soit c la part du 3e.

$$\frac{a}{23} = \frac{b}{12} = \frac{c}{10} = \frac{a+b+c}{23+12+10} = \frac{720}{45} = 16.$$

$a = 23 \times 16$; $b = 12 \times 16$; $c = 10 \times 16$.

Ici 16 représente le pourboire pour 1 heure de travail.
Le 1er reçoit **368 F, le** 2e reçoit **192 F** et le 3e reçoit **160 F.**

6. Soit S la somme totale.
Soit b la part de celui qui a 12.
Soit c la part de celui qui a 13,5.
Soit d la part de celui qui a 15.

$$\frac{72}{9} = \frac{b}{12} = \frac{c}{13,5} = \frac{d}{15} = \frac{S}{9+12+13,5+15} = \frac{S}{49,5} = 8.$$

(72 : 9 = 8) 8 est le coefficient de proportionnalité.
Ici il représente le « prix » du point.

$b = 12 \times 8 = 96\,;\quad c = 13,5 \times 8 = 108.$

$d = 15 \times 8 = 120\,;\quad S = 49,5 \times 8 = 396.$

Les parts respectives des enfants sont par ordre croissant : **72 F; 96 F; 108 F; 120 F,** soit une somme totale de 396 F.

7. $\frac{24}{75} = \frac{x}{100}$ d'où $x = \frac{24 \times 100}{75} = 32$ ou **32 %.**

$\frac{7}{40} = \frac{x}{100}$ d'où $x = \frac{7 \times 100}{40} = 17,5$ ou **17,5 %.**

$\frac{1,2}{3} = \frac{x}{100}$ d'où $x = \frac{1,2 \times 100}{3} = 40$ ou **40 %.**

8. La réduction étant de 25 %, on ne paiera donc que 75 % du prix du billet ou **431,25 F.**

$$\frac{575 \times 75}{100} = 431,25.$$

9. Les invendus représentent 1/3 de 630 ou 210 paires.
630 : 3 = 210.
Nombre de paires pour femmes : 126.

$$\frac{210 \times 60}{100} = 126.$$

Pourcentage des paires pour femmes restant invendues :

$$\frac{126}{630} = \frac{x}{100} \text{ d'où } x = \frac{126 \times 100}{630} = 20.$$

Le pourcentage est 20 %.

10. Il reste 12 % à Sylvain ou 36 F.
Il avait 100 % au départ ou 300 F.

$$\frac{36}{12} = \frac{x}{100} \text{ d'où } x = \frac{36 \times 100}{12} = 300.$$

11. $\frac{80}{100} \times \frac{45}{100} = \frac{3\,600}{10\,000} = 0,36$ ou **36/100.**
Pourcentage de garçons reçus **36 %.**

12. Augmentation de salaire : 308,25 F.
7 158,25 – 6 850 = 308,25.
Le salaire d'origine et l'augmentation sont proportionnels

$$\frac{308,25}{6\,850} = \frac{x}{100} \quad x = \frac{308,25 \times 100}{6\,850} = 4,5.$$

Pourcentage d'augmentation : 4,5 %.

13. 245 F représentent 70 % du prix d'origine

$$\frac{245}{70} = \frac{x}{100} \quad x = \frac{245 \times 100}{70} = 350.$$

prix d'origine : 350 F.

14.

Lires		1 000	x
Francs	1	4	
Pesetas	25	**100**	3 500

Si 1 franc vaut 25 pesetas.

4 francs valent 100 pesetas.

$$x = \frac{3\,500 \times 1\,000}{100} = \mathbf{35\,000.}$$

15. 72 km = 7 200 000 cm

Distance sur carte en cm	12	1
Distance réelle en cm	7 200 000	x

$$x = \frac{7\,200\,000}{12} = 600\,000.$$

Échelle : 1/600 000e.

16.

Pension en francs	3 540	x
Indice	112,8	114

$$x = \frac{3\,540 \times 114}{112,8} \approx 3\,577,66.$$

Montant de la pension : 3 577,6 F.

17. Les prix en francs et en euros sont proportionnels.

Francs	6,60	125 000	L
Euros	1	V	18,5

$$V = \frac{125\,000 \times 1}{6,60} = 18\,939,393.$$

La voiture coûte **18 939,39 euros.**

$L = 18,5 \times 6,60 = 122,1.$

Le livre coûte **122,10 francs.**

Sujets de concours

1. Adjoint administratif, INSEE, 1995. Les suites (3, 8, 10) et (9, 24, 30) sont proportionnelles.

Quel est le coefficient de proportionnalité de la deuxième suite vers la première?

2. Adjoint administratif, Défense. Quel est le nombre « *a* » sachant que $\frac{9}{0{,}3} = \frac{a}{0{,}05}$.

3. Adjoint administratif, Chancellerie, Affaires étrangères 1996.

En France les températures sont exprimées en degrés Celsius (°C) et dans les pays anglo-saxons on utilise les degrés Fahrenheit (°F).

On sait que : 0 °C correspond à 32 °F;

100 °C correspondent à 212 °F;

a. **Quelle est la température, en degrés Fahrenheit, qui correspond à 37 °C?**

b. **Quelle est la température, en degrés Celsius, qui correspond à 14 °F?**

4. Garde-pêche, 1996. Trois associés ont apporté respectivement pendant 1 an les sommes de : 30 000 F, 15 000 F, 12 000 F.

L'entreprise a produit un bénéfice de 28 500 F.

Calculer la part de chaque associé.

5. Adjoint administratif, INSEE, 1995. Pour ses frais pharmaceutiques, un malade est remboursé à 75 % par la sécurité sociale. La mutuelle lui rembourse 80 % du reste.

Quelle somme reste-t-il à sa charge, si les frais pharmaceutiques de ce malade s'élèvent à 274,60 F?

6. Agent technique des Haras, Agriculture, 1997. Dans une classe de 28 élèves, 19 ont été admis au BEP. **Quel est le pourcentage de réussite?**

7. Adjoint administratif, INSEE, 1995. Enquêtant sur un crime, un commissaire de police a 80 suspects.

1/4 d'entre eux ont un alibi irréfutable et sont immédiatement relâchés.

Après interrogatoire, 1/3 des suspects restants sont libérés.

Quel pourcentage de suspects le commissaire doit-il libérer pour ne conserver que deux suspects?

8. Adjoint administratif, INSEE, 1995. Le chiffre d'affaires de McDonald a été, en 1990, de 20 milliards de dollars. Il correspond environ à 10 % du budget de la France.

Calculer le montant du budget de la France en dollars puis en francs.
(1 dollar = 5,04 francs).

9. Adjoint administratif, Police nationale, 1994. Le prix d'un C.D. baisse de 8 % la première année puis de 6 % la seconde. **De quel pourcentage aura baissé le prix de ce C.D. en deux ans?**

10. Agent administratif, Police nationale, 1995. Un article augmente de 10 % puis augmente à nouveau de 10 %.

De combien a-t-il augmenté?

11. Adjoint administratif, Agriculture, 1996. Dans une P.M.E., les 4 salariés sont ainsi rémunérés :

– Durand : 7 213 F de salaire plus 1 221 F de primes.
– Dupont : 6 853 F de salaire plus 513 F de primes.
– Martin : 8 500 F de salaire plus 1 063 F de primes.
– Legrand: 9 021 F de salaire plus 3 211 F de primes.

Le patron décide d'augmenter les salaires de 1,25 %. **Quelle est l'augmentation en pourcentage de la masse salariale globale (salaires + primes) suite à cette hausse ?**

12. Adjoint administratif territorial. 1996. Malade, M. Dupont a acheté à la pharmacie, les médicaments prescrits sur l'ordonnance du médecin.

La sécurité sociale lui rembourse 75 % du montant de la facture du pharmacien et sa mutuelle lui rembourse 80 % du reste. De cette façon, 18 F restent à la charge de M. Dupont.

Quel était le montant de la facture du pharmacien ?

À combien se montent les remboursements de la sécurité sociale puis ceux de la mutuelle ?

13. Agent technique des Haras, Agriculture, 1996. Dans un pays, la population augmente en moyenne de 2 % par an.

En 1992 l'effectif était de : 6 120 000 habitants.

a. **Calculer l'effectif de la population en 1993.**

b. **Calculer l'effectif de la population en 1995.**

c. **Calculer l'effectif de la population en 1991.**

14. Agent technique des parcs nationaux, Équipement, 1990. Des comptages réguliers entrepris sur une espèce d'animaux sauvages, vivant dans un parc naturel, ont donné la série suivante, de 1965 à 1990.

Année	1965	1970	1975	1980	1985	1990
Nombre	500	1 600	2 500	4 500	4 000	4 400

a. **Calculer les variations (en %) pour les périodes 1965/1970, 1970/1975, 1975/1980, 1980/1985, 1985/1990 et présenter ses résultats sous forme d'un tableau comportant les entrées suivantes :**

Période
Variation

b. **Quel aurait été l'effectif de cette population en 1990, si la tendance constatée entre 1980 et 1985 s'était poursuivie au même rythme.**

15. Agent technique des parcs nationaux, Équipement, 1990. Dans un parc naturel national, on a dénombré 120 rapaces d'une certaine espèce. Par suite d'une altération du biotope, ces rapaces sont devenus incapables de se reproduire dans leur milieu naturel.

Sachant que chaque année la mortalité s'élève à 10 % de l'effectif, sans intervention de l'homme, **combien y aura-t-il de rapaces de cette espèce :**

a. **dans un an ;**
b. **dans deux ans ;**
c. **dans 10 ans ?**

16. Agent de surveillance, Musée de Paris, 1995. Un club de football dispose d'un entraîneur, de deux assistants et de quinze joueurs.

11 joueurs sont titulaires et gagnent 12 000 F par mois chacun.

4 joueurs sont remplaçants et gagnent 9 000 F par mois chacun.

L'entraîneur gagne 13 000 F par mois.

Les assistants gagnent 8 000 F par mois chacun.

Les frais annexes (entretien du stade, déplacements pour les tournois...) représentent 40 % du total des salaires.

a. **Quel est le budget annuel total nécessaire pour que le club fonctionne?**

b. **Quelle est la proportion en pourcentage que représentent les salaires versés aux joueurs dans ce total?**

Quelle serait cette proportion s'il n'y avait pas d'assistants?

c. **Quelle est la proportion en pourcentage que représente le salaire versé à l'entraîneur dans ce total?**

Quelle serait cette proportion s'il n'y avait pas d'assistants?

N.B. 1) Les proportions seront données en pourcentage arrondis à la valeur entière la plus proche.

2) Les valeurs numériques seront arrondies à l'entier le plus proche.

17. Agent de surveillance de Paris, 1996. La population de la France était au 1er janvier 1995 de 56,4 millions d'habitants dont 48 % d'hommes.

Parmi les hommes, 32,4 % avaient moins de 20 ans,
56,8 % avaient entre 20 et 64 ans.

Parmi les femmes, 28,2 % étaient âgées de moins de 20 ans,
17,3 % avaient plus de 64 ans.

a. **À partir de ces données, calculer au 1er janvier 1995, la répartition de population française par sexe et par tranche d'âge (moins de 20 ans, entre 20 et 64 ans, 65 ans et plus).**

b. **Sachant que cette population augmente de 1 % par an, quel sera alors le nombre d'habitants au 1er janvier 1997?**

18. Magasinier, Bibliothèque de Paris, 1995. Une bibliothèque possède un fond de 17 000 ouvrages.

a. Elle souhaite faire poser sur ces livres des protections électroniques. Elle fait appel à deux entreprises *X* et *Y* qui font les offres suivantes :

Entreprise *X* : Protection + Transport des ouvrages aller/retour : 7,50 F/livre.

Entreprise *Y* : Protection : 6,00 F/livre
Transport : forfait de 39 900 F.

Quel est le coût de la prestation pour chacune des entreprises?

b. La bibliothèque veut profiter de l'occasion pour faire, selon le cas, plastifier ou rénover les livres. Ses besoins sont les suivants :

8 600 livres doivent être plastifiés.

20 % des livres doivent subir une rénovation légère.

10 % des livres doivent subir une rénovation lourde.

Les offres de X et Y sont :

	X	Y
Plastification	9,00 F/livre	Forfait de 75 000 F
Rénovation légère	42,00 F/livre	38,00 F/livre
Rénovation lourde	119,00 F/livre	107,00 F/livre

Quel est le coût de la prestation pour chacune des entreprises?

c. La bibliothèque négocie avec les deux entreprises le prix de *l'ensemble* des prestations décrites aux paragraphes a et b ci-dessus :

- L'entreprise X accorde une remise de 4 %.
- L'entreprise Y ne consent aucun rabais.

Quelle est l'offre la plus intéressante?

19. Magasinier, Bibliothèque de Paris, 1995. Une médiathèque possède 22 669 documents musicaux et audiovisuels, répartis par catégorie comme suit :

A = disque vinyles, cassettes audio et vidéo : 7 831
B = disque compacts audio, vidéo-disques : 11 778
C = CD ROM : La part restante.

a. On enregistre sur une année les variations du nombre de documents suivantes :

A : –17 % ; B : +12 % ; C : +26 %

Combien la médiathèque possède-t-elle de chacune des catégories de documents au bout d'une année?

b. **Exprimer, en pourcentage, la variation du nombre total de documents en une année.** Le résultat sera arrondi au centième près.

c. On suppose que, pendant plusieurs années, le nombre de CD ROM va continuer de croître de 26 % par an.

Au bout de combien d'années le nombre de CD ROM aura-t-il doublé?

20. Agent technique, Parcs nationaux, Équipement, 1991. Une région touristique a reçu 800 000 visiteurs en 1988. Depuis cette date, on a constaté une augmentation du nombre de visiteurs de 5 % chaque année.

a. **Calculer le nombre de visiteurs en 1989, en 1990.**

b. **Si une telle progression se maintient, que sera le nombre de visiteurs en l'an 2000?**

c. **Combien faudra-t-il d'années pour que le nombre de visiteurs augmente d'au moins 25 % par rapport à l'année 1988?**

21. Agent technique des Haras, Agriculture, 1996. Avec 340 F, on obtient 73 100 lires italiennes.

Un objet coûte 86 000 lires italiennes.

Quel est son prix en francs?

22. Adjoint administratif, Chancellerie, Affaires étrangères, 1994. Dans une banque :

- le cours du dollar US est : 5 F/$US;
- le cours de la livre sterling est : 10 F/£.

• **Calculer le cours du dollar par rapport à la livre et le cours de la livre par rapport au dollar.**

23. Agent technique des Haras, Agriculture, 1996. Sur une carte au 1/50 000e, la distance entre deux villes est de 24 cm.

Quelle est la distance réelle séparant ces 2 villes ?

Donner le résultat en km.

24. Agent technique des Haras, Agriculture, 1996.

a. Sur le plan de la ville de Paris, on relève les dimensions suivantes (échelle : 1/10 000) :

Champs Élysées : 15,4 cm.

Cour carrée du Louvre : 7 mm.

Calculer les longueurs réelles en km.

b. **Calculer l'échelle des répliques de la Tour Eiffel (320 m de hauteur) dont les hauteurs sont les suivantes :**

8 cm. 12,8 mm.

25. Agent technique, Parcs nationaux, Environnement, 1997. Sur une carte au 1/200 000e, on a relevé les distances suivantes :

Kédeuse-Flaine : 2,3 cm.

Kédeuse-Pointe de Platé : 4,2 cm.

Kédeuse-Mont Blanc : 13 cm.

On suppose que les points correspondant à ces mesures sont répartis sur une ligne droite horizontale, et on donne en outre les altitudes des différents points de référence (voir figure).

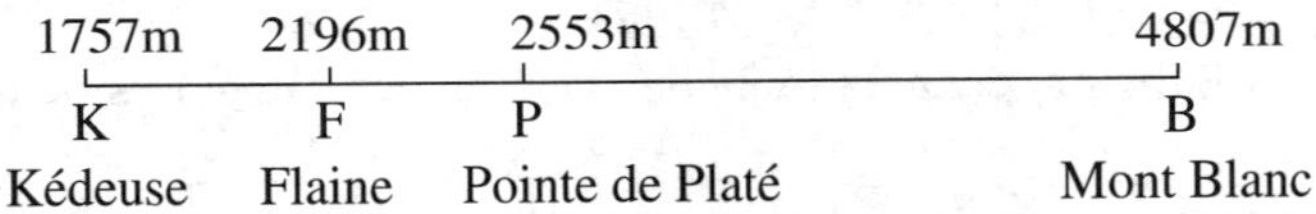

a. **Quelles sont, exprimées en km, à 0,1 km près, les distances horizontales réelles KF, KP, et KB.**

b. **Du sommet de Kédeuse, peut-on apercevoir le Mont Blanc ?** (toute réponse devra être justifiée par un calcul). On ne tiendra pas compte de la taille de l'observateur.

26. Agent administratif, Police nationale, 1995. A vol d'oiseau, la distance Paris-Brest est 506 km. Sur la carte un écolier trouve 92 mm.

Quelle est l'échelle de cette carte ?

27. Adjoint technique, Agriculture, 1995. Les projets de boisement des différents pays de la CEE, dans le cadre du règlement CEE n° 2080/92, sont les suivants :

Pays	**Surface boisée entre 1993 et 1997 en ha**
Flandres	7 000
Wallonie	1 950
Allemagne	57 731
Danemark	0
Espagne	640 000

France	87 780
Grèce	15 000
Irlande	119 600
Italie	231 000
Luxembourg	300
Pays-Bas	11 500
Portugal	92 000
Royaume-Uni	100 360

a. **Calculer la surface boisée totale, et indiquer dans un tableau la part respective de chaque État-membre en %, en regroupant Flandres et Wallonie sous l'intitulé « Belgique ».**

b. Le coût moyen d'un hectare de boisement est de 15 000 F en France. Sachant qu'une livre Sterling (£) vaut 8,37 francs et qu'un acre vaut 0,4 hectare, **calculer le coût du boisement en livres par acre.**

c. **Calculer enfin en livres Sterling le coût total du programme du Royaume-Uni.**

28. Agent administratif, Police Nationale, 1995. Dans un mélange gazeux, l'oxygène, l'azote et l'hydrogène sont dans la proportion de 1 ; 2,5 et 1,5. **Quels sont les volumes en cm^3 des différents gaz dans 300 cm^3 de ce mélange.**

29. Adjoint administratif, Chancellerie, 1994. Un magasin fait une remise de 10 % sur tous ses articles.

a. **Calculer le nouveau prix d'un article qui valait 40 F.**

b. Soit X l'ancien prix d'un article et $F(X)$ son prix soldé. **Exprimer $F(X)$ en fonction de X.**

c. **Quel était le prix d'un article qui vaut maintenant 27 F ?**

d. **Représenter graphiquement F : (on prendra 1 cm pour 10 F sur l'axe des abscisses et sur l'axe des ordonnées)**

e. **Utiliser le graphique pour trouver l'ancien prix d'un article qui vaut maintenant 45 F.**

Corrigé

1.

3	8	10
9	24	30

Le coefficient de proportionnalité qui permet de passer de la deuxième suite vers la première est :

$$\frac{3}{9} = \frac{8}{24} = \frac{10}{30} = \mathbf{\frac{1}{3}}.$$

2. Si $\frac{9}{0,3} = \frac{a}{0,05}$, alors $a = \frac{9 \times 0,05}{0,3}$ $\quad$ $\mathbf{a = 1,5}$.

3. Les degrés Celsius et Fahrenheit sont proportionnels, donc on peut établir le tableau suivant.

°C	0	100	37	y
°F	32	212	x	14

d'où $x = \dfrac{212 \times 37}{100}$ et $y = \dfrac{14 \times 100}{212}$

$x = 78{,}44$ $y \approx 6{,}6$.

37 °Celsius correspondent à environ **78,5 °F**.

14 °Fahrenheit correspondent à environ **6,6 °C**.

4. La part de chaque associé est proportionnelle à son apport.

Parts de bénéfice	x	y	z	28 500
Apports	30 000	15 000	12 000	57 000

$$x = \frac{30\,000 \times 28\,500}{57\,000} = 15\,000.$$

$$y = \frac{15\,000 \times 28\,500}{57\,000} = 7\,500.$$

$$z = \frac{12\,000 \times 28\,500}{57\,000} = 6\,000.$$

Part du 1er associé : **15 000 F**.

Part du 2e associé : **7 500 F**.

Part du 3e associé : **6 000 F**.

On remarquera que le 2e associé, ayant apporté la moitié de l'apport du 1er, aura une part de bénéfice moitié moins importante.

5. Après la sécurité sociale, il reste à sa charge 25 %. La mutuelle rembourse 80 % de 25 % soit :

$$\frac{80}{100} \times \frac{25}{100} = \frac{2\,000}{10\,000} = 20\ \%\ \text{de la totalité.}$$

Remboursement total : 75 % + 20 % = **95 %**.

Il reste à sa charge : 100 % – 95 % = **5 %**.

Si les frais se montent à 274,60 F, il reste à sa charge : **13,73 F**.

$$\frac{274,60 \times 5}{100} = 13,73.$$

6. Le nombre de reçus est proportionnel à l'effectif total.

Reçus	19	x
Effectif total	28	100

Soit $x = \dfrac{19 \times 100}{28} \approx 67,85$.

Pourcentage de réussite ≈ 67,85 %.

7. On en a relâché $\dfrac{1}{4}$, il en reste $\dfrac{3}{4}$ soit :

$$\frac{80 \times 3}{4} = 60.$$

On a libéré $\frac{1}{3}$ des 60 restants, il en reste $\frac{2}{3}$ soit :

$\frac{60 \times 2}{3} = 40.$

Pour qu'il n'en reste que 2, il faut libérer 38 personnes sur les 40 restantes.

$\frac{38 \times 100}{40} = 95.$

Il faut libérer 95 % des suspects.

8. Le budget de la France représente 100 % soit 10 % × 10
ou 20 milliards × 10 = **200 milliards de dollars.**
Les sommes en dollars et en francs sont proportionnelles.

Dollars	1	200 milliards
Francs	5,04	x

x = 200 milliards × 5,04 = **1 008 milliards de Francs.**

9. La 1re année, le CD a baissé de 8 % ; il vaut donc 92 % de son prix initial.
La 2e année, la baisse est de 6 % de 92 %, soit :

$\frac{92}{100} \times \frac{6}{100} = \frac{552}{10\,000} = \frac{5,52}{100}$ ou 5,52 %.

Baisse en 2 ans : 13,52 %.

$\frac{8}{100} + \frac{5,52}{100} = \frac{13,52}{100}.$

10. Après la 1re augmentation, l'article vaut 110 % de son prix initial.

La 2e augmentation est de 10 % de 110 %, soit : $\frac{10}{100} \times \frac{110}{100} = \frac{1\,100}{10\,000} = \frac{11}{100}$ ou 11 %.

Augmentation totale : 21 %.

$\frac{10}{100} + \frac{11}{100} = \frac{21}{100}.$

11. Rémunérations totales avant augmentation :

Durand : 7 213 + 1 221 = 8 434 F
Dupond : 6 853 + 513 = 7 366 F
Martin : 8 500 + 1 063 = 9 563 F
Legrand : 9 021 + 3 211 = 12 232 F

37 595 F.

Le salaire de départ représente 100 %, après augmentation il devient 101,25 % ou $\frac{101,25}{100}$ ou 1,0125 du salaire d'origine.

Pour avoir le salaire après augmentation, on multiplie l'ancien par 1,0125.
Salaires après augmentation :

Durand : 7 213 × 1,0125 = 7 303,16 F
Dupond : 6 853 × 1,0125 = 6 938,66 F
Martin : 8 500 × 1,0125 = 8 606,25 F
Legrand : 9 021 × 1,0125 = 9 133,76 F

Rémunération totales après augmentation :

Durand : 7 303,16 + 1 221 = 8 524,16 F

Dupond : 6 938,66 + 513 = 7 451,66 F

Martin : 8 606,25 + 1 063 = 9 669,25 F

Legrand : 9 133,76 + 3 211 = 12 344,76 F

37 989,83 F.

Augmentation de la masse salariale : 394,83 F.
37 989,83 – 37 595 = 394,83.
Pourcentage d'augmentation ≈ 1,05 %

$$\frac{394,83 \times 100}{37\ 595} \approx 1,05.$$

12. La sécurité sociale rembourse 75 %, il reste après 25 % à la charge de l'assuré.

La mutuelle rembourse 80 % du reste, il reste à la charge de l'assuré 20 % des 25 %.

Soit $\frac{20}{100} \times \frac{25}{100} = \frac{500}{10\ 000} = \frac{5}{100}$ ou **5 %**.

La facture représente 100 %.
5 % représentent 18 F.
1 % représente $\frac{18}{5}$ F.
100 % représentent $\frac{18 \times 100}{5} = 360$.
ou les francs et les pourcentages sont proportionnels.

Pourcentages	5	100
Francs	18	x

et $x = \frac{18 \times 100}{5} = 360$.

Montant de la facture : 360 F.
Remboursement de la sécurité sociale : 270 F.

$$\frac{360 \times 75}{100} = 270.$$

Partie non remboursée par la S. S : 90 F.
360 – 270 = 90.
Remboursement de la mutuelle : 72 F.

$$\frac{90 \times 80}{100} = 72.$$

13. De 1992 à 1993 la population a augmenté de 2 % soit :

$\frac{100}{100} + \frac{2}{100} = \frac{102}{100}$ ou 1,02.

L'effectif 1993 est égal à celui de 1992 multiplié par le coefficient 1,02.

Si l'écart est de n années, le coefficient devient $(1{,}02)^n$.

a. Effectif de la population en **1993 : 6 242 400 hab.**
6 120 000 × 1,02 = 6 242 400.

b. Effectif de la population en **1995 : 6 494 593 hab.**
$6\ 120\ 000 \times (1{,}02)^3 \approx 6\ 494\ 593$.

c. Soit $1x$ l'effectif de 1991.
L'effectif de 1992 est égal à $1{,}02 \times x$.

donc : $1{,}02 \times x = 6\,120\,000$

$$x = \frac{6\,120\,000}{1{,}02}$$

$$x = 6\,000\,000.$$

Effectif de la population en **1991 : 6 000 000 hab.**

14. *a.*

Période	1965/1970	1970/1975	1975/1980	1980/1985	1985/1990
Variation	+220 %	+56,25 %	+80 %	−11,11 %	+10 %

1965/70 → différence = 1 600 − 500 = 1 100.

Pourcentage = $\frac{1\,100 \times 100}{500} = 220.$

1970/75 → différence = 2 500 − 1 600 = 900.

Pourcentage = $\frac{900 \times 100}{1\,600} = 56,25.$

1975/80 → différence = 4 500 − 2 500 = 2 000.

Pourcentage = $\frac{2\,000 \times 100}{2\,500} = 80.$

1980/85 → différence = 4 000 − 4 500 = −500.

Pourcentage = $\frac{-500 \times 100}{4\,500} = -11,11.$

1985/90 → différence = 4 400 − 4 000 = 400.

Pourcentage = $\frac{400 \times 100}{4\,000} = 10.$

b. Si la baisse de 11,11 % s'était poursuivie entre 1985 et 1990, alors le coefficient aurait été de : $\frac{100}{100} - \frac{11,11}{100} = \frac{88,89}{100} = 0,8889.$

Effectif en 1990 : 3 556 animaux.

$4\,000 \times 0{,}8889 \approx 3\,556.$

15. Coefficient de diminution annuelle : **0,9**

$\frac{100}{100} - \frac{10}{100} = \frac{90}{100} = 0,9.$

Si la diminution se prolonge n années, alors le coefficient est $\mathbf{(0,9)^n}$.

Nombre de rapaces :

dans 1 an : $120 \times 0{,}9 =$ **108 rapaces.**

dans 2 ans : $120 \times (0{,}9)^2 \approx$ **97 rapaces.**

dans 10 ans : $120 \times (0{,}9)^{10} \approx$ **42 rapaces.**

16. *a.* Total des salaires : 197 000 francs.

$11 \times 12\,000 + 4 \times 9\,000 + 13\,000 + 2 \times 8\,000 = 197\,000.$

Montant des frais : 78 800 francs.

$\frac{197\,000 \times 40}{100} = 78\,800.$

Budget du club : 275 800 francs.

197 000 + 78 800 = 275 800.

275 800 F = budget mensuel

275 800 × 12 = 3 309 600 F = budget annuel.

b. Pourcentage des salaires : **71 %**.

$\frac{197\ 000 \times 100}{275\ 800} \approx 71,4.$

Pourcentage des salaires sans assistants : **70 %**.

$\frac{181\ 000 \times 100}{259\ 800} \approx 69,7.$

c. Pourcentage du salaire de l'entraîneur : **5 %**.

$\frac{13\ 000 \times 100}{275\ 800} \approx 4,7.$

Pourcentage de l'entraîneur sans assistants : **5 %**.

$\frac{13\ 000 \times 100}{259\ 800} \approx 5.$

17. *a.* **Les hommes :** (effectifs en millions).

- **moins de 20 ans**→ 56,4 × 0,48 × 0,324 ≈ **8,8.**
- **entre 20 et 64 ans**→ 56,4 × 0,48 × 0,568 ≈ **15,4.**

65 ans et plus → pourcentage = 100 – (32,4 + 56,8) = 10,8.
→ 56,4 × 0,48 × 0,108 ≈ **2,9.**

Les femmes : (effectifs en millions).

S'il y a 48 % d'hommes, il y a 52 % de femmes.

- **moins de 20 ans** → 56,4 × 0,52 × 0,282 ≈ **8,3.**
- **entre 20 et 64 ans** → pourcentage = 100 – (28,2 + 17,3) = 54,5.
→ 56,4 × 0,52 × 0,545 ≈ **16.**
- **plus de 64 ans** → 56,4 × 0,52 × 0,173 ≈ **5,1.**

b. Nombre d'habitants au **1er janvier 1997 : 57,5 millions.**

$56,4 \times (1,01)^2 \approx 57,5.$

18. *a.* **Entreprise *X* : 127 500 F.**

17 000 × 7,5 = 127 500.

Entreprise *Y* : 141 900 F.

6 × 17 000 + 39 900 = 141 900.

b. Plastification : 8 600 livres

Rénovation légère : 17 000 × 0,2 = 3 400 livres.

Rénovation lourde : 17 000 × 0,1 = 1 700 livres.

	X	*Y*
Plastification	77 400 F	75 000 F
Rénov. légère	142 800 F	129 200 F
Rénov. lourde	202 300 F	181 900 F
Total	422 500 F	386 100 F

c. **Offre de l'entreprise *X* : 528 800 F.**

(127 500 + 422 500) × 0,96 = 528 000.

Offre de l'entreprise *Y* : 528 000 F.

141 900 + 386 100 = 528 000.

On remarque que les 2 offres sont équivalentes.

19. *a.*

	A	B	C	Total
Année 0	7 831	11 778	3 060	22 669
Année suivante	7 831 × 0,83 = 6 500	11 778 × 1,12 = 13 191	3 060 × 1,26 = 3 856	23 547

b. **Variation en 1 an** = + 878 documents soit **+ 3,87 %**.

$\dfrac{878 \times 100}{22\ 669} = 3{,}87.$

c. Le coefficient multiplicateur est $(1{,}26)^n$ en *n* années.

$3\ 060 \times (1{,}26)^n = 6\ 120$ ou $(1,26)^n = \dfrac{6\ 120}{3\ 060} = 2.$

$(1{,}26)^3 \approx 2.$

Le nombre de CD aura doublé en 3 ans.

20. Le coefficient d'augmentation sur *n* années est $(1{,}05)^n$.

a. Nombre de visiteurs en **1989 = 840 000.**

$800\ 000 \times 1{,}05 = 840\ 000.$

Nombre de visiteurs en **1990 = 882 000.**

$800\ 000 \times (1{,}05)^2 = 882\ 000.$

b. Nombre de visiteurs en l'an **2000 = 1 436 685.**

$800\ 000 \times (1{,}05)^{12} = 1\ 436\ 685.$

c. $800\ 000 \times (1{,}05)^5 \approx 1\ 021\ 025.$

Pour que le nombre de visiteurs augmente d'au moins 25 %, il faudra **5 ans.**

21. Les sommes en lires et en francs sont proportionnelles.

Lires	73 100	86 000
Francs	340	*x*

d'où $x = \dfrac{86\ 000 \times 340}{73\ 100} = 400.$

L'objet coûte 400 F.

22. 1 dollar = 5 francs

2 dollars = 10 francs = 1 livre sterling.

1 dollar = $\frac{1}{2}$ livre sterling et **1 livre sterling = 2 dollars.**

23. Sur une carte au 1/50 000ᵉ, la réalité est 50 000 fois plus grande que la distance sur la carte.

$24 \times 50\ 000 = 1\ 200\ 000.$

Distance entre les 2 villes = 1 200 000 cm = **12 km.**

24. *a.* Longueur des Champs Élysées : 154 000 cm = 1,54 km.

$1{,}54 \times 10\ 000 = 154\ 000.$

Dimension de la cour carrée du Louvre = 70 000 mm = **0,07 km.**

$7 \times 10\ 000 = 70\ 000.$

b.

Dimension réduite : cm	8	1
Dimension réelle : cm	32 000	x

d'où $x = \dfrac{32\ 000}{8} = 4\ 000.$ **Échelle 1/4 000e.**

• 12,8 mm = 1,28 cm.

Dimension réduite : cm	1,28	1
Dimension réelle : cm	32 000	x

d'où $x = \dfrac{32\ 000}{1,28} = 25\ 000.$ **Échelle 1/25 000e.**

25. *a.* À l'échelle 1/200 000e, les dimensions réelles sont 200 000 fois plus grandes que celles de la carte.

KF = 460 000 cm = **4,6 km.**
2,3 × 200 000 = 460 000.
KP = 840 000 cm = **8,4 km.**
4,2 × 200 000 = 840 000.
KB = 2 600 000 cm = **26 km.**
13 × 200 000 = 2 600 000.

b. ⚠ Pour cette question, voir le chapitre trigonométrie.

Angle formé par KF et l'horizontale : $\alpha_1 \approx$ **5,45°.**

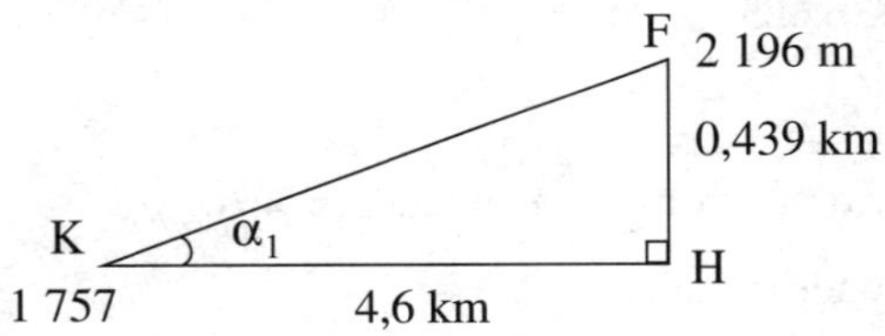

$\tan\alpha_1 = \dfrac{FH}{KH} = \dfrac{0,439}{4,6}$; $\alpha_1 \approx 5,45°$

Angle formé par KP et l'horizontale : $\alpha_2 \approx$ **5,41°.**

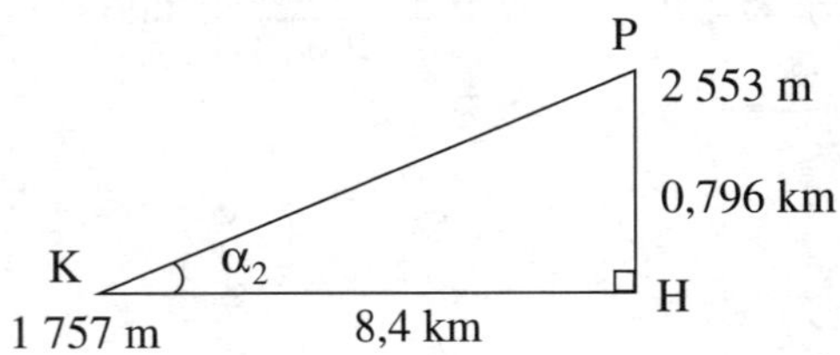

$\tan\alpha_2 = \dfrac{PH}{KH} = \dfrac{0,796}{8,4}$; $\alpha_2 \approx 5,41°$

Angle formé par KB et l'horizontale : $\alpha_3 \approx$ **6,69°.**

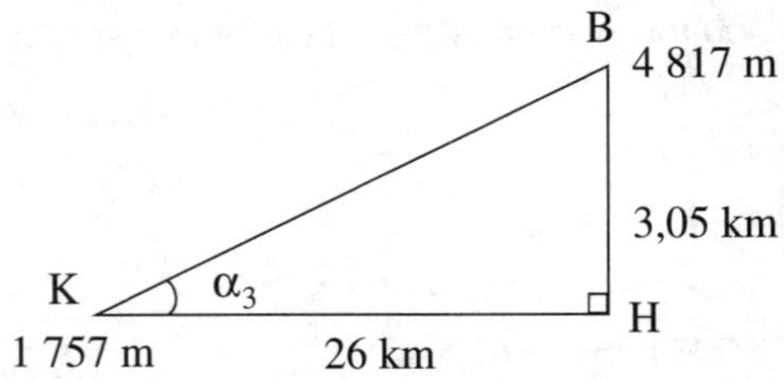

$\tan\alpha_3 = \dfrac{BH}{KH} = \dfrac{3,05}{26}$; $\alpha_3 \approx 6,69°$

L'angle α_3 étant plus grand que les 2 autres.

On voit le Mont Blanc.

26. 506 km = 506 000 000 mm.

Distance carte en mm	92	1
Distance réelle en mm	506 000 000	x

d'où $x = \dfrac{506\ 000\ 000}{92} = 5\ 500\ 000$. **Échelle 1/5 500 000**^{e}.

27. *a.*

Pays	Surface boisée entre 1993 et 1997 en ha	Calcul	Pourcentage
Flandres	7 000	$\dfrac{8\ 950 \times 100}{1\ 364\ 221} =$	0,66 %
Wallonie	1 950		
Allemagne	57 731	$\dfrac{57\ 731 \times 100}{1\ 364\ 221} =$	4,23 %
Danemark	0	0	0 %
Espagne	640 000	$\dfrac{640\ 000 \times 100}{1\ 364\ 221} =$	46,91 %
France	87 780	$\dfrac{87\ 780 \times 100}{1\ 364\ 221} =$	6,43 %
Grèce	15 000	$\dfrac{15\ 000 \times 100}{1\ 364\ 221} =$	1,1 %
Irlande	119 600	$\dfrac{119\ 600 \times 100}{1\ 364\ 221} =$	8,77 %
Italie	231 000	$\dfrac{231\ 000 \times 100}{1\ 364\ 221} =$	16,93 %
Luxembourg	300	$\dfrac{300 \times 100}{1\ 364\ 221} =$	0,02 %
Pays-Bas	11 500	$\dfrac{11\ 500 \times 100}{1\ 364\ 221} =$	0,84 %
Portugal	92 000	$\dfrac{92\ 000 \times 100}{1\ 364\ 221} =$	6,74 %
Royaume-Uni	100 360	$\dfrac{100\ 360 \times 100}{1\ 364\ 221} =$	7,36 %
	1 364 221		

b. Coût total : 20 463 300 000 F.

$15\ 000 \times 1\ 364\ 221 = 2{,}04\ 633 \times 10^{10}$

$= 20\ 463\ 300\ 000.$

Coût en livres : 2 444 840 502 £

Francs	8,37	$2{,}04633 \times 10^{10}$
Livres	1	x

d'où $x = \dfrac{2{,}04633 \times 10^{10}}{8{,}37} = 2\ 444\ 840\ 502.$

Surface totale : 3 410 552,5 acres.

acre	1	x
ha	0,4	1 364 221

d'où $x = \dfrac{1\ 364\ 221}{0{,}4} = 3\ 410\ 552{,}5.$

Coût en livres/acre : 716,85.

2 444 840 502 : 3 410 552,5 = 716,85.

c. Royaume-Uni : 179 856 630,8 livres.

100 360 × 15 000 = 1 505 400 000 francs.

1 505 400 000 : 8,37 = 179 856 630,8.

28. Soient O le volume de l'oxygène, N celui de l'azote et H celui de l'hydrogène.

$$\frac{O}{1} = \frac{N}{2{,}5} = \frac{H}{1{,}5} = \frac{O + N + H}{1 + 2{,}5 + 1{,}5} = \frac{300}{5} = 60.$$

O = 60 × 1 = **60 cm³.**

N = 2,5 × 60 = **150 cm³.**

H = 1,5 × 60 = **90 cm³.**

29. *a.* Nouveau prix de l'article : 36 F.

$$40 - \frac{40 \times 10}{100} = 36.$$

b. $F(x) = x - 0{,}10\,x$ ou $\boldsymbol{F(x) = 0{,}9x}$.

c. Soit x l'ancien prix :

$0{,}9\,x = 27.$

$x = 27 : 0{,}9$

$x = 30.$

Ancien prix de l'article : **30 F.**

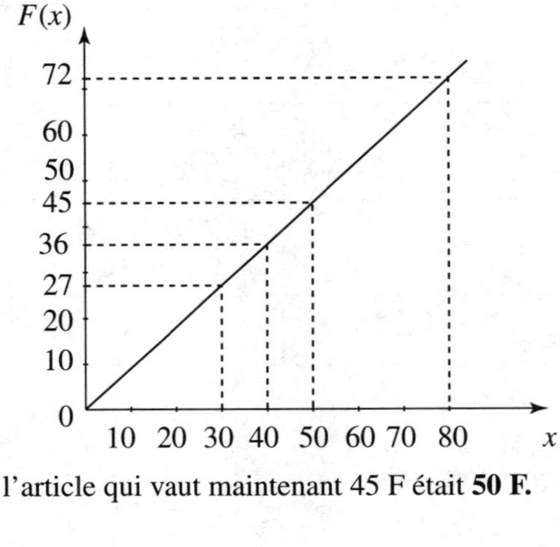

d. L'ancien prix de l'article qui vaut maintenant 45 F était **50 F.**

6. Mesures

I. Unités de longueur

L'unité de **longueur** est **le mètre** (m).

Pour passer d'une unité de longueur à l'unité voisine, on multiplie ou on divise par 10. (1 chiffre par colonne).

km	hm	dam	m	dm	cm	mm
		1	8	0	0	
	7,	4	0			
0,	0	0	3			
		0,	5	4		

18 m = 1800 cm ; 7,4 hm = 740 m

0,003 km = 3 m ; 54 dm = 0,54 dam.

Le périmètre d'un polygone est égale à la somme de tous ses côtés.

Le périmètre du cercle = $\pi \times D = \pi \times 2 \times R$

$\pi \approx 3{,}14$; D est le diamètre ; R est le rayon.

II. Unités d'aires et unités agraires

L'unité d'*aire* est le **mètre-carré (m^2)**

L'unité **agraire** est l'**are** (*a*)

$$1 \text{ are} = 1 \text{ dam}^2$$

Pour passer d'une unité d'aire (ou agraire) à l'unité voisine, on multiplie ou on divise par 100 (2 chiffres par colonne : unités et dizaines).

	ha	a	ca			
km^2	hm^2	dam^2	m^2	dm^2	cm^2	mm^2
			2 ¦ 5	0 ¦ 0	0 ¦ 0	
	¦ 0	0 ¦ 2				
¦ 0	1 ¦ 8	5 ¦				
				¦ 1	7 ¦ 0	

⚠ Les virgules ne peuvent se trouver qu'à l'endroit des traits pleins. Les pointillés servent à rappeler qu'on place 2 chiffres par unité !

25 m^2 = 250 000 cm^2 ; 0,02 hm^2 = 2 a = 2 dam^2

0,185 km^2 = 18,5 hm^2 = 18,5 ha ; 1,7 dm^2 = 170 cm^2

III. Unités de volume et de capacité

L'unité de **volume** est **le mètre-cube** (m^3)

Pour passer d'une unité de volume à l'unité voisine, on multiplie ou on divise par 1 000 (3 chiffres par colonne : unités, dizaines, centaines).

L'unité de **capacité** est **le litre.**

Pour passer d'une unité de capacité à l'unité voisine, on multiplie ou on divise par 10 (1 chiffre par colonne)

$$1 \text{ litre} = 1 \text{ dm}^3$$

km^3	hm^3	dam^3	m^3			dm^3			cm^3			mm^3
						hl	dal	l	dl	cl	ml	
				2	7	0	0					
								1,	2	7	5	
						0,	0	3,	7	5		
						0,	8	2	0	0		

$27 \text{ m}^3 = 2\,700 \text{ dal}$; $1\,275 \text{ cm}^3 = 1{,}275 \text{ dm}^3 = 1{,}275 \text{ l}$

$0{,}0375 \text{ hl} = 3{,}75 \text{ dm}^3$; $0{,}82 \text{ hl} = 8\,200 \text{ cl}$.

IV. Unités de masse

L'unité de **masse** est le **gramme** (g)

Pour passer d'une unité de masse à l'unité voisine on multiplie ou on divise par 10 (1 chiffre par colonne).

⚠ La dizaine de kg n'a pas de nom spécial, ce n'est pas une raison pour l'oublier !

tonne	quintal		kg	hg	dag	g	dg	cg	mg
1	0	0	0						
	1	0	0						
			1	2	0	0			
				8	2	7	5	0	0

1 tonne = 1000 kg ; 1 quintal = 100 kg

1,2 kg = 1 200 g ; 827,5 g = 827 500 mg.

V. Masse volumique et densité

La masse volumique d'un corps est sa masse par unité de volume.

$$mv = \frac{\text{masse}}{\text{volume}}$$

⚠ attention aux unités : g/cm^3; kg/m^3; $tonne/m^3$.

La densité d'un corps est le rapport entre la masse d'un certain volume de ce corps et le même volume d'eau.

Exemple : La densité d'un corps est 3,6 signifie qu'à volume égal le corps « pèse » 3,6 fois plus que l'eau.

VI. Unité de temps

Le temps peut s'exprimer de 2 façons différentes :

• Dans le **système sexagésimal**

1 heure = 60 minutes = 3 600 secondes
1 minute = 60 secondes

• Dans **le système décimal**

Maintenant le temps est souvent exprimé par un nombre décimal.

⚠. 1^{H} 45 minutes ≠ 1,45 heure.

x minute = $\frac{x}{60}$ d'heure.

1. Passer du système sexagésimal au système décimal

Exemple :

15 minutes = $\frac{15}{60}$ d'heure = 0,25 heure

30 minutes = $\frac{30}{60}$ d'heure = 0,5 heure

51 minutes = $\frac{51}{60}$ d'heure = 0,85 heure

6 h 42 minutes = 6 h + $\frac{42}{60}$ d'h = 6 h + 0,7 h = 6,7 h.

2. Passer du système décimal au système sexagésimal

On multiplie la partie décimale du nombre par 60 pour obtenir des minutes.

Exemple :

0,6 h = 0,6 × 60 = 36 minutes
0,35 h = 0,35 × 60 = 21 minutes
3,8 h = 3 h + 0,8 × 60 = 3 h 48 minutes.

VII. Mesures d'angles

Les angles peuvent être mesurés en **degrés** (°), **en grades** (gr) ou en **radians** (rad).

angle nul

$\alpha = 0° = 0 \text{ gr} = 0 \text{ rad}$

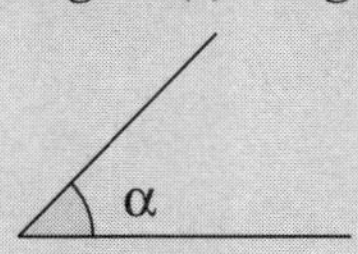

angle aigu

$0° < \alpha < 90°$
$0 \text{ gr} < \alpha < 100 \text{ gr}$
$0 \text{ rad} < \alpha < \frac{\pi}{2} \text{ rad}$

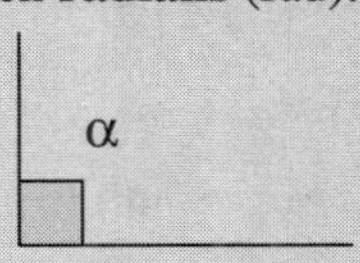

angle droit

$\alpha = 90°$
$\alpha = 100 \text{ gr}$
$\alpha = \frac{\pi}{2} \text{ rad}$

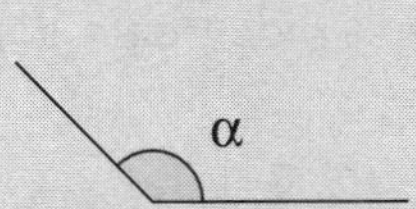

angle obtus

$90° < \alpha < 180°$
$100 \text{ gr} < \alpha < 200 \text{ gr}$
$\frac{\pi}{2} \text{ rad} < \alpha < \pi \text{ rad}$

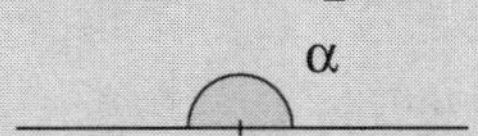

angle plat

$\alpha = 180°$
$\alpha = 200 \text{ gr}$
$\alpha = \pi \text{ rad}$

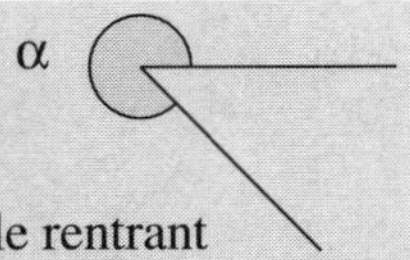

angle rentrant

$180° < \alpha < 360°$

$200 \text{ gr} < \alpha < 400 \text{ gr}$

$\pi \text{ rad} < \alpha < 2\pi \text{ rad}$

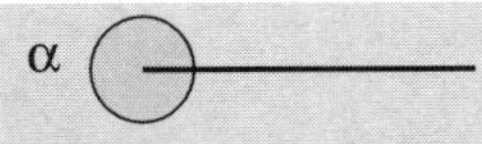

angle plein

$\alpha = 360°$

$\alpha = 400 \text{ gr}$

$\alpha = 2\pi \text{ rad}$

Exercices d'entraînement

1. Convertir dans l'unité demandée

325 m =	hm	;	10,5 m^2 =	dm^2
18,3 cm =	m	;	0,002 hm^2 =	a
0,24 dam =	dm	;	2 643 m^2 =	ha
1 726 mm =	m	;	9,805 m^2 =	dm^2
3 476 m =	km	;	742,6 dm^2 =	dam^2
341 dal =	m^3	;	1 625 kg =	tonne
0,05 m^3 =	l	;	0,007 q =	kg
183 cl =	hl	;	1 624 mg =	g
12 346 cm^3 =	dal	;	5,72 kg =	g
3 l =	cl	;	12,03 kg =	dag.

2. Effectuer les opérations

16,25 m + 18 dm + 52,9 dam =	m
18 dm^2 + 25 ca + 146 a + 0,03 ha =	m^2
14 kg + 25,3 hg +12 320 g =	kg
45 dm^3 + 2,5 hl + 143 dl + 1240 cm^3 =	l

3. Exprimer :

en heures et minutes

2,3 h ; 0,75 h; 5,9 h

8,25 h ; 0,6 h

par un nombre décimal

1 h 18 min ; 5 h 6 min

2 h 27 min ; 48 min ; 3 h 40 min

4. Un ouvrier a travaillé plusieurs jours sur un chantier.

Effectuer la somme des temps de travail et calculer la facture de la main d'œuvre sachant qu'une heure coûte 195 francs.

5 h 21 min + 6 h 45 min + 7 h 18 min + 2 h 42 min.

5. Sur un terrain de 0,17 ha, on construit une maison de 15 m sur 9,5 m. **Combien de m^2 reste-t-il pour le jardin ?**

6. Donner la mesure en grades d'un angle 36° et donner en degrés la mesure d'un angle de 320 gr.

Corrigés

1. 325 m = **3,25 hm** ; 10,5 m^2 = **1 050 dm^2**

18,3 cm = **0,183 m** ; 0,002 hm^2 = **0,2 a**
0,24 dam = **24 dm** ; 2 643 m^2 = **0,2643 ha**
1 726 mm = **1,726 m** ; 9,805 m^2 = **980,5 dm^2**
3 476 m = **3,476 km** ; 742,6 dm^2 = **0,07426 dam^2**
341 dal = **3,41 m^3** ; 1 625 kg = **1,625 tonne**
0,05 m^3 = **50 l** ; 0,007 q = **0,7 kg**
183 cl = **0,0183 hl** ; 1 624 mg = **1,625 g**
12 346 cm^3 = **1,2346 dal** ; 5,72 kg = **5720 g**
3 l = **300 cl** ; 12,03 kg = **1203 dag**

2. 16,25 m + 1,8 m + 529 m = **547,05 m.**

0,18 m^2 + 25 m^2 + 14 600 m^2 + 300 m^2 = **14 925,18 m^2.**
14 kg + 2,53 kg + 12,32 kg = **28,85 kg.**
45 l + 250 l + 14,3 l +1,24 l = **310,54 l.**

3. 2,3 h = 2 h + 0,3 × 60 = 2 h + 18 = **2 h 18 min.**

0,75 h = 0,75 × 60 = **45 min.**
5,9 h = 5 h + 0,9 × 60 = 5 h + 54 = **5 h 54 min.**
8,25 h = 8 h + 0,25 × 60 = 8 h + 15 = **8 h 15 min.**
0,6 h = 0,6 × 60 = **36 min.**

1 h 18 min = 1 h + $\frac{18}{60}$ = 1 h + 0,3 = **1,3 h.**

5 h 6 min = 5 h + $\frac{6}{60}$ = 5 h + 0,1 = **5,1 h.**

2 h 27 min = 2 h + $\frac{27}{60}$ = 2 h + 0,45 = **2,45 h.**

48 min = $\frac{48}{60}$ = **0,8 h.**

3 h 42 min = 3 h + $\frac{42}{60}$ = 3 h + 0,7 = **3,7 h.**

4. 5 h 21 min + 6 h 45 min + 7 h 18 min + 2 h 42 min =

5,35 h + 6,75 h + 7,3 h+ 2,7 h = **22,1 h.**
Montant de la facture : **4309,5 francs.**
22, 1 × 195 = 4 309,5.

5. 0,17 ha = 1700 m^2

Aire de la maison 142,5 m^2
15 × 9,5 = 142,5
Jardin restant **1 557,5 m^2**
1 700 – 142,5 = 1 557,5

6.

degrés	90	36	y
grades	100	x	320

$$x = \frac{36 \times 100}{90} = 40 \text{ d'où } \mathbf{36° = 40 \text{ gr}}$$

$$y = \frac{90 \times 320}{100} = 288 \text{ d'où } \mathbf{320 \text{ gr} = 288°}$$

Sujets de concours

1. Agent administratif, Police nationale, 1995. Convertir en km : 50 000 000 mm.

2. Adjoint administratif. Défense. Transformer en litres les volumes suivants :

a. 17 dm^3 22 cm^3 *b.* 22,18 m^3

3. Agent technique des Haras, Agriculture, 1997. Effectuer les calculs suivants; donner les résultats en cm^3.

a. 0,043 dl + 0,57 dm^3 + 245 ml + 2,27 cl =

b. $2,37 \cdot 10^2$ ml + $3,53 \cdot 10^{-5}$ hl =

4. Agent technique des Haras, Agriculture, 1996. Effectuer les calculs suivants; donner les résultats en litres.

12 dal + 3,25 dl + 428 ml + 250 cm^3 =
$2 \cdot 10^{-3}$ hl + $4,2 \cdot 10^5$ ml =

5. Adjoint administratif, INSEE, 1995. Une limace fait le tour d'un chou sphérique en 10 heures à une vitesse moyenne de 6 cm par heure.

Quel est le diamètre du chou?

6. Agent administratif, Police nationale, 1995.

Un rectangle de 23 cm de longueur a le même périmètre qu'un carré de 19 cm de côté.
Quelle est la largeur de ce rectangle?

7. Adjoint administratif, Agriculture, 1997. Un laboureur commence à 2 heures à rouler un champ de 28 ares et 80 centiares, avec un rouleau de 1 m 60 de long. Il roule environ 40 m par minute.

À quelle heure aura-t-il fini son travail?
Justifier les réponses.

8. Adjoint administratif, Agriculture, 1996. Sur un chantier, trois ouvriers ont travaillé chacun respectivement 1 h 30 min, 1 h 50 min, 1 h 65 min. Ils ont abattu à eux trois globalement 50 arbres. **Calculer le temps moyen pour abattre un arbre.**

9. Adjoint administratif, Chancellerie, 1994. Quelle est la mesure (en degrés) de l'angle formé par les deux aiguilles d'une horloge lorsqu'il est exactement 12 h 20 minutes?

10. Agent administratif, Chancellerie, 1994. Le réservoir d'essence d'une voiture a une capacité de 40 litres.

***a.* Calculer la distance maximum (au km près) qu'on peut parcourir avec un plein si la consommation moyenne est de 7 litres aux 100 km.**

***b.* Calculer la masse d'essence contenue dans le réservoir (lorsqu'il est plein) sachant sur la masse volumique de l'essence est 740 kg/m^3.**

Corrigés

1. 50 000 000 mm = **50 km.**

2. 17 dm^3 22 cm^3 = **17,022 litres.**

22,18 m^3 = **22 180 litres.**

3. *a.* 0,043 dl + 0,57 dm^3 + 245 ml + 2,27 cl =

4,3 cm^3 + 570 cm^3 + 245 cm^3 + 22,7 cm^3 = **842 cm^3.**

b. $2{,}37 \times 10^2$ ml + $3{,}53 \times 10^{-5}$ hl = $2{,}37 \times 100$ ml + $3{,}53 \times 0{,}00001$ hl

237 ml + 0,0000353 hl = 237 cm^3 + 3,53 cm^3 = **240,53 cm^3.**

4. 12 dal + 3,25 dl + 428 ml + 250 cm^3=

120 l + 0,325 l + 0,428 l + 0,25 l = **121,003 l.**

2×10^{-3} hl + $4{,}2 \times 10^5$ ml = $2 \times 10^{-3} \times 10^2$ l + $4{,}2 \times 10^{+5} \times 10^{-3}$ l =

2×10^{-1} l + $4{,}2 \times 10^2$ l = 0,2 l + 420 l = **420,2 l.**

5. Circonférence du chou : **60 cm.**

$6 \times 10 = 60$

Diamètre du chou ≈ 19 **cm**

D = C : π = 60 : 3,14 ≈ 19.

6. Périmètre du carré (et du rectangle) : **76 cm**

$19 \times 4 = 76$.

Demi périmètre du rectangle : **38 cm.**

$L + l = 38$ d'où $l = 38 - 23 = 15$.

Largeur du rectangle : **15 cm.**

7. 28 a 80 ca = 2 880 m^2

Aire roulée en 1 minute : 64 m^2.

$1{,}6 \times 40 = 64$.

Temps mis pour rouler le champ : **45 minutes**

2 880 : 64 = 45

Le travail sera fini à **2 h 45 min.**

8. Temps total pour abattre 50 arbres : $\mathbf{\frac{65}{12}}$ **d'heure.**

$$1 \text{ h } 30 \text{ min} + 1 \text{ h } 50 \text{ min} + 2 \text{ h } 05 \text{ min} = 4 \text{ h} + \frac{85}{60} = \frac{325}{60} = \frac{65}{12}.$$

Temps moyen pour abattre 1 arbre : **6,5 minutes.**

$$\frac{65}{12} : 50 = \frac{65}{12} \times \frac{1}{50} = \frac{65}{600} = \frac{13}{120} = \frac{6,5}{60}\text{h.}$$

9. S'il est 12 h 20 min, la grande aiguille a parcouru les $\frac{20}{60}$ de 360° ou 120° depuis 12 h.

$$\frac{20 \times 360}{60} = 120.$$

En une heure la petite aiguille parcourt 5 minutes sur la pendule, ou 30°.

$$\frac{5 \times 360}{60} = 30.$$

À midi 20 minutes la petite aiguille a parcouru $\frac{1}{3}$ de 5 minutes ou $\frac{1}{3}$ de 30° soit 10° depuis 12 h.

Angle entre les 2 aiguilles : **110°**.
120° – 10° = 110°.

10. *a.* Le nombre de km parcourus et la consommation sont proportionnels.

litres	7	40
km	100	x

d'où $x = \frac{40 \times 100}{7} = 571,4$

La voiture pourra parcourir **571 km.**

b. Masse d'essence : **29,6 kg.**

40 litres = 40 dm^3 = 0,04 m^3
0,04 × 740 = 29,6.

7. Aires et volumes

I. Rappels de formules

a. Aires

Rectangle

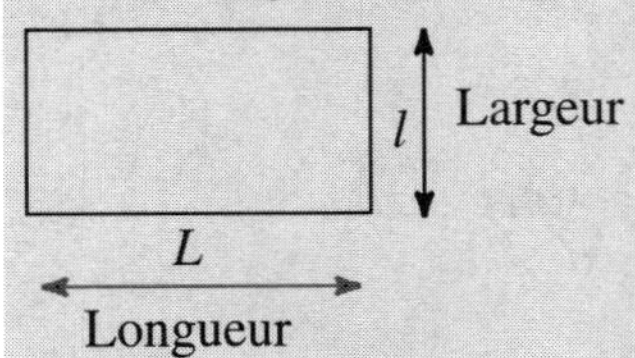

Aire = $L \times l$

Carré

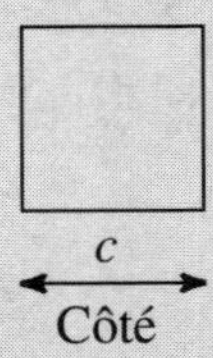

Aire = $c \times c = c^2$

Parallélogramme

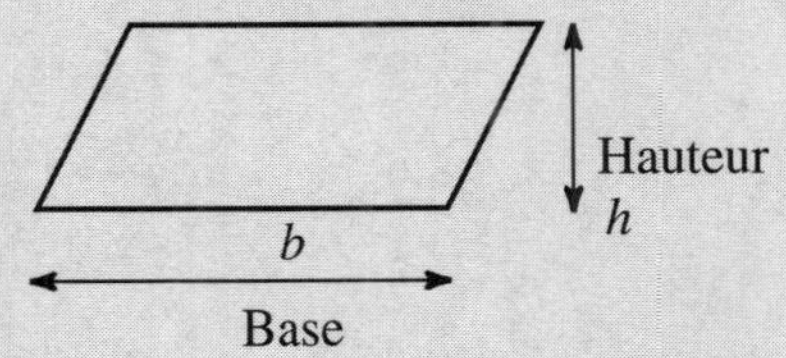

Aire = $b \times h$

Losange

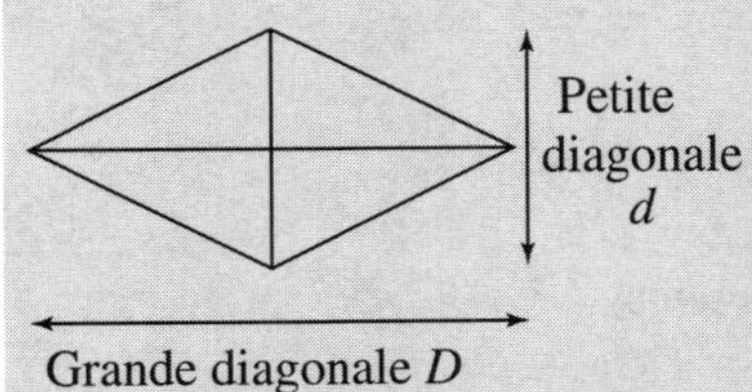

Aire = $\dfrac{D \times d}{2}$

Trapèze

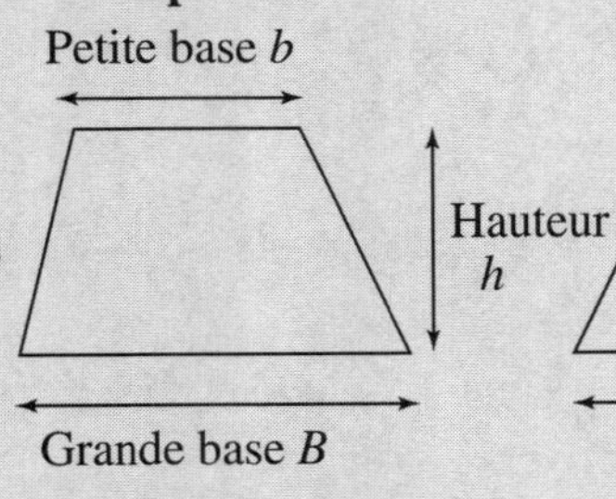

Aire = $\dfrac{(B + b) \times h}{2}$

Triangle

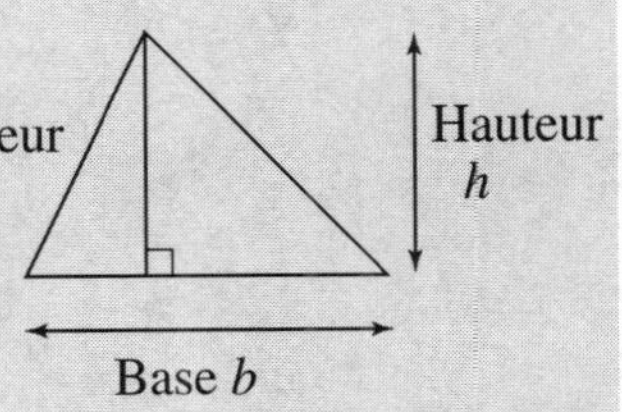

Aire = $\dfrac{b \times h}{2}$

Cercle et disque

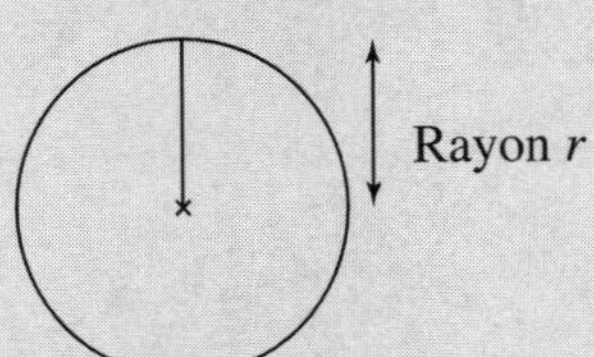

Périmètre = $2\pi \times r$

Aire = $\pi \times r^2$

b. Volumes

Cube

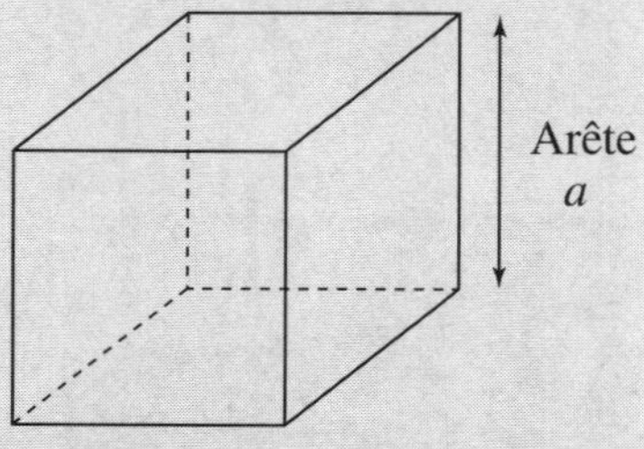

Volume = $a \times a \times a = a^3$
Aire totale = $6 \times a^2$

Parallélépipède

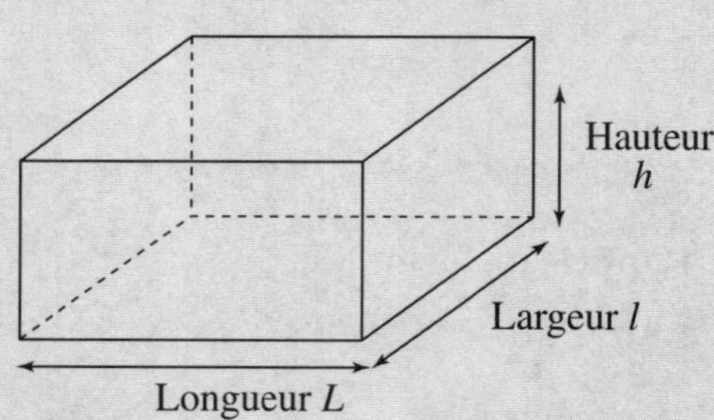

Volume = $L \times l \times h$
Aire latérale = $[2(L + l)] \times h$

Prisme droit

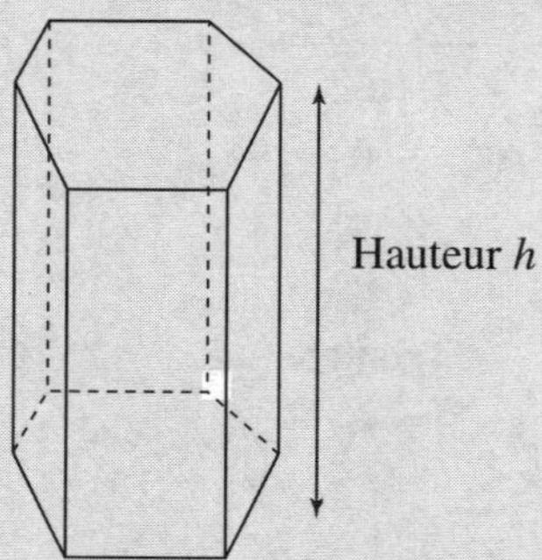

Base d'aire B et de périmètre p
Volume = $B \times h$
Aire latérale = $p \times h$

Cylindre

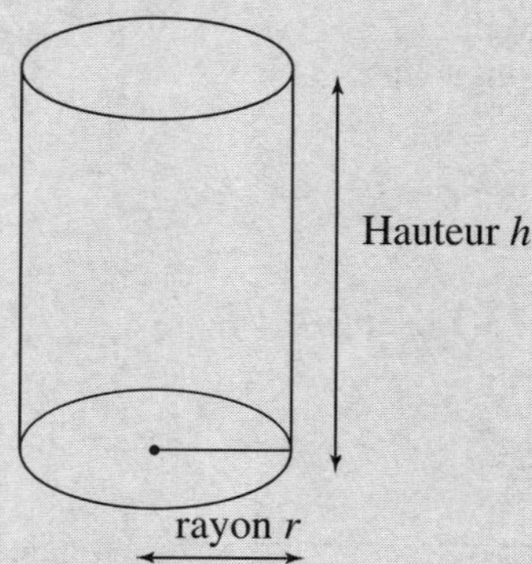

Aire de base = $\pi \times r^2$
Volume = $\pi \times r^2 \times h$
Aire latérale = $2\pi \times r \times h$

Sphère

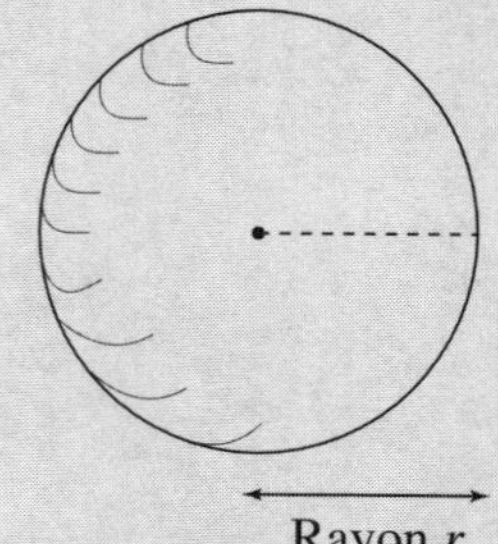

Aire = $4\pi \times r^2$

Volume = $\frac{4}{3}\pi \times r^2$

Pyramide **Cône**

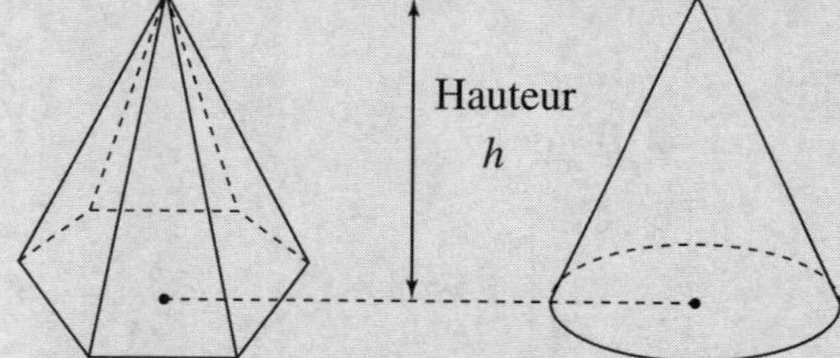

Volume = $\frac{1}{3} \times (\text{aire de base}) \times h$

II. Les unités d'aire, de volume et de capacité

Unités d'aire

- Unités légales : le *mètre carré* (m^2), ses multiples et sous-multiples.

$$1\ m^2 = 100\ dm^2 \quad \text{et} \quad 1\ m^2 = 0{,}01\ dam^2.$$

- Unités agraires : l'*are* (a); l'hectare (ha); le centiare (ca).

$$1\ a = 1\ dam^2\ ; \quad 1\ ha = 1\ hm^2\ ; \quad 1\ ca = 1\ m^2,$$

d'où le tableau récapitulatif pratique pour les conversions et opérations.

		ha		a		ca							
km^2		hm^2		dam^2		m^2		dm^2		cm^2		mm^2	
						d	u						
							1						
							1	0	0				
					0,	0	1						

$1\ m^2 = 100\ dm^2$; $1\ m^2 = 0{,}01\ dam^2$ ou 0,01 a.

Unités de volume et de capacité

Tout corps solide occupe une partie de l'espace : c'est son volume.

L'*unité* de volume est le *mètre cube* (m^3). On passe à l'unité voisine en multipliant ou en divisant par 1 000.

L'*unité de capacité* est le *litre* (l). On passe à l'unité voisine en multipliant ou en divisant par 10.

$$\boxed{1\ dm^3 = 1\ \text{litre}}$$

On obtient donc le tableau suivant.

km^3			hm^3			dam^3			m^3			dm^3			cm^3			mm^3		
												hl	dal	l	dl	cl	ml			
								3	0	0	0	0	0							
														0,	0	0	0	6	5	0
												1	7	5	6	0	0			

$3\ dam^3 = 3\ 000\ m^3$ ou 300 000 dal

$0{,}65\ cm^3 = 650\ mm^3$ ou $0{,}00065\ dm^3$

1,756 hl = 175,6 l ou 175 600 cm^3.

Exercices d'entraînement

1. Un journal quotidien paraissant en province a une forme rectangulaire dont les dimensions sont : longueur 50 cm, largeur 33 cm. Ce journal, qui compte 20 pages, a été tiré à 480 000 exemplaires.

Quelle est la longueur de la bande de papier utilisée sachant que cette bande mesure 50 cm de largeur ? (Réponse en km).

2. Un terrain de jeux a la forme d'un rectangle, prolongé par deux demi-cercles dont les diamètres sont égaux à la largeur du rectangle :

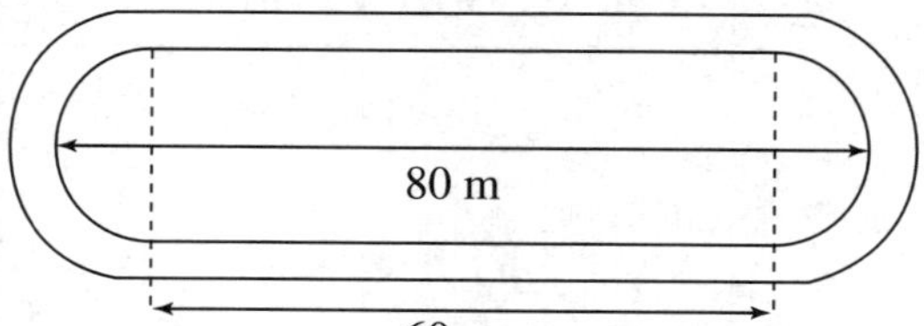

La longueur L du rectangle est de 60 m. La longueur totale du terrain est de 80 m. Autour de ce terrain, à l'extérieur et à 2,5 m du bord on pose une grille.

a. **Calculer le périmètre et l'aire du terrain.**

b. **Quelle est la longueur de la grille ?**
(On prendra $\pi = 3,14$).

3. Un silo à grain a la forme d'un prisme à base octagonale telle que AB = 12 m et OH = 14 m. Sa hauteur est 15 m. **Calculer l'aire de la base puis le volume du silo.**

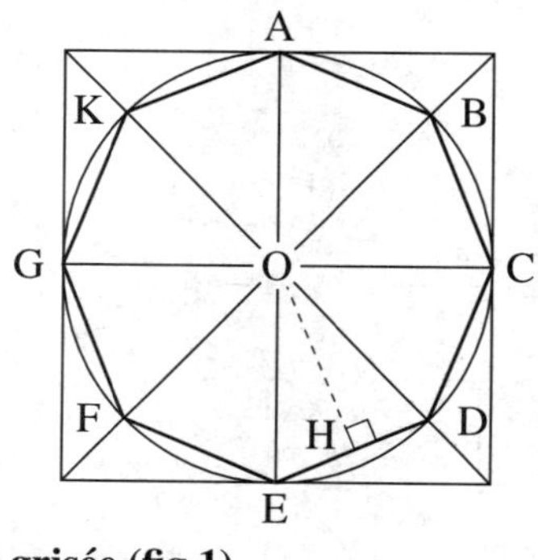

4. Calculer l'aire de la partie grisée (fig 1).

5. Un pavé droit a pour dimensions :
15 cm ; 8 cm et 6 cm.

a. **Faire une figure.**

b. **Calculer la longueur de sa diagonale.**

c. **Calculer le volume de la pyramide BCGD.**

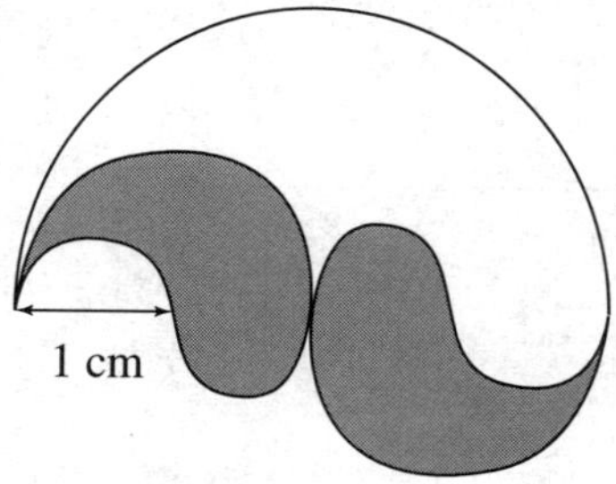

fig 1

6. Une bille de 20 mm de rayon repose au fond d'un tube cylindrique de même rayon de base. On verse de l'eau jusqu'à ce qu'elle recouvre exactement la bille.

a. **Calculer le volume d'eau versée.**

b. **Si on enlevait la bille, quelle serait la hauteur d'eau dans le tube ?**

7. Comparer l'aire d'une sphère de rayon 15 cm et l'aire latérale d'un cylindre contenant au plus juste cette sphère comme le montre le schéma ci-dessous.

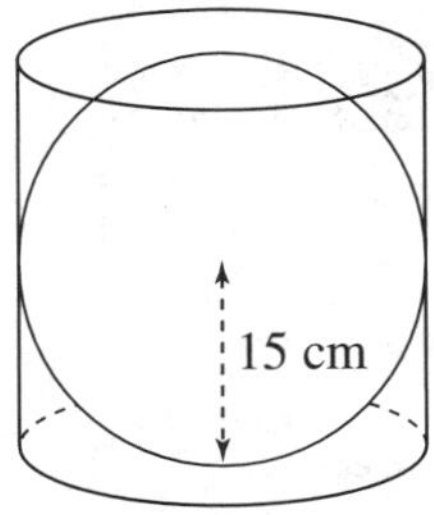

8. Une citerne à gaz est constituée d'un cylindre de deux mètres de longueur et 1,20 m de diamètre intérieur, fermé par deux demi-sphères.

a. **Faire un dessin.**

b. **Calculer le volume de cette citerne.**

c. L'épaisseur de la paroi est 15 mm. On enduit cette citerne d'un produit isolant au prix de 320 F le m^2. **Calculer le coût de l'opération.**

9. Soit une pyramide régulière à base carrée. (ABCD) est le carré de base, de centre O. La longueur d'un côté de la base est 20 mètres. Le milieu de [AB] est H.

Le sommet de la pyramide est S. La hauteur est 12 mètres.

a. **Faire une figure.**

b. **Calculer OH et SH.**

c. **Calculer la longueur d'une arête. (On admettra que $(SH) \perp (AB)$).**

d. **Sachant que $(SH) \perp (AB)$, calculer l'aire latérale en m^2 et en ares.**

e. **Calculer le volume de la pyramide.**

10. Une coupe de champagne a la forme d'un cône renversé, de 3 cm de rayon de base et de 12 cm de hauteur.

Combien pourra-t-on remplir de verres, à 1 cm du bord, avec une bouteille de 75 cl ? ($\pi = 3{,}14$).

11. Une bougie de signalisation routière a la forme d'un cône de 50 cm de haut. Son volume est de 4,239 dm^3.

Calculer son rayon de base. ($\pi = 3{,}14$).

12. Le pluviomètre simplifié représenté par la figure ci-contre est formé d'une éprouvette de rayon r et d'un entonnoir dont le rayon d'ouverture est R.

On récupère une hauteur H d'eau dans l'éprouvette et on désigne par z la hauteur d'eau tombée sur le terrain (par cm^2 de surface).

a. **Exprimer le volume V d'eau récupérée par l'entonnoir en fonction de R et de z.**

b. **Exprimer le volume V d'eau récupérée dans l'éprouvette en fonction de r et de H.**

c. **Calculer z sachant que $H = 13{,}5$ cm, $r = 9$ cm, $R = 27$ cm.**

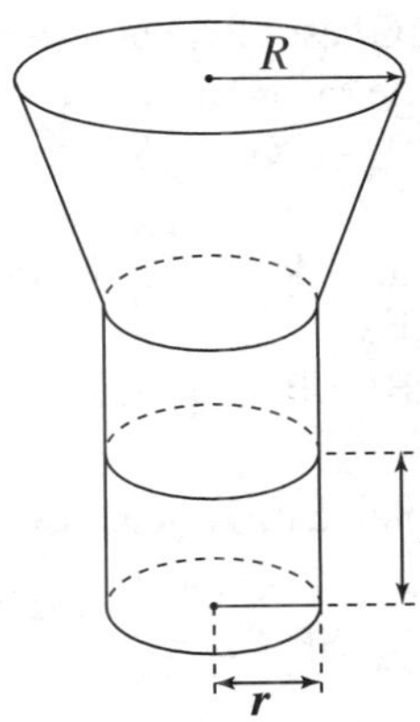

Corrigés

1. Longueur de la bande de papier, en cm :

$33 \times 20 \times 480\,000 = 316\,800\,000$ cm ou 3 168 km.

Cette bande de papier est imprimée recto-verso, il convient donc de diviser le résultat précédent par 2.

Soit 3 168 : 2 = **1 584 km.**

2. Longueur du rayon des demi-cercles, en m :

$(80 - 60) : 2 = 10$.

Périmètre du terrain, en m :

$2\pi \times 10 + (2 \times 60) = \mathbf{182{,}80}$.

Aire du terrain, en m^2 :

$(60 \times 20) + \pi \times 10^2 = 1\,200 + 314 = \mathbf{1\,514}$.

Les côtés parallèles au rectangle ont la même largeur que celui-ci (60 m). La partie circulaire de la grille est la longueur d'un cercle de rayon 12,5 m (10 + 2,5).

Longueur de la grille, en m :

$2 \times 60 + (2 \times \pi \times 12{,}5) = \mathbf{198{,}5}$.

3. Aire de base du silo, en m^2 :

$$\left(\frac{ED \times OH}{2}\right) \times 8 = \frac{12 \times 14}{2} \times 8 = \mathbf{672.}$$

Volume du silo, en m^3 :

$672 \times 15 = $ **10 080 ou 10,08 dam^3**.

4. L'aire d'un élément de la partie grisée correspond à l'aire d'un demi-disque blanc de 1 cm de rayon, le demi-disque de diamètre 1 cm correspond au demi-disque grisé de même diamètre.

Par conséquent l'aire de la partie grisée correspond à l'aire d'un disque de 1 cm de rayon soit : $\pi \times 1^2 = 3{,}14$ cm^2.

5.

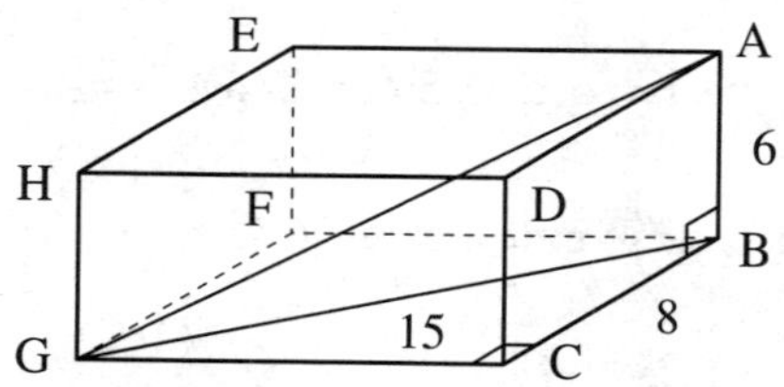

ABG est un triangle rectangle en B.

[AG] est l'hypoténuse de ce triangle et aussi la diagonale du parallélépipède. Calcul de BG. Le théorème de Pythagore appliqué au triangle BCG rectangle en C permet d'écrire :

$BC^2 + CG^2 = BG^2$ ou $15^2 + 8^2 = BG^2$ ou $225 + 64 = BG^2$ ou $\sqrt{289} = BG$;

$BG = \sqrt{289} = 17$.

Calcul de AG. Le théorème de Pythagore appliqué au triangle ABG rectangle en B permet d'écrire :

$AB^2 + BG^2 = AG^2$ ou $6^2 + 17^2 = AG^2$ ou $36 + 289 = AG^2$ ou $AG^2 = 325$;

$AG = \sqrt{325}$ ou $AG \approx 18$ cm.

Volume de la pyramide BCGD en cm^3 :

$$V = \frac{SB \times h}{3} \text{ ou } \frac{\frac{CG \times BC}{2} \times CD}{3} \text{ ou } \frac{\frac{15 \times 8}{2} \times 6}{3} = \frac{15 \times 8 \times 3}{3} = \mathbf{120.}$$

6. *a.* Diamètre de la bille, en mm :

$$20 \times 2 = 40.$$

Volume du cylindre de 40 mm de hauteur, en mm^3 :

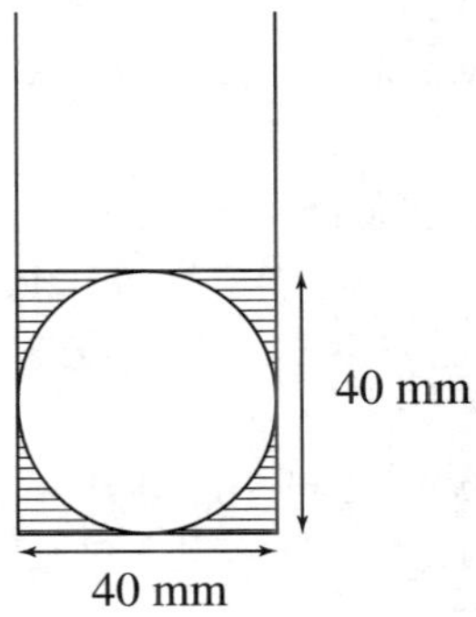

$$V = \pi R^2 h$$

$$V = 3{,}14 \times 20^2 \times 40 = 50\ 240.$$

Volume de la bille en mm^3

$$V = \frac{4}{3}\pi R^3$$

$$V = \frac{4}{3} \times 3{,}14 \times 8\ 000$$

$$V = 33\ 493{,}33.$$

Volume d'eau versée, en mm^3 :

$$50\ 240 - 33\ 493{,}33 \approx \mathbf{16\ 746{,}67.}$$

b. Hauteur d'eau sans la bille, en mm :

$V = \text{aire Base} \times h$

d'où $h = \dfrac{V}{\text{aire Base}} = \dfrac{16\ 746{,}67}{3{,}14 \times 20^2}$ d'où $h \approx 13{,}33$ mm.

7. Aire de la sphère, en cm^2 :

$4 \times 3{,}14 \times 15^2 = 2\ 826$ environ.

Hauteur du cylindre, en cm :

$$2 \times 15 = 30.$$

Aire latérale du cylindre, en cm^2 :

$$2 \times \pi \times R \times h = 2 \times 3{,}14 \times 15 \times 30 = 2\ 826 \text{ environ.}$$

L'aire de la sphère est égale à l'aire latérale du cylindre qui la contient au plus juste.
L'aire latérale du cylindre est un rectangle dont les dimensions sont :

$$L = 2\pi R \text{ (périmètre de base) et } l = 2R \text{ (hauteur).}$$

Aire latérale du cylindre :

$$2\pi R \times 2R = 4\pi R^2.$$

Aire de la sphère de rayon R :

$$4\pi R^2.$$

Les deux aires sont donc **égales**.

8. *a.*

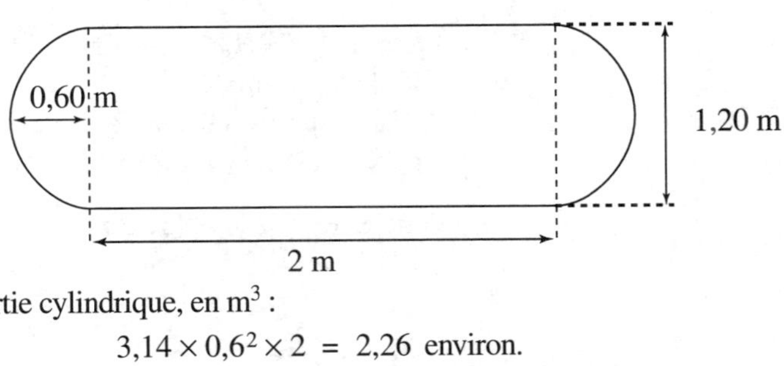

b. Volume de la partie cylindrique, en m^3 :

$$3{,}14 \times 0{,}6^2 \times 2 = 2{,}26 \text{ environ.}$$

Volume des parties hémisphériques, en m^3 :

$$\frac{4}{3} \times 3{,}14 \times 0{,}6^3 = 0{,}904 \text{ environ.}$$

Volume total de la citerne, en m^3 :

$$2{,}26 + 0{,}904 = \mathbf{3{,}164} \text{ environ.}$$

c. Diamètre extérieur de la citerne, en mètres :

$$15 \text{ mm} = 0{,}015 \text{ m} ; \quad 1{,}20 + 2 \times 0{,}015 = 1{,}23.$$

Aire latérale de la partie cylindrique, en m^2 :

$$3{,}14 \times 1{,}23 \times 2 = 7{,}72 \text{ environ.}$$

Aire latérale des parties hémisphériques, en m^2 :

$$4 \times 3{,}14 \times \left(\frac{1{,}23}{2}\right)^2 = 4{,}75 \text{ environ.}$$

Aire total de la citerne, en m^2 :

$$7{,}72 + 4{,}75 = 12{,}47 \text{ environ.}$$

Prix de revient de l'isolation, en francs :

$$320 \times 12{,}47 = \mathbf{3\,990{,}40} \text{ environ.}$$

9. *a. (La figure n'est pas à l'échelle).*

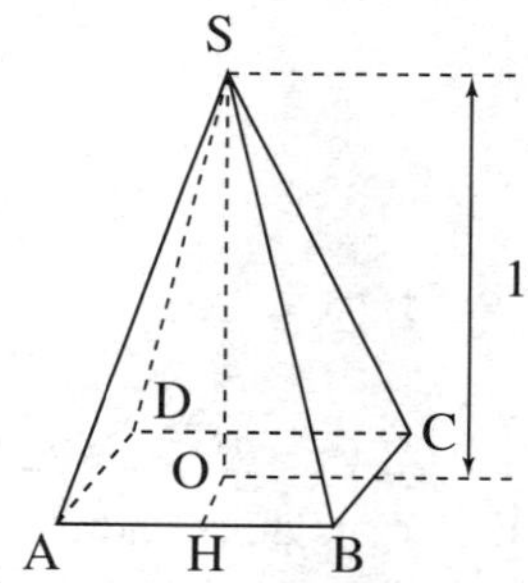

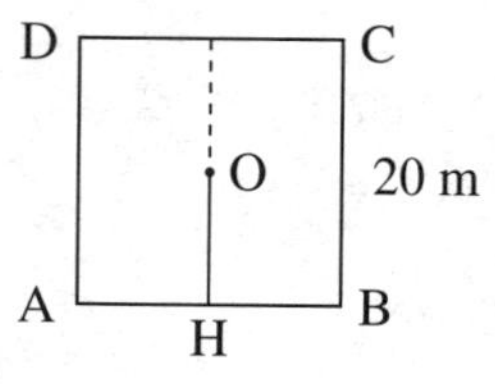

b. « Vue de dessus » de la base.

O est le centre du carré donc

$$OH = \frac{1}{2}DA = \frac{1}{2} \times 20 = \mathbf{10\ m}.$$

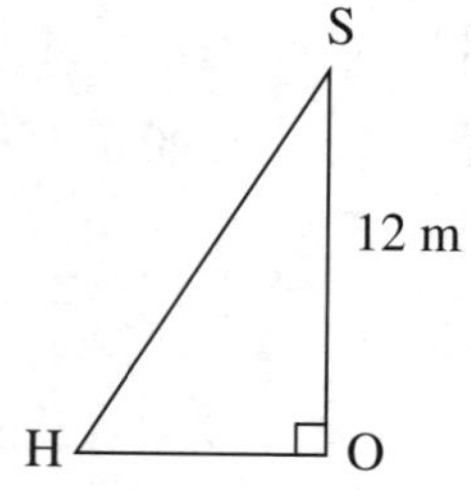

Le triangle SOH est rectangle en O car (SO) est la hauteur de la pyramide.
À l'aide du théorème de Pythagore on peut calculer SH.

$$SH^2 = SO^2 + OH^2 = 12^2 + 10^2 = 144 + 100 = 244$$

donc $SH = \sqrt{244} \approx \mathbf{15{,}62\ m}$.

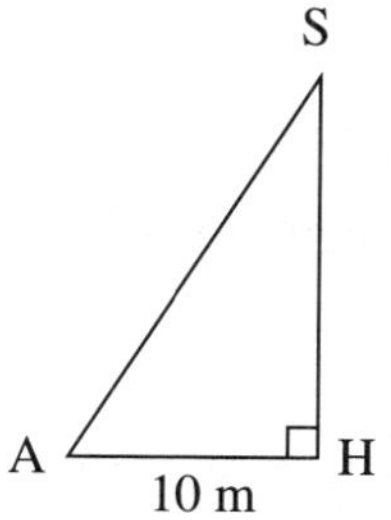

c. Le triangle SHA est rectangle en H par hypothèse. D'après le théorème de Pythagore on a :

$$SA^2 = AH^2 + SH^2 = 10^2 + 244 = 100 + 244 = 344$$

$$SA = \sqrt{344} \approx \mathbf{18{,}55\ m}.$$

d. L'aire latérale de la pyramide est quatre fois l'aire du triangle SAB soit :

$$4 \times \frac{20 \times 15{,}62}{2} \approx \mathbf{624{,}80\ m^2} \text{ ou } \mathbf{6{,}248\ a}.$$

e. Volume de la pyramide, en m^3 :

$$\frac{1}{3} \times AB^2 \times SO = \frac{1}{3} \times 20^2 \times 12 = \mathbf{1\,600}.$$

10. Volume d'une coupe à champagne, en cm^3 (remplie à 1 cm du bord) :

$$\frac{3{,}14 \times 3^2 \times (12 - 1)}{3} = \mathbf{103{,}62.}$$

Nombre de verres remplis :

$$75 \text{ cl} = 750 \text{ cm}^3 \quad \frac{750}{103{,}62} \approx 7{,}2 \text{ soit } \mathbf{7} \text{ par défaut.}$$

11. Expression du rayon d'un cône à partir de la formule de son volume.

$$V = \frac{1}{3}\pi R^2 h \quad \text{ou} \quad R^2 = \frac{V}{\frac{1}{3}\pi h} \quad \text{ou} \quad R^2 = \frac{3V}{\pi h} \quad \text{ou} \quad R = \sqrt{\frac{3V}{\pi h}}.$$

Rayon de la bougie de signalisation, en dm : (50 cm = 5 dm)

$$R = \sqrt{\frac{3 \times 4{,}229}{3{,}14 \times 5}} = \sqrt{0{,}81} = \mathbf{0{,}9}.$$

12. *a.* Le volume d'eau récupéré correspond à z cm d'eau tombée sur la surface de l'ouverture de l'entonnoir.

Il s'agit donc du volume d'un cylindre de rayon R et de hauteur z.

$$\boldsymbol{V = \pi R^2 z}.$$

b. Expression du volume d'eau récupérée dans l'éprouvette. Il s'agit du volume d'un cylindre de rayon r et de hauteur H.

$$\boldsymbol{V = \pi r^2 H}.$$

c. On a l'égalité :

$$\pi R^2 z = \pi r^2 H$$

$$z = \frac{\cancel{\pi} r^2 H}{\cancel{\pi} R^2}$$

$$z = \frac{r^2}{R^2} \times H$$

$$z = \frac{9^2}{27^2} \times 13{,}5$$

$$z = \frac{81}{729} \times 13{,}5$$

$$z = \mathbf{1{,}5\ cm}.$$

Sujets de concours

1. Adjoint administratif de la Police nationale, 1994.

Une couturière doit coudre un galon tout autour d'une nappe circulaire de 2 m^2. **Quelle longueur de galon doit-elle prévoir ?**

2. Agent technique des Haras, Ministère de l'Agriculture, 1996.

Un terrain a la forme d'un trapèze. La petite base mesure 92 m. La grande base 128 m et la hauteur 96 m.

Calculer l'aire de ce terrain. Donner le résultat en ha.

3. Agent technique des Parcs nationaux, Ministère de l'Environnement, 1990.

1. Sur une carte réalisée à l'échelle 1/15 000, un terrain a la forme d'un trapèze isocèle. On a relevé sur la carte les valeurs suivantes (voir figure) : B = 11 cm ; b = 5 cm ; h = 4 cm.

a. **Calculer, sur le plan, la longueur *a* des côtés latéraux, le périmètre et l'aire du terrain.**

b. **Calculer (en m) le périmètre du terrain réel, ainsi que son aire (en m^2).**

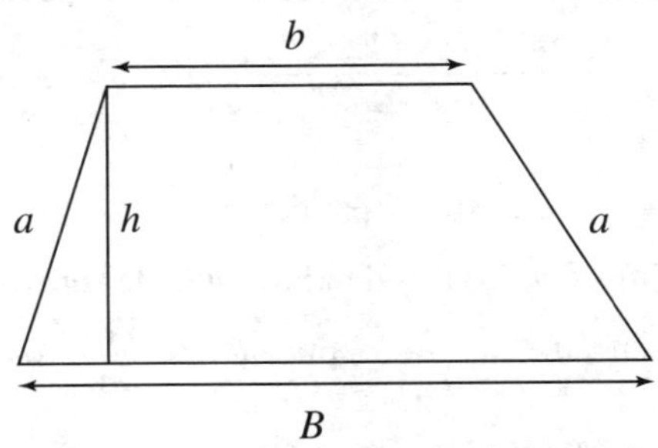

2. Un berger dispose de 60 m de fil avec lequel il souhaite clore un champ où sera parqué un troupeau. Il hésite sur la forme à donner au périmètre : un carré, un rectangle d'une longueur double de la largeur ou un cercle.

Calculer la surface obtenue dans chaque cas (exprimée en m^2) et en déduire la formule qui donnera la plus grande surface.

3. Un tronc d'arbre cylindrique de 1 m de diamètre et de 10 m de long est transformé en une poutre de section carrée (voir figure).

Calculer le pourcentage de bois perdu.

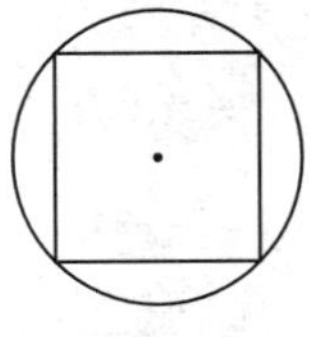

4. Adjoint administratif territorial, Administration générale, 1996.

Dans un terrain trapézoïdal (grande base : 65 m, petite base : trois cinquièmes de la grande base, hauteur : 40 m), on a creusé une pataugeoire ayant la forme d'un cylindre droit dont le fond est horizontal, de 4,2 m de diamètre et de 75 cm de profondeur.

a. **Quelle est l'aire totale du terrain ? De quelle superficie dispose-t-on autour de la pataugeoire ?**

Prendre $\frac{22}{7}$ pour valeur de π.

b. **Quelle est, en hl, la capacité totale de la pataugeoire ?**

c. Le volume de la terre extraite a augmenté de 1/15. On a répandu cette terre uniformément sur le terrain dont on dispose autour de la pataugeoire.

Quelle est, en mm, l'épaisseur de la couche ainsi obtenue ?

5. Agent technique des Parcs nationaux, Ministère de l'Environnement, 1991 et 1997.

A. Un bloc a la forme d'un cube dont la surface totale est de 0,135 m^2. On creuse au centre de chaque face, un trou à base carrée de 3 cm de côté, traversant le bloc jusqu'au centre de la face opposée.

Calculer le volume du bloc restant.

B. Un agent forestier a marqué un arbre, dont le diamètre à 1 m 30 du sol, est de 1,10 m : seule est utilisable la partie de l'arbre dont la circonférence est égale ou supérieure à 94 cm.

On constate, une fois l'arbre abattu, que la longueur utile de la bille est de 18 m :

Calculer le volume utile.

C. On prévoit la construction d'un refuge pour bergers, constitué d'un cylindre de diamètre $d = 380$ cm et de hauteur $h = 250$ cm, surmonté d'un toit conique de hauteur h'.

a. Sachant que l'on doit disposer d'au moins 35 000 dm^3 d'air, **quelle doit être la hauteur h' du toit conique de l'abri ?** (on donnera le résultat en m, au $\frac{1}{10}^{\text{ème}}$ près par excès).

b. On souhaite recouvrir le toit de cet abri d'un revêtement étanche. Sachant qu'il y a une perte de 20 % lors de la découpe, **calculer quelle surface de revêtement il faut acheter pour réaliser ces travaux** (on donnera les résultats en m^2 à l'unité près par excès).

6. Garde-pêche, 1996.

Une borne en pierre se compose d'un prisme à base carrée de 0,50 m de côté et de 0,50 m de hauteur, surmonté d'une pyramide de même base. La densité de la pierre est de 2,1 et de poids de la borne est 428,4 kg.

Calculer la hauteur de la pyramide.

7. Adjoint administratif, Ministère de l'Agriculture, 1996.

Une piscine parallélépipédique a pour dimension : 2 m de profondeur et 25 m de long. Sachant que le m^3 d'eau revient à 5,5 F et que le propriétaire paye 2 750 F quand il la remplit :

Quelle est la largeur de la piscine ?

8. Agent technique des Parcs nationaux, Ministère de l'Environnement, 1990.

Un architecte a réalisé l'esquisse d'un projet de centre de visiteurs où sera abritée une exposition permanente sur les espaces naturels.

Selon les plans, la base du bâtiment est un carré de 16 m de côté ; la hauteur des façades est de 6 m.

Le bâtiment est couvert d'une toiture pyramidale qui s'appuie, sans déborder, sur les murs latéraux : la hauteur de ce toit est de 6 m.

a. **Calculer la surface totale des façades et la surface de la toiture**.

b. Sachant que le règlement sanitaire en vigueur impose 12 m^3 de volume d'air par visiteur, **calculer le nombre maximal de visiteurs autorisé à un moment donné**. (On considère que l'exposition occupe tout le volume intérieur du bâtiment).

c. Le coût d'investissement du projet est de 10 millions de francs; cet investissement doit être amorti en 20 ans, de façon uniforme; les études prévisionnelles font état d'un coût annuel de 0,5 millions de frais de fonctionnement et d'une fréquentation estimée à 20 000 visiteurs par an.

À quel prix doit être fixé l'entrée pour parvenir à l'équilibre d'exploitation ?

9. Agent de maîtrise, 1996.

– La terre a un rayon de 6 371 000 m.

a. **Calculer sa circonférence au niveau de l'Équateur.**

b. **Calculer sa surface.**

c. **Si possible, calculer son volume.**

La terre tourne sur elle-même en 23 heures 56 minutes et 4 secondes.

d. **Quelle est sa vitesse en 1 seconde?**

e. **Quelle est sa vitesse en 1 heure?**

Prendre $\pi = 3{,}14$ et arrondir les résultats à 2 chiffres après la virgule.

Corrigés

1. Il faut d'abord déterminer le rayon de la nappe à partir de son aire :

$$\mathcal{A} = \pi R^2 \text{ ou } R^2 = \frac{\mathcal{A}}{\pi} \text{ donc } R = \sqrt{\frac{\mathcal{A}}{\pi}} \quad R = \sqrt{\frac{2}{3{,}14}} \approx 0{,}8 \text{ m.}$$

Longueur du galon, en m :

$L = 2\pi R$ ou $2 \times 3{,}14 \times 0{,}8 = 5{,}024$ soit **5,10 m par excès.**

2. Aire du terrain, en m^2 :

$$\mathcal{A} = \frac{(\mathrm{B} + b)}{2} \times h = \frac{(128 + 92)}{2} \times 96 = 10\,560,$$

en hectares : 10 560 : 10 000 = **1,056 ha**.

3. A.1. *a.* La longueur *a* correspond à celle de l'hypoténuse d'un triangle rectangle dont les côtés de l'angle droit mesurent sur la carte 4 cm et $(11 - 5) : 2 = 3$ cm.

D'après le théorème de Pythagore on a :

$a^2 = 4^2 + 3^2$ ou $a^2 = 16 + 9$ ou $a^2 = 25$ donc $a = \sqrt{25} =$ **5 cm**.

Périmètre du terrain sur le plan, en cm :

$$11 + 5 + 5 + 5 = \mathbf{26}.$$

Aire du terrain sur le plan, en cm^2 :

$$\frac{(\mathrm{B} + b)}{2} \times h = \frac{(11 + 5)}{2} \times 4 = \mathbf{32}.$$

b. Périmètre, en m, du terrain réel :

$$(26 \times 15\,000) : 100 = \mathbf{3\,900}.$$

Aire, en m^2, du terrain réel : le coefficient d'agrandissement des longueurs : 15 000 est élevé au carré pour devenir le coefficient d'agrandissement des aires.

$$(32 \times 15\,000^2) : 10\,000 = \mathbf{720\,000}.$$

2. Côté du champ carré, en m :

$$60 : 4 = \mathbf{15}.$$

Aire du champ carré, en m^2 :

$$15 \times 15 = \mathbf{225}.$$

Demi-périmètre du champ rectangulaire, en m :

$$60 : 2 = \mathbf{30}.$$

On a $L = 2l$ et $L + l = 30$ donc $2l + l = 30$

$$3l = 30$$

$$l = 10.$$

Largeur du champ rectangulaire, en m : 10 m.

Longueur, en m : $10 \times 2 = 20$ m.

Aire du champ rectangulaire, en m^2 :

$$20 \times 10 = \mathbf{200}.$$

Rayon, en m, du champ circulaire :

$P = 2\pi r$ donc $r = \dfrac{P}{2\pi} = \dfrac{60}{2\pi} \approx 9{,}55.$

Aire, en m^2, du champ circulaire :

$$\pi \times 9{,}55^2 \approx \mathbf{286{,}52}.$$

C'est donc le **champ circulaire** qui aura la plus grande surface.

3. Volume du tronc d'arbre, en m^3 :

$$\pi r^2 h = \pi \times 0{,}5^2 \times 10 \approx 7{,}854.$$

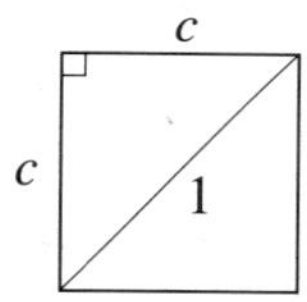

Le diamètre du tronc est aussi la diagonale de la section carrée de la poutre de côté c.

D'après Pythagore on a : $c^2 + c^2 = 1^2$ ou $2c^2 = 1$ $c^2 = \dfrac{1}{2}$ ou 0,5.

Volume de la poutre, en m^3 :

$$c^2 \times 10 = 0{,}5 \times 10 = 5.$$

Volume du bois perdu, en m^3 :

$$7{,}854 - 5 = 2{,}854.$$

Pourcentage du bois perdu : $\dfrac{2{,}854}{7{,}854} \times 100 \approx \mathbf{36{,}34\ \%}.$

4. *a.* Petite base, en m : $65 \times \dfrac{3}{5} = 39.$

Aire totale du terrain, en m^2 :

$$\left(\frac{65 + 39}{2}\right) \times 40 = \mathbf{2\,080}.$$

Aire de la pataugeoire, en m^3 :

$$\pi \times \left(\frac{4{,}2}{2}\right)^2 = \frac{22}{7} \times 2{,}1^2 = 13{,}86.$$

Superficie disponible, en m^2 :

$$2\,080 - 13{,}86 = \mathbf{2\,066{,}14}.$$

b. Capacité de la pataugeoire, en hl. 75 cm = 0,75 m

$$13{,}86 \times 0{,}75 = 10{,}395 \text{ m}^3 = 10\,395 \text{ l} = 103{,}95 \text{ hl}.$$

c. Volume de la terre extraite, en m^3 :

$$10{,}395 + 10{,}395 \times \frac{1}{15} = 11{,}088.$$

Épaisseur de la couche obtenue, en mm :

$$11{,}088 : 2\,066{,}14 \approx 0{,}00536 \text{ soit } \approx \mathbf{5{,}4\ mm}.$$

5. A. Aire d'une face, en m^2 :

$$0{,}135 : 6 = 0{,}0225.$$

Longueur d'une arête, en m :

$$\sqrt{0{,}0225} = 0{,}15.$$

Volume du bloc, en cm^3 :

$$0{,}15 \text{ m} = 15 \text{ cm}$$
$$15 \times 15 \times 15 = 3\,375.$$

Volume d'un trou, en cm^3 :

$$3 \times 3 \times 15 = 135.$$

Volume des 2 autres trous, en cm^3 :

$$3 \times 3 \times (15 - 3) \times 2 = 216.$$

Volume restant, en cm^3 :

$$3\,375 - (216 + 135) = \mathbf{3\,024.}$$

B. Schématisons la partie utilisable de l'arbre. Il s'agit d'un tronc de cône de 18 m de hauteur, de grande base un disque de diamètre 1,10 m et de petite base un disque de 94 cm de périmètre.

Déterminons le rayon R de la grande base, en m :

$$R = \frac{1{,}10}{2} \approx 0{,}55.$$

Ainsi que le rayon r de la petite base, en m :

$$r = \frac{0{,}94}{2\pi} \approx 0{,}15.$$

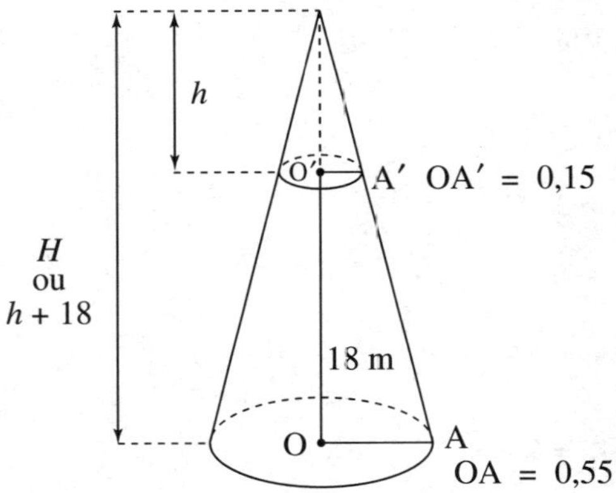

On sait que (OA) et (O'A') sont parallèles.

D'après le théorème de Thalès on a :

$$\frac{H}{h} = \frac{0{,}55}{0{,}15} \quad \text{ou} \quad \frac{18 + h}{h} = \frac{0{,}55}{0{,}15}.$$

On en déduit h en m :

$$(18 + h) \times 0{,}15 = h \times 0{,}55$$
$$2{,}7 + 0{,}15\,h = 0{,}55\,h$$
$$2{,}7 = 0{,}55\,h - 0{,}15\,h$$
$$2{,}7 = 0{,}4\,h$$
$$\frac{2{,}7}{0{,}4} = h$$

h (longueur théorique) = 6,75 m.

Volume du tronc de cône, en m^3 : ($H = 18 + 6{,}75 = 24{,}75$ m)

(Volume du cône de hauteur H – Volume du cône de hauteur h) :

$$\frac{\pi}{3} \times R \times H - \frac{\pi}{3} \times r^2 \times h = \frac{\pi}{3} \times 0{,}55^2 \times 24{,}75 - \frac{\pi}{3} \times 0{,}15^2 \times 6{,}75 = 7{,}67$$

Volume utile **7,7 m³** par excès.

C. *a.* Volume de la partie cylindrique, en dm^3 :

$$380 \text{ cm} = 38 \text{ dm}; \quad 250 \text{ cm} = 25 \text{ dm}.$$

$$\pi \times \left(\frac{38}{2}\right)^2 \times 25 \approx 28\,353.$$

Volume conique nécessaire, en dm^3 :

$$35\,000 - 28\,353 = 6\,647.$$

Hauteur du cône, en dm :

$$V = \frac{1}{3}\pi R^2 h' \quad \text{ou} \quad h' = \frac{3V}{\pi R^2} = \frac{3 \times 6\,647}{\pi \times 19^2} \approx \mathbf{17{,}6}. \quad \text{Soit } \mathbf{1{,}8\ m.}$$

b. L'aire latérale d'un cône s'obtient à partir de la formule : $\mathcal{A} = \pi RG$ (G est la longueur de la génératrice).

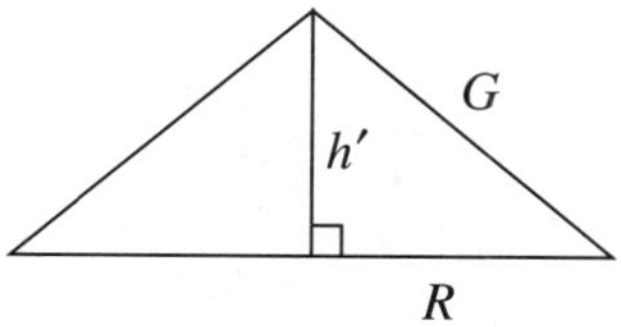

Calcul de G, en dm :

$$G^2 = h'^2 + R^2 = 17{,}6^2 + 19^2 = 309{,}76 + 361 = 670{,}76$$

$$G = \sqrt{670{,}76} \approx 25{,}9.$$

Aire du toit conique en m^2 :

$$G = 2{,}59 \text{ m}; \quad R = 1{,}9 \text{ m}$$

$$\pi \times 1{,}9 \times 2{,}59 = 15{,}46.$$

Surface de revêtement nécessaire, en m^2 :

$15{,}46 \times 1{,}2 =$ **19 m² par excès.**

6. Poids de la partie cubique, en kg :

$$0{,}5 \text{ m} = 5 \text{ dm} \quad 5 \times 5 \times 5 \times 2{,}1 = 262{,}5.$$

Poids de la partie pyramidale, en kg :

$$428{,}4 - 262{,}5 = 165{,}9.$$

Volume de la partie pyramidale, en dm^3 :

$$165{,}9 : 2{,}1 = 79.$$

Hauteur de la pyramide, en dm :

$$V = \frac{1}{3}\text{Base} \times h \quad \text{ou} \quad h = \frac{3V}{\text{Base}} = \frac{3 \times 79}{5 \times 5} = \mathbf{9{,}5}.$$

7. Volume, en m^3, de la piscine :

$$2\,750 : 5{,}5 = 500.$$

Largeur de la piscine, en m :

$$V = L \times l \times h \quad \text{ou} \quad l = \frac{V}{L \times h} = \frac{500}{25 \times 2} = \mathbf{10}.$$

8. *a.* Surface totale des façades, en m^2 :

Périmètre de base × hauteur $= 16 \times 4 \times 6 =$ **384**.

$$\text{AO} = 6 \text{ m}; \quad \text{OH} = \frac{16}{2} = 8 \text{ m}.$$

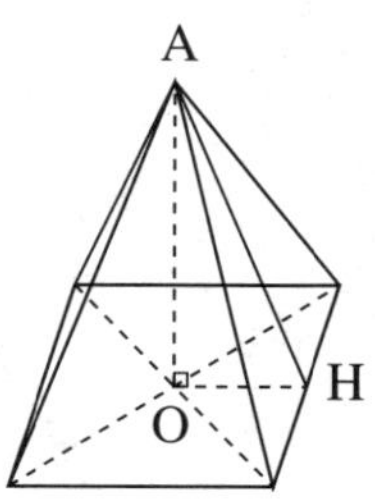

On a $\text{OA}^2 + \text{OH}^2 = \text{AH}^2$ ou $6^2 + 8^2 = \text{AH}^2$

ou $36 + 64 = \text{AH}^2$ ou $\text{AH} = \sqrt{100} = 10$ m.

Aire de la toiture, en m^2 :

$$\left(\frac{16 \times 10}{2}\right) \times 4 = \mathbf{320}.$$

(la figure n'est pas à l'échelle).

Volume d'air disponible, en m^3 :

$$(16 \times 16) \times 6 + \frac{(16 \times 16) \times 6}{3} = 1\,536 + 512 = 2\,048.$$

b. Nombre maximum de visiteurs :

$$2\,048 : 12 = \mathbf{170} \text{ par défaut.}$$

c. Amortissement annuel de l'investissement en millions de francs.

$$10 : 20 = 0{,}5.$$

Prix d'entrée par visiteur en F :

$$(500\,000 + 500\,000) : 20\,000 = \mathbf{50}.$$

9. *a.* Longueur de l'Équateur en km :

$$6\,371\,000 \text{ m} = 6\,371 \text{ km}$$

$$2 \times 3{,}14 \times 6\,371 = \mathbf{40\,009{,}88}.$$

b. Surface de la Terre, en km^2 :

$$4 \times 3{,}14 \times 6\,371^2 = \mathbf{509\,805\,891}.$$

c. Volume de la Terre, en km^3 :

$$\frac{4}{3} \times 3{,}14 \times 6\,371^3 = 1{,}08266 \times 10^{12} \quad \text{ou} \quad \textbf{1 082,66 milliards de m}^{\mathbf{3}}\textbf{.}$$

d. Temps d'une rotation complète, en secondes :

$$23 \times 3\,600 + 56 \times 60 + 4 = \mathbf{86\,164}.$$

Vitesse en km par seconde :

$40\,009{,}88 : 86\,164 \approx 0{,}464\,347$ soit $464{,}347$ m/s.

Vitesse en km/heure :

$$0{,}464\,347 \times 3\,600 \approx \mathbf{1\,671{,}64}.$$

8. Mouvement uniforme

Soit $\begin{cases} d \text{ la distance parcourue,} \\ v \text{ la vitesse moyenne,} \\ t \text{ le temps.} \end{cases}$

$$\boxed{d = v \times t} \qquad \boxed{v = \frac{d}{t}} \qquad \boxed{t = \frac{d}{v}}$$

Les unités sont déterminées par la situation décrite dans l'énoncé du problème.

La vitesse moyenne peut être exprimée en mètres par seconde ; mètres par minute ou kilomètres à l'heure…

⚠ Pour convertir des heures sexagésimales en heures décimales, ou l'inverse voir chapitre « Mesures ».

Sujets de concours

1. Adjoint administratif, Agriculture, 1996.

Un sportif marche à la vitesse de 8 km/h. Il parcourt 14 km. **Pendant combien de temps a-t-il marché ?**

2. Agent de maîtrise territorial, 1996.

Un automobiliste part à 8 heures de la ville A pour aller à la ville B distante de 140 km.

Au bout de 30 km, des travaux lui barrent l'autoroute et l'oblige à faire un détour de 10 km.

a. **A quelle vitesse moyenne roulera-t-il pour arriver à 10 heures ?**

b. **A quelle vitesse doit-il rouler pour arriver à 9 h 30 ?**

Un automobiliste part de la ville B à 9 heures. Il roule pendant 50 km à la vitesse de 100 km/h de moyenne.

c. **Pour arriver à 10 h 20 à la ville A, donner la vitesse à laquelle il devra faire les derniers kilomètres.**

d. **A quel kilométrage de A et à quelle heure les automobilistes de croiseront-ils sachant que l'automobiliste roule à 100 km/h de moyenne de A vers B ?**

3. Agent technique des Haras, Agriculture, 1996.

Le son se propage en moyenne à 330 m/s.

a. Lors d'un orage, le tonnerre gronde 12 secondes après l'éclair. **A quelle distance se trouve l'orage ?**

b. **Quel temps met le son pour parcourir 7 km ?**

4. Agent technique des Parcs nationaux, Équipement, 1990.

Deux équipes territoriales effectuent une tournée et se dirigent vers un même local de service : cette cabane de surveillance est située à l'altitude de 1 500 m.

La première équipe (équipe A) part à 8 h, d'une localité située à l'altitude de 300 m et s'élève de 400 m par heure.

La seconde équipe (équipe B) part d'une localité, située à 1 500 m d'altitude et à 8 km de la cabane; elle progresse en suivant une courbe de niveau, à la vitesse de 5 km/heure.

A quelle heure doit partir l'équipe B pour arriver en même temps que l'équipe A à la cabane?

5. Agent technique des Parcs nationaux, Équipement, 1990.

Trois groupes sportifs effectuent une randonnée de 16 km.

Le groupe A part à 8 h à la vitesse moyenne de 4 km/h.

Le groupe B part à 9 h 20 mn à la vitesse moyenne de 5 km/h.

Le groupe C part à 10 h à une vitesse moyenne de 8 km/h.

a. **Calculer l'heure d'arrivée de chaque groupe.**

b. **Représenter graphiquement le déplacement de chaque groupe** (on représentera les temps en abscisses et les distances en ordonnées, et on choisira les unités pour utiliser au mieux la feuille de papier).

6. Adjoint administratif, INSEE, 1995.

Deux coureurs partent en même temps, sur une piste d'athlétisme ayant 400 mètres de longueur.

L'un court à 21 km/h, l'autre à 19 km/h.

Au bout de combien de temps le premier aura-t-il pris un tour d'avance sur le second?

7. Adjoint administratif, INSEE, 1995.

Un rameur parcourt 50 mètres par minute en descendant la rivière et 20 mètres par minute en la remontant.

A quelle distance d'un point donné peut-il descendre pour que, en partant à 9 heures du matin, il soit de retour à 11 h 20?

8. Agent administratif, Chancellerie, Affaires étrangères, 1996.

Un cycliste monte une côte à la vitesse de 12 km/h et la redescend à la vitesse de 20 km/h.

Calculer la longueur de cette côte sachant que la différence de temps mis pour la montée et la descente est de 16 minutes.

9. Agent technique des Parcs nationaux, Équipement, 1991.

Un cycliste se rend d'une ville A à une ville B distante de 60 km, à une vitesse a, et revient de B à A par la même route, à une vitesse r.

a. **Exprimer sa vitesse moyenne m sur l'ensemble du trajet aller-retour, à l'aide de a et de r.**

b. Sachant que sa vitesse au retour est supérieure de 10 km/h à celle de l'aller et de 6 km/h à la vitesse moyenne du parcours aller-retour. **Déterminer la vitesse réalisée à l'aller, au retour, et la durée de chaque partie du parcours.**

10. Adjoint administratif, Police nationale, 1994.

Deux trains partent à 4 h du matin, l'un de la ville A et l'autre de la ville B située à 315 km de A. **A quelle heure se fera la rencontre, sachant que le premier roule à 90 km/h et le second à 120 km/h ?**

11. Agent technique, Environnement, 1995.

Si à 7 heures le premier ouvrier part de son lieu de travail dans un véhicule roulant à 70 km/h, et que son employeur part de son bureau à la même heure en roulant à 60 km/h. En sachant que le lieu de travail de l'ouvrier est distant de 130 km du bureau de son employeur; **à quelle distance du lieu de travail de l'ouvrier et à quelle heure l'ouvrier et son patron se rencontreront-ils.**

12. Agent administratif, Police nationale, 1995.

Un train de marchandises part de Lyon pour Paris à 9 heures. Sa vitesse moyenne est de 60 km/heure. Au même moment un rapide quitte la capitale pour Lyon et roule à 120 km/heure.

Sachant que la distance qui sépare les deux villes est de 480 km, à quelle heure se croiseront-ils ?

13. Adjoint administratif, INSEE, 1995.

Un train dont la vitesse moyenne est de 120 km/h part de Paris pour Vesoul (364,5 km) à 7 h 30. Un autre train part de Vesoul pour Paris à 8 h avec une vitesse moyenne de 90 km/h. **A quelle heure et à quelle distance de Paris les deux trains de croisent-ils ?**

14. Agent d'exploitation, PTT, 1987.

Un piéton marchant à la vitesse de 6 km/h quitte un lieu A à 8 h du matin se dirigeant vers un lieu B. Un cycliste roulant à la vitesse de 24 km/h quitte A à 9 h 15 mn et poursuit le piéton.

a. **A quelle heure et à quelle distance de A le cycliste rattrape-t-il le piéton ?**

b. Le piéton atteint le lieu B où il s'arrête 1 h 15 mn. Pour revenir en A il utilise un autocar roulant à la vitesse moyenne de 60 km/h.

Calculer la distance AB sachant que le piéton est de retour en A à 12 h.

15. Agent d'exploitation, PTT, 1982.

Un camion part de A à 7 heures pour rejoindre B, distant de 425 km; sa vitesse moyenne est de 60 km/h. Une voiture de tourisme part de A 45 minutes plus tard pour se rendre également à B en suivant le même itinéraire et en roulant à la vitesse moyenne de 90 km/h.

a. **A quelle heure la voiture rejoindra-t-elle le camion et à quelle distance du point A ?**

b. La voiture ayant dû s'arrêter 1 heure 14 minutes en C situé à 315 km de A, **à quelle vitesse horaire moyenne devra-t-elle rouler de C à B pour arriver à B une demi-heure avant le camion ?**

16. Agent d'exploitation, PTT, 1984.

Une piste circulaire, longue de 792 m est parcourue par 2 cyclistes qui roulent en sens inverse : le premier à la vitesse moyenne de 18 m par seconde, le deuxième à la vitesse moyenne de 15 m par seconde. Partis simultanément de 2 points A et B diamétralement opposés, le premier de A, le deuxième de B, ils doivent se croiser une première fois en C, puis une deuxième fois en D.

a. **Combien de temps mettront-ils pour atteindre le point C? Quelle distance aura parcourue chaque cycliste?**

b. **Quelle sera la distance parcourue par chaque cycliste entre le point C et le point D?**

c. **Au bout de combien de temps après le départ, les 2 cyclistes de trouveront-ils pour la première fois aux extrémités d'un même diamètre?**

d. **Une fois arrivé en D, en combien de temps chaque cycliste rejoindra-t-il son point de départ?**

17. Garde-pêche, 1995.

Un train parcourt une distance de 115 km en 2 h 18 min.

a. **Calculer sa vitesse moyenne en km/h.**

b. Le train met 18 secondes pour passer devant un observateur immobile. **Calculer la longueur du train.**

c. Un deuxième train de 350 m de long marchant en sens inverse, croise le premier train en 12 secondes, c'est-à-dire qu'il s'écoule 12 secondes entre le moment où les locomotives arrivent en face l'une de l'autre et le moment où les arrières des derniers wagons se séparent.
Calculer la vitesse du deuxième train.

Corrigés

1. $t = \frac{d}{v} = \frac{14}{8} = 1,75$ soit 1 h et $0,75 \times 60 = 1$ h 45.

Il a marché **1 h 45 minutes**.

2. *a.* Distance de A à B : 140 + 10 = 150 km.

S'il arrive à 10 h il aura roulé 2 h pour parcourir 150 km.

$v = \frac{d}{t} = \frac{150}{2} = 75$ **Vitesse moyenne : 75 km/h.**

b. Pour arriver à 9 h 30 il n'aura roulé que 1,5 heure.

$v = \frac{d}{t} = \frac{150}{1,5} = 100$ **Vitesse moyenne : 100 km/h.**

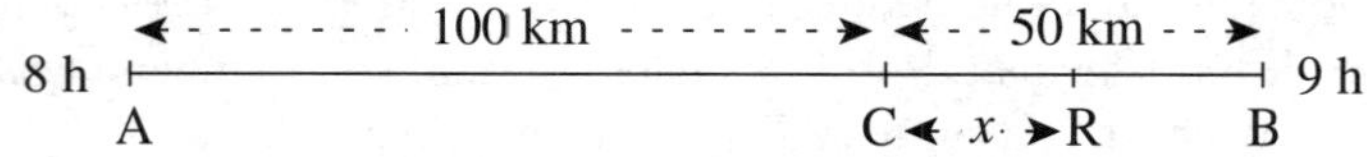

BC = 50 km AB = 150 km AC = 100 km.

c. Celui qui part de B roule à 100 km/h pendant 50 km.

$t = \frac{d}{v} = \frac{50}{100} = 0,5.$ Il roule $\frac{1}{2}$ heure et arrive en C à 9 h 30. Pour arriver en A à 10 h 20 il faudra qu'il parcourt CA en 50 minutes.

50 minutes $= \frac{50}{60}$ d'heure ou $\frac{5}{6}$ d'heure.

$v = \frac{d}{t} = 100 : \frac{5}{6} = 100 \times \frac{6}{5} = 120.$

Il devra rouler de C à A à 120 km/h.

d. Celui qui part de A roule à 100 km/h. En 1 heure il sera en C, à 9 h au moment où l'autre part de B. Il lui reste 50 km a parcourir.

Soit x la distance entre C et le point de rencontre R.

t_A est le temps que met le 1er pour aller de C à R.

t_B est le temps que met le 2e pour aller de B à R.

$$t_A = \frac{d}{v} = \frac{x}{100} \quad t_B = \frac{d}{v} = \frac{50-x}{100} \quad \text{or } t_A = t_B.$$

$$\frac{x}{100} = \frac{50-x}{100} \quad \text{d'où } x = 50 - x$$

$$2x = 50$$

$$x = 25.$$

Ils se croisent à 25 km de C, entre C et B.

Soit **à 125 km de A**.

$$t = \frac{x}{100} = \frac{25}{100} = 0,25 = \frac{1}{4} \text{ d'heure.}$$

Ils se croisent à 9 h 15 minutes.

3. *a.* $d = v \times t = 330 \times 12 = 3\,960$.

L'orage se trouve à 3 960 m ou 3,96 km.

b. 7 km = 7 000 m.

$$t = \frac{d}{v} = \frac{7\,000}{330} = 21,2$$ Le son met 21,2 secondes.

4.

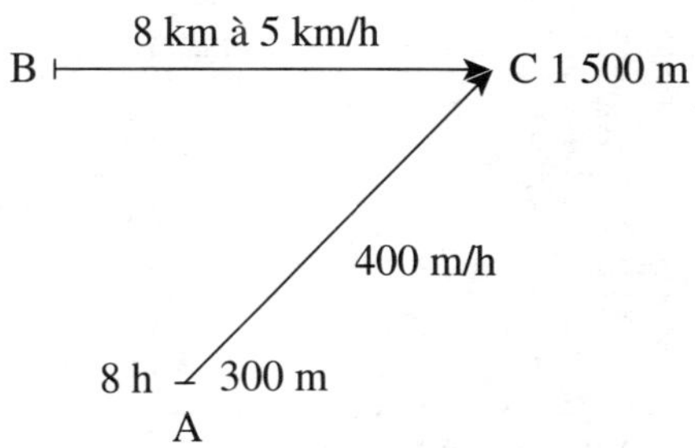

Temps mis par l'équipe A : 3 heures.

$$t = \frac{d}{v} = \frac{1\,500 - 300}{400} = 3.$$ **Elle arrive à 11 h.**

Pour arriver à la cabane, l'équipe B met 1,6 heure.

$$t = \frac{d}{v} = \frac{8}{5} = 1,6.$$

L'équipe B doit partir à : 9 h 24 minutes.

11 h – 1,6 h = 9,4 h.

9,4 h = 9 h + 0,4 × 60 = 9 h 24 minutes.

5. *a.* Groupe A : il marche 4 heures et arrive à **12 h.**

$$t = \frac{d}{v} = \frac{16}{4} = 4.$$

Groupe B : il marche 3 h 12 minutes et arrive à **12 h 32 minutes.**

$$t = \frac{d}{v} = \frac{16}{5} = 3{,}2 \text{ ou } 3\text{ h} + 0{,}2 \times 60 = 3\text{ h }12\text{ minutes.}$$

Groupe C : il marche 2 h et arrive à **12 h.**

$$t = \frac{d}{v} = \frac{16}{8} = 2.$$

b.

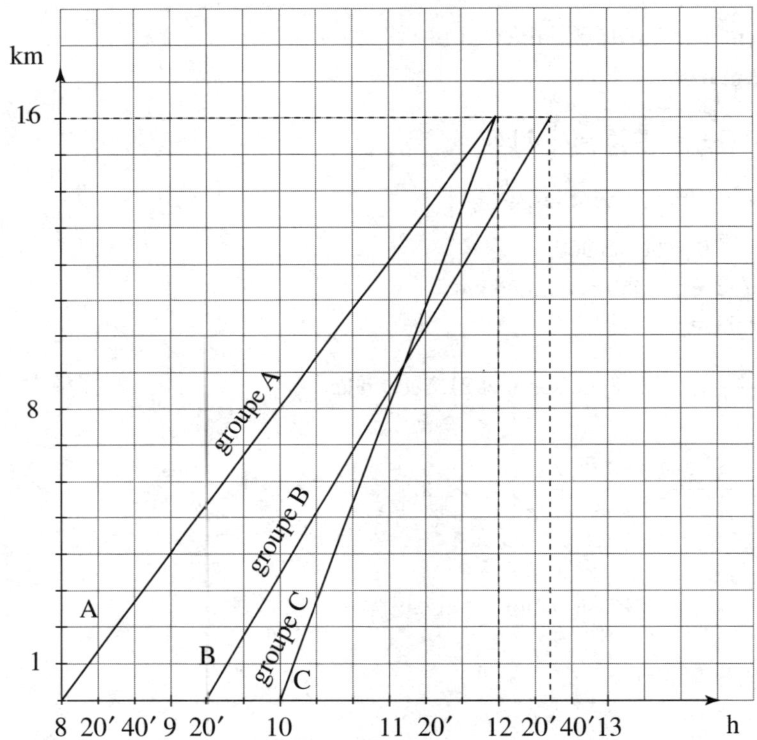

6. Distance parcourue par le 1er : $d = vt = 21t$.

Distance parcourue par le 2e : $d = vt = 19\,t$.

Pour avoir un tour d'avance, il faut que la différence des distances soit de 400 m, ou 0,4 km.

$$21\,t - 19\,t = 0{,}4$$

$$2\,t = 0{,}4$$

$t = 0{,}2$ h ou $0{,}2 \times 60 =$ **12 minutes**.

7. Soit d la distance cherchée, t_A le temps à l'aller et t_R le temps au retour.

$$t_A = \frac{d}{v_A} = \frac{d}{50} \quad t_R = \frac{d}{v_R} = \frac{d}{20}$$

11 h 20 - 9 h = 2 h 20 = 140 minutes or $t_A + t_R = 140$.

$$\frac{d}{50} + \frac{d}{20} = 140.$$

$$\frac{2d}{100} + \frac{5d}{100} = 140.$$

$$\frac{7d}{100} = \frac{14\,000}{100}$$

$7\,d = 14\,000$

$d = \dfrac{14\,000}{7}$ **$d = 2\,000$ m** ou **$d = 2$ km.**

8. Soit t_M le temps de montée et t_D celui de descente

$$t_M = \frac{d}{12} \quad t_D = \frac{d}{20} \quad 16 \text{ minutes} = \frac{16}{60} \text{ d'heure.}$$

$$\frac{d}{12} - \frac{d}{20} = \frac{16}{60}$$

$$\frac{5d}{60} - \frac{3d}{60} = \frac{16}{60}$$

$2\,d = 16$

$d = 8$ **La côte mesure 8 km.**

9. *a.* La vitesse moyenne est la distance parcourue divisée par la somme des temps aller et retour.

$$\text{temps aller} = t_A = \frac{60}{a}\,; \quad \text{temps retour} = t_R = \frac{60}{r}.$$

$$V \text{ moyenne} = V_M = \frac{120}{\frac{60}{a} + \frac{60}{r}} = \frac{120}{\frac{60r + 60a}{ar}}$$

$$V_M = \frac{120}{1} \times \frac{ar}{60(r+a)} = \frac{\cancel{60} \times 2 \times ar}{\cancel{60}(r+a)} \qquad \boxed{V_M = \frac{2ar}{r+a}}.$$

b. $r = a + 10$ et $r = V_M + 6$

$$a + 10 = \frac{2ar}{r+a} + 6$$

$$\frac{(a+10)(r+a)}{r+a} = \frac{2ar + 6(r+a)}{r+a} \quad \text{avec } r + a \neq 0.$$

Développons les numérateurs :

$ar + a^2 + 10r + 10a = 2ar + 6r + 6a$

$a^2 - ar + 4r + 4a = 0$ et $r = a + 10$ donc :

$a^2 - a\,(a + 10) + 4(a + 10) + 4a = 0.$

$a^2 - a^2 - 10a + 4a + 40 + 4a = 0.$

$-2a = -40$

$a = 20$ **Vitesse aller : 20 km/h.**

$r = a + 10 = 20 + 10 = 30$ **Vitesse retour = 30 km/h.**

$t_A = \frac{60}{a} = \frac{60}{20} = 3$ **Temps aller = 3 heures.**

$t_R = \frac{60}{r} = \frac{60}{30} = 2$ **Temps retour = 2 heures.**

10. 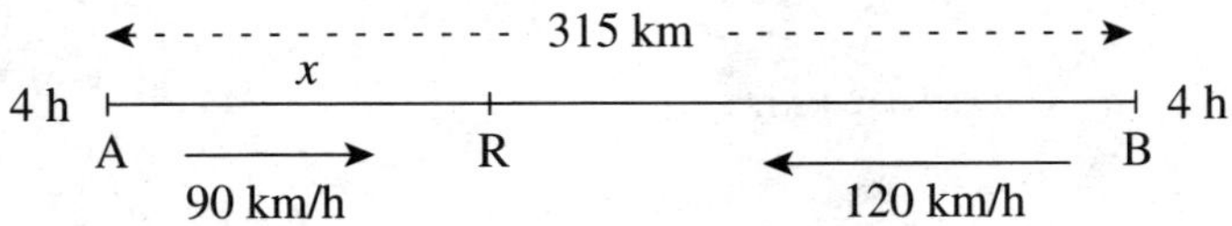

Soit R le point de rencontre, AR = x.

Soit t_A le temps mis pour aller de A à R.

Soit t_B le temps mis pour aller de B à R.

Lors de la rencontre $t_A = t_B$.

$t_A = \frac{x}{90} \quad t_B = \frac{315 - x}{120}$

$\frac{x}{90} = \frac{315 - x}{120}$ d'où $120x = 90(315 - x)$

$120x = 28\,350 - 90x$

$210x = 28\,350$

$x = 135.$

$t_A = \frac{135}{90} = 1,5$ Soit 1 h 1/2.

La rencontre se fait à 5 h 1/2.

11. 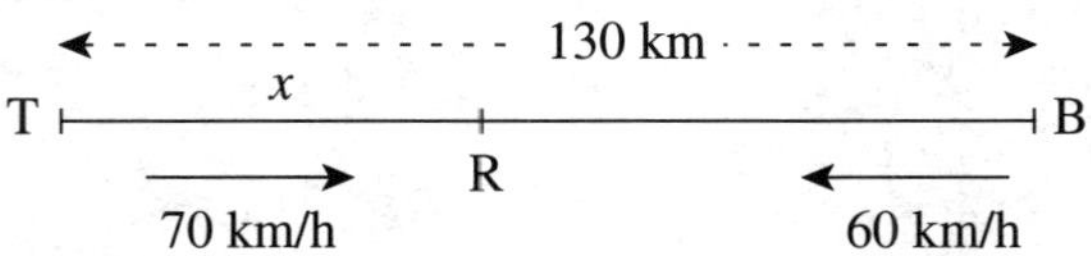

$t_{\text{ouvrier}} = \frac{d}{v} = \frac{x}{70} \quad t_{\text{patron}} = \frac{d}{v} = \frac{130 - x}{60}.$

Au lieu de rencontre R, $t_o = t_p$.

$\frac{x}{70} = \frac{130 - x}{60}$ d'où $60x = 70(130 - x)$

$60x = 9\,100 - 70x$

$130x = 9\,100$

$x = 70.$

Ils se rencontrent à 70 km du lieu de travail.

$$t_o = t_p = \frac{70}{70} = \frac{130 - 70}{60} = 1.$$

Ils roulent 1 heure et se rencontrent à **8 heures**.

12. 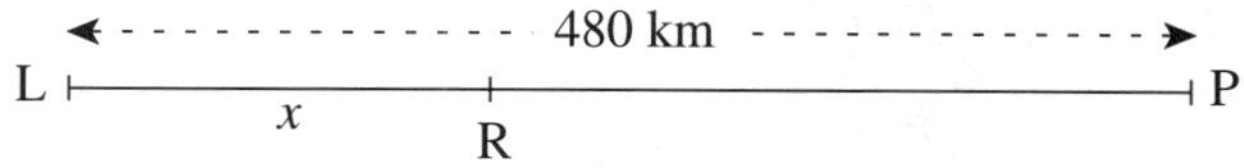

$$t_M = \frac{d}{v} = \frac{x}{60} \quad t_R = \frac{d}{v} = \frac{480 - x}{120}$$

Au point de rencontre R, $t_M = t_R$.

$$\frac{x}{60} = \frac{480 - x}{120} \quad \text{d'où } 120x = 60(480 - x)$$

$$180x = 28\,800$$

$$x = 160.$$

$$t_M = t_R = \frac{160}{60} = \frac{8}{3}.$$

$$\frac{8}{3} \text{ d'heure} = 2\text{ h} + \frac{2}{3} \times 60 = 2\text{ h } 40 \text{ minutes}$$

Ils se rencontrent à **11 h 40 minutes.**

13. 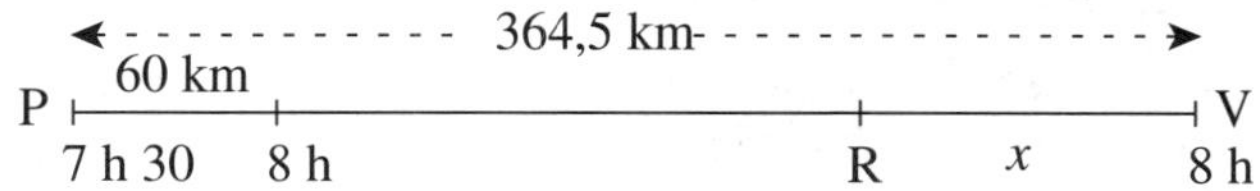

A 8 h le train de Paris a parcouru : 60 km.
$d = v \times t = 120 \times 0,5 = 60.$
A 8 h il reste 304,5 km à parcourir (364,5 – 60).
Au point de rencontre, les temps des 2 trains de Paris et Vesoul sont t_P et t_v

$$t_v = \frac{x}{90} \quad t_p = \frac{304,5 - x}{120}$$

$$\frac{x}{90} = \frac{304,5 - x}{120} \quad \text{d'où } 120\,x = 90(304,5 - x)$$

$$210x = 27\,405$$

$$x = 130,5.$$

R est à 130,5 km de Vesoul.
Ils se croisent à 364,5 – 130,5 ; soit **234 km de Paris**.

$$t_v = \frac{130,5}{90} = 1,45.$$

$t_v = 1\text{ h} + 0,45 \times 60 = 1\text{ h } 27$ minutes.
Ils se croisent à 8 h + 1 h 27 minutes soit **9 h 27 minutes**.

14. 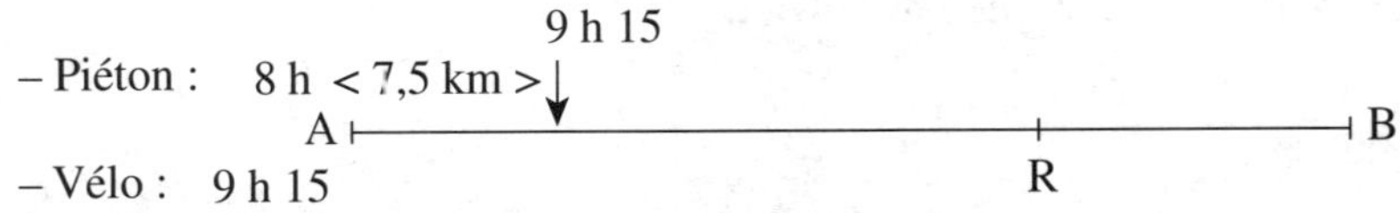

a. Distance parcourue par le piéton à 9 h 15 : 7,5 km.

$9 \text{ h } 15 - 8 \text{ h } = 1 \text{ h } 15 \text{ minutes } = \frac{75}{60} \text{ d'heure } = \frac{5}{4} \text{ d'heure}$

$d = v \times t = 6 \times \frac{5}{4} = 7,5.$

Soit R le point de rencontre $AR = x$.

Entre 9 h 15 et le point de rencontre, le temps est le même pour le piéton et le vélo.

$t_p = \frac{d_p}{v_p} = \frac{x - 7,5}{6} \qquad t_v = \frac{d_v}{v_v} = \frac{x}{24}.$

$\frac{x - 7,5}{6} = \frac{x}{24}$ d'où $24(x - 7,5) = 6x$

$24x - 180 = 6x$

$18x = 180$

$x = 10.$

Le vélo rattrape le piéton à 10 km de A.

$t_p = t_v = \frac{10 - 7,5}{6} = \frac{10}{24} = \frac{5}{12}; \quad \frac{5}{12} \times 60 = 25 \text{ minutes.}$

9 h 15 + 25 minutes = 9 h 40.

Le vélo le rattrape à 9 h 40 minutes.

b. Temps réel aller-retour : 2,75 heures.

12 h – 1 h 15 – 8 h = 2 h 45 minutes.

$2 \text{ h } 45 = 2 + \frac{45}{60} = 2,75 \text{ heures.}$

$\text{temps aller} = \frac{AB}{6} \qquad \text{temps retour} = \frac{AB}{60}$

$t_A + t_R = 2,75.$

$\frac{AB}{6} + \frac{AB}{60} = 2,75$ d'où $\frac{10AB}{60} + \frac{AB}{60} = 2,75$

$\frac{11AB}{60} = 2,75 \qquad AB = \frac{2,75 \times 60}{11}$ **AB = 15 km.**

15. 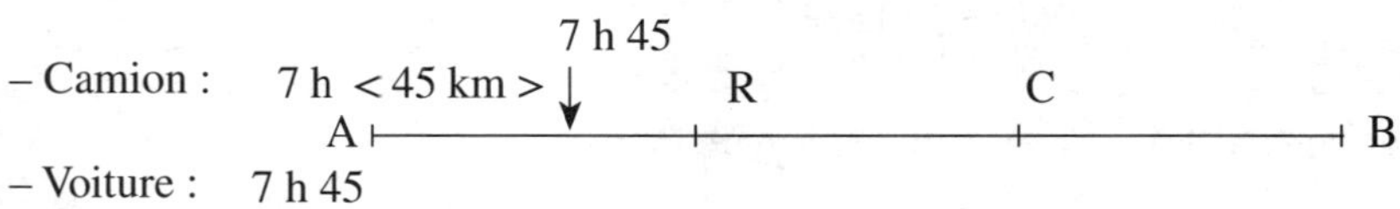

En 45 minutes (0,75 h) le camion a parcouru : 45 km.

$d = v \times t = 60 \times 0,75 = 45.$

A 7 h 45 le camion a encore 380 km à parcourir (425 – 45)

Soit R le point de rencontre AR = x.

7 h 45 étant l'origine commune des temps.

t_c est le temps que met le camion pour aller en R.

t_v est le temps que met la voiture pour aller en R.

$$t_c = \frac{d_c}{v_c} = \frac{x-45}{60} \qquad t_v = \frac{d_v}{v_v} = \frac{x}{90}$$

En R $t_v = t_c$

$$\frac{x-45}{60} = \frac{x}{90} \qquad 90(x-45) = 60x$$

$$30x = 4\,050$$

$$x = 135 \text{ km.}$$

La voiture rejoint le camion à 135 km de A.

$$t_c = t_v = \frac{135-45}{60} = \frac{135}{90} = 1,5 \quad \text{ou 1 h 30 min.}$$

Ils se rejoignent à 7 h 45 + 1 h 30 = **9 h 15 minutes.**

Durée du trajet du camion pour parcourir AB

$$t = \frac{d}{v} = \frac{425}{60} = \frac{85}{12} = 7 \text{ h} + \frac{1}{12}$$

$$7 + \frac{1}{12} \times 60 = 7 \text{ h 5 minutes.}$$

Le camion arrive en B à **14 h 5 minutes.**

7 h + 7 h 5 = 14 h 5.

Temps mis par la voiture pour aller en C : 3 h 30 minutes.

$$t = \frac{d}{v} = \frac{315}{90} = 3,5 \text{ h.}$$

La voiture arrive en C à **11 h 15 minutes**.

7 h 45 + 3 h 30 = 11 h 15.

La voiture repart de C à **12 h 29 minutes**.

11 h 15 + 1 h 14 = 12 h 29.

La voiture doit arriver en B une demi-heure avant le camion, soit à **13 h 35 minutes**.

Durée du trajet CB : 1 h 6 minutes.

$$13 \text{ h } 35 - 12 \text{ h } 29 = 1 \text{ h } 6 \quad \text{ou} \quad \frac{66}{60} \text{ d'heure} = \frac{11}{10} \text{ d'heure} = 1,1 \text{ heure.}$$

CB = 425 – 315 = 110 km.

$$v = \frac{d}{t} = \frac{110}{1,1} = 100$$ **Vitesse de C à B 100 km/h.**

16. *a.*

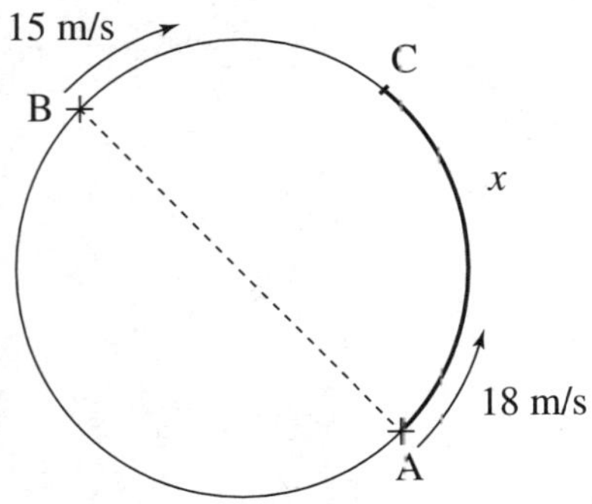

$\overset{\frown}{AB} = 792 : 2 = 396$ m
$\overset{\frown}{AC} = x.$
Temps du 1er pour aller en C : $\dfrac{x}{18}$

$$t_1 = \frac{d_1}{v_1} = \frac{x}{18}.$$

Temps du 2e pour aller en C : $\dfrac{396 - x}{15}$

$$t_2 = \frac{d_2}{v_2} = \frac{396 - x}{15}.$$

En C : $t_1 = t_2$

$\dfrac{x}{18} = \dfrac{396 - x}{15}$ d'où $18(396 - x) = 15x$

$$7\,128 - 18x = 15x$$
$$-33x = -7\,128$$
$$x = 216$$

$$t_1 = t_2 = \frac{216}{18} = \frac{396 - 216}{15} = 12.$$

Pour aller en C, le 1er a parcouru **216 m.**
Pour aller en C, le 2e a parcouru **180 m.**
Ils ont mis **12 secondes.**

b.

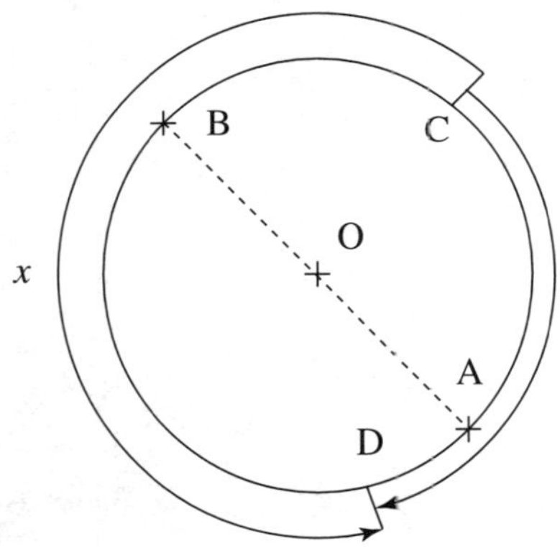

Ils repartent en même temps de C. En arrivant en D, ils ont fait 1 tour à eux deux.

$\overset{\frown}{CD}$ parcouru par le 1er $= x$

$\overset{\frown}{CD}$ parcouru par le 2e $= 792 - x$

$$t_1 = \frac{d_1}{v_1} = \frac{x}{18} \quad t_2 = \frac{d_2}{v_2} = \frac{792 - x}{15}$$

En D : $\dfrac{x}{18} = \dfrac{792 - x}{15}$ d'où $18(792 - x) = 15x$

$$14\,256 - 18x = 15x$$
$$-33x = -14\,256$$
$$x = 432.$$

Entre C et D, le 1er a parcouru 432 m et le 2e a parcouru 360 m.

c.

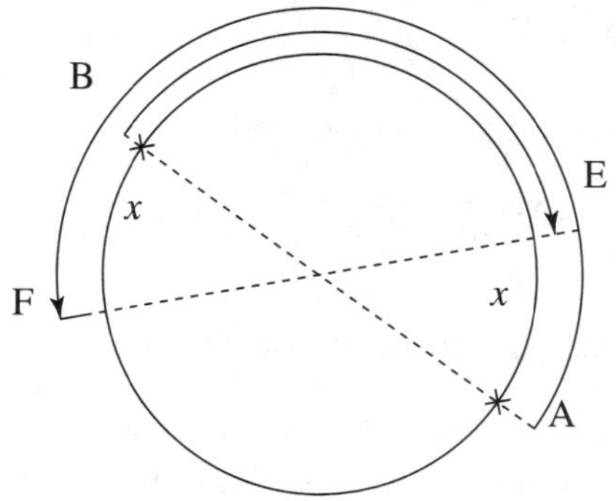

$\left.\begin{array}{l}\text{Le } 1^{\text{er}} \text{ est en F}\\ \text{Le } 2^{\text{e}} \text{ est en E}\end{array}\right\}\quad EA = BF = x.$

Le 1[er] a parcouru $\frac{1}{2}$ tour + $x = 396 + x$

Le 2[e] a parcouru $\frac{1}{2}$ tour $- x = 396 - x$

$$t_1 = \frac{d_1}{v_1} = \frac{396 + x}{18}\,;\quad t_2 = \frac{d_2}{v_2} = \frac{396 - x}{15}$$

Quand ils sont respectivement en E et F alors $t_1 = t_2$.

$\frac{396 + x}{18} = \frac{396 - x}{15}$ d'où $18(396 - x) = 15(396 + x)$

$$7\,128 - 18x = 5\,940 + 15x$$

$$-33x = -1\,188$$

$$x = 36.$$

$$t_1 = t_2 = \frac{396 + 36}{18} = \frac{396 - 36}{15} = 24.$$

Ils se trouveront la 1re fois aux extrémités d'un même diamètre **24 secondes après le départ.**

d. De A à C le 1er a fait 216 m et le 2e 180 m.

De C à D le 1er a fait 432 m et le 2e 360 m.

De A à D le 1er a fait 648 m et le 2e 540 m.

Pour se retrouver à leur point de départ :

Le 1er doit faire 792 – 648 = 144 m.

le 2e doit faire 792 – 540 = 252 m.

$$t_1 = \frac{144}{18} = 8 \quad t_2 = \frac{252}{15} = 16,8.$$

Le premier mettra 8 secondes et le deuxième mettra 16,8 secondes.

17. *a.* 2 h 18 min $= 2 + \frac{18}{60}$ d'heure $= 2 + 0,3 =$ 2,3 heures.

$v = \frac{d}{t} = \frac{115}{2,3} = 50.$ **Vitesse du 1er train 50 km/h.**

b. 50 km/h $= \frac{50 \times 1\,000}{3\,600} = \mathbf{\frac{125}{9}}$ **m/s.**

$d = v \times t = \frac{125}{9} \times 18 = 250.$ **Longueur du train 250 m.**

c. La distance à parcourir en 12 secondes est la somme des longueurs des 2 trains, soit 600 m.

Les 2 trains allant en sens inverse, cette distance est parcourue à une vitesse V qui est la somme des vitesses des 2 trains.

$V = \frac{d}{t} = \frac{600}{12} = 50$ m/s.

$V = V_1 + V_2$ donc $V_2 = V - V_1 = 50 - \frac{125}{9} = \frac{325}{9}$

$\frac{325}{9}$ m/s $= \frac{325}{9} \times \frac{3\,600}{1\,000} = 130.$

Vitesse du 2e train 130 km/h.

9. Intérêts – Prix

L'intérêt est le revenu d'une somme d'argent prêtée ou placée.

Le montant de l'intérêt dépend :

– de la somme placée : le capital ;

– de la durée du placement : le temps de placement ;

– du taux d'intérêt.

Le taux d'intérêt s'exprime par un pourcentage.

C'est l'intérêt produit par un capital de 100 F placé pendant un an.

La valeur acquise par un capital est le montant du capital augmenté des intérêts qu'il a produit durant la durée du placement.

I. Intérêts simples

Dans un calcul faisant intervenir des **intérêts simples**, on considère que *le capital* portant intérêt **reste constant**.

Soient : I l'intérêt, C le capital, t le taux annuel.

Le temps de placement est exprimé en années (a)

$$\boxed{I = \frac{C \times t \times a}{100}}$$ d'où $C \times t \times a = 100 \times I$.

On en déduit :

$$C = \frac{100 \times I}{t \times a}\ ;\ t = \frac{100 \times I}{C \times a}\ ;\ a = \frac{100 \times I}{C \times t}$$

Le temps de placement est exprimé en mois (*m*)

$$\boxed{I = \frac{C \times t \times m}{1\,200}}$$

Le temps de placement est exprimé en jours (*j*)

⚠ L'année commerciale est de 12 mois de 30 jours soit 360 jours.

$$\boxed{I = \frac{C \times t \times J}{36\,000}}$$

II. Intérêts composés

Dans un calcul faisant intervenir des **intérêts composés**, la valeur acquise chaque année porte intérêt l'année suivante.

Soient VA la valeur acquise ; C le capital ; t le taux et n le nombre d'années.

$$\boxed{VA = C\left(1 + \frac{t}{100}\right)^n}$$

Exemple :

Quelle est la valeur acquise par un capital de 15 000 F placé à 7 % pendant 10 ans ?

$VA = 15\ 000 \times (1 + 0{,}07)^{10} = 15\ 000 \times (1{,}07)^{10}$

La valeur acquise est 29 507,27 F

Prix

- **Le prix d'achat** est le prix auquel on a acheté une marchandise.
- **Le coût d'achat** ou **prix de revient** est le prix d'achat augmenté des frais (transport, conditionnement…).
- **Le prix de vente hors taxes est** le prix de vente sans les taxes.
- **La T.V.A.** est la taxe à la valeur ajoutée.

C'est un pourcentage du prix de vente hors taxes.

- **Le prix de vente toutes taxes comprises** est le prix de vente hors taxes augmenté de la T.V.A.
- **Le bénéfice** est la différence entre le prix de revient et le prix de vente hors taxes.

Si le prix de vente est inférieur au prix de revient, on réalise une **perte**.

Prix d'achat + frais = prix de revient
Prix de revient + bénéfice = prix de vente H.T.
Prix de vente H.T. + T.V.A. = prix de vente T.T.C.

Exercices d'entraînement

1. Quel est l'intérêt produit par un capital de 25 000 F placé à 8 % pendant 3 ans ?

2. Quel est le capital qui placé 1 an et demi au taux de 7 % a rapporté un intérêt de 1 648,50 F ?

3. A quel taux a été placé un capital de 7 520 F qui placé pendant 2 ans a rapporté un intérêt de 526,40 F ?

4. Quel a été le temps de placement d'un capital de 85 000 F, qui placé à un taux de 6,4 % a rapporté un intérêt de 24 480 F ?

5. Quel est l'intérêt produit par un capital de 70 200 F placé à 4 % pendant 15 mois ?

6. Quelle a été la durée de placement d'un capital de 2 720 F qui placé à 4,2 % a rapporté 209,44 F ?

7. Quel sera l'intérêt produit par un capital de 5 200 F placé à 15 % du 12 août jusqu'au 26 octobre ?

8. Combien de jours a-t-il fallu placer un capital de 3 690 F au taux de 4 % par an pour qu'il produise un intérêt de 24,60 F ?

9. Quel est le capital, qui placé à 9 % pendant 5 mois, a une valeur acquise de 4 772,50 F ?

10. Calculer le capital dont la valeur acquise au bout de 288 jours à 8 % est 55 328 F.

11. Une personne dispose d'un capital de 15 000 F.

Elle en place une partie à 8 % et le reste à 10 %.

Au bout de 2 ans et 3 mois ses placements lui ont rapporté 2 970 F d'intérêts.

Calculer le montant des capitaux placés à chacun des 2 taux.

12. Une personne emprunte une certaine somme.

Si elle rembourse le capital et les intérêts au bout de 9 mois, elle doit 16 393,30 F.

Si elle rembourse le capital et les intérêts au bout de 2 ans, elle doit 18 048,80 F.

a. Calculer la somme empruntée.

b. Calculer le taux de l'intérêt.

13. Un commerçant revend 945 F un article qu'il a acheté 700 F. Calculer le pourcentage du bénéfice par rapport au prix d'achat.

14. En faisant 27 % de bénéfice sur le prix d'achat d'un objet, un commerçant gagne 86,40 F.

Quel était le prix d'achat de cet objet ?

15. Le prix de vente hors taxes d'un article est 446 F.

On lui applique une T.V.A. de 5,5 %. Quel est son prix de vente T.T.C. ?

16. Un objet dont la T.V.A. s'élève à 20,6 % a un prix de vente T.T.C. de 295,47 F. Quel est son prix de vente H.T. ?

17. La T.V.A. de 20,6 % sur une marchandise est 131,84 F. Calculer son prix de vente H.T.

18. Un ordinateur vaut 4 700 F. Le grossiste accorde au commerçant une réduction de 12 %.

Quel est son prix d'achat net ?

Le commerçant estime ses frais à 15 % du prix d'achat. Quel est le prix de revient ?

Il fixe son prix de vente hors taxes de manière à réaliser un bénéfice de 35 % sur le prix de revient.

Calculer le prix de vente hors taxes.

Sachant que la T.V.A. est de 20,6 %, quel est le prix de vente T.T.C. de l'ordinateur (arrondi à la dizaine de francs supérieure) ?

Corrigés

1. $I = \dfrac{C \times t \times a}{100} = \dfrac{25\,000 \times 8 \times 3}{100} = 6\,000.$

Montant de l'intérêt : **6 000 F.**

2. $C = \dfrac{100 \times I}{t \times a} = \dfrac{100 \times 1\,648{,}50}{7 \times 1{,}5} = 15\,700.$

Montant du capital : **15 700 F.**

3. $t = \dfrac{100 \times I}{C \times a} = \dfrac{100 \times 526{,}4}{7\,520 \times 2} = 3{,}5.$

Taux de l'intérêt : **3,5 %.**

4. $a = \dfrac{100 \times I}{C \times t} = \dfrac{100 \times 24\,480}{85\,000 \times 6{,}4} = 4{,}5.$

Temps de placement : **4 ans et demi.**

5. $I = \dfrac{C \times t \times m}{1\,200} = \dfrac{70\,200 \times 4 \times 15}{1\,200} = 3\,510.$

Montant de l'intérêt : **3 510 F.**

6. $C \times t \times m = 1\,200 \times I$ d'où $m = \dfrac{1\,200 \times I}{C \times t} = \dfrac{1\,200 \times 209{,}44}{2\,720 \times 4{,}2}$

$m = 22$ temps de placement : **22 mois.**

7. Du 12 au 31 août $\rightarrow 31 - 12 = 19$ jours

du 1er au 30 septembre = 30 jours
du 1er au 26 octobre = 26 jours.
Soit 19 + 30 + 26 = 75 jours.

$I = \dfrac{C \times t \times J}{36\,000} = \dfrac{5\,200 \times 15 \times 75}{36\,000} = 162{,}5.$

Montant de l'intérêt : **162,50 F.**

8. $J = \dfrac{36\,000 \times I}{C \times t} = \dfrac{36\,000 \times 24{,}6}{3\,690 \times 4} = 60$

temps de placement : **60 jours.**

9. On considère avoir placé 1 200 F pendant 5 mois à 9 %

$I = \dfrac{C \times t \times m}{1\,200} = \dfrac{1\,200 \times 9 \times 5}{1\,200} = 45.$

La valeur acquise serait alors de 1 200 + 45 soit 1 245 F.
Pour la même durée et au même taux, capital et valeur acquise sont proportionnels.

Capital	1 200	x
Valeur acquise	1 245	4 772,5

$x = \dfrac{1\,200 \times 4\,772{,}5}{1\,245} = 4\,600.$

Le capital est **4 600 F.**

10. On considère avoir placé 36 000 F pendant 288 jours à 8 %.

$$I = \frac{C \times t \times J}{36\,000} = \frac{36\,000 \times 8 \times 288}{36\,000} = 2\,304.$$

La valeur acquise serait alors 38 304 F.

$$C = \frac{36\,000 \times 55\,328}{38\,304} = 52\,000.$$

Le capital est **52 000 F.**

11. Soit x la somme placée à 8 %

2 ans et 3 mois = 27 mois

soit 15 000 – x la somme placée à 10 %

$$\frac{x \times 8 \times 27}{1\,200} + \frac{(15\,000 - x) \times 10 \times 27}{1\,200} = 2970$$

$$\frac{216x}{1\,200} + \frac{4\,050\,000 - 270x}{1\,200} = \frac{3\,564\,000}{1\,200}$$

$$216x - 270x = 3\,564\,000 - 4\,050\,000$$

$$-54x = -486\,000$$

$$x = 9\,000.$$

Cette personne a placé **9 000 F à 8 %** et **6 000 F à 10 %.**

12. *a.* 2 ans et 9 mois = 15 mois.

Montant de l'intérêt en 15 mois : 1 655,50 F
18 048,8 – 16 393,3 = 1 655,5.
Montant de l'intérêt en 9 mois : 993,30 F

$$\frac{1\,655{,}5 \times 9}{15} = 993{,}3.$$

Montant du capital : **15 400 F**
16 393,3 – 993,3 = 15 400.

b. $t = \dfrac{1\,200 \times I}{C \times m} = \dfrac{1\,200 \times 993{,}3}{15\,400 \times 9} = 8{,}6.$

Taux de l'intérêt : **8,6 %.**

13. Montant du bénéfice : **245 F.**

945 – 700 = 245

$$\frac{245 \times 100}{700} = 35.$$

Pourcentage du bénéfice **35 %.**

14. Prix d'achat : **320 F**

$$\frac{86{,}40 \times 100}{27} = 320.$$

15. Montant de la T.V.A. : 24,53 F

$$\frac{446 \times 5{,}5}{100} = 24{,}53.$$

Prix de vente T.T.C. : **470,53 F**

446 + 24,53 = 470,53

ou le prix de vente T.T.C. représente 105,5 % du prix H.T.

$$\frac{446 \times 105{,}5}{100} = 470{,}53.$$

16. PV H.T. + T.V.A. = PV T.T.C.

100 % + 20,6 % = 120,6 %

x 295,47

$$x = \frac{295{,}47 \times 100}{120{,}6} = 245.$$

Le prix de vente H.T. est **245 F.**

17. $\frac{131{,}84 \times 100}{20{,}6} = 640.$

Le prix de vente H.T. est **640 F.**

18. Prix d'achat net : **4 136 F**

4 700 × 0,88 = 4 136.

Prix de revient **4 756,40 F**

4 136 × 1,15 = 4 756,4.

Prix de vente H.T. : **6 421,14 F**

4 756,4 × 1,35 = 6 421,14.

Prix de vente T.T.C. : **7 750 F**

6 421,14 × 1,206 = 7 743,89.

Sujets de concours

1. Adjoint administratif, Défense. Une somme de 5 820 F a été placée pendant 1 an au taux de 8,5 %.

Quel est l'intérêt acquis?

2. Agent administratif, Police nationale, 1995. Des fonds placés à 12 % pendant 3 mois rapportent 180 F.

Quel est le montant de ce placement?

3. Agent d'exploitation, P.T.T., 1982. Une personne désirant renouveler son véhicule par l'acquisition d'un véhicule plus récent, ne dispose que d'une somme de 5 600 F. Pour pouvoir effectuer cet achat, elle vend le véhicule en sa possession au prix de 19 900 F et emprunte au taux de 17,50 % la somme manquante. L'intérêt annuel de la somme empruntée s'élève à 1 102,50 F.

a. **Quel est le prix d'achat du nouveau véhicule?**

b. Le capital emprunté est remboursé en une seule fois au bout de 8 mois. **Quel est le montant des intérêts versés à l'organisme prêteur?**

4. Adjoint administratif territorial, 1996. Pour faire fructifier ses économies, M. Harpagon a placé :

- la moitié de son capital à 7 % l'an pendant 80 jours ;
- le tiers du capital à 9 % l'an pendant 120 jours ;
- le solde qui s'élève à 15 000 F, à un certain taux pendant 40 jours.

Sachant que le montant total des intérêts s'élève à 1 760 F, **on demande :**

a. **le montant du capital;**

b. **le taux annuel du troisième placement.**

5. Garde pêche, 1995. Une personne a fait trois placements, le premier de 2 500 F, le second de 3 000 F, le troisième de 4 000 F. Le taux du second placement est supérieur de 1 % à celui du premier et inférieur de 0,50 % à celui du troisième. **Calculer les taux inconnus sachant que l'intérêt total produit pendant un an s'élève à 470 F.**

6. Adjoint administratif, Défense. Je dispose d'un capital de 860 000 F. Je décide d'employer une partie de ce capital à l'achat d'un appartement. La somme restante sera placée de la façon suivante : 1/3 à un taux annuel de 10 % et les 2 autres 1/3 à un taux annuel de 15 %.

Je sais que cette somme placée me rapportera annuellement 48 000 F.
Calculer le prix d'achat de mon appartement.

7. Adjoint administratif, INSEE, 1995. Que sera devenu votre capital de 100 F au bout de 5 ans calculé à un taux d'intérêt de 8 % et placé à intérêts composés ?

8. Adjoint administratif, Agriculture, 1996. M. Dupont a placé 10 000 F à sa banque. Il touche des intérêts composés annuels (les intérêts produits s'ajoutent au capital et produisent eux-mêmes des intérêts) au taux de 4 %. Au bout de 5 ans, il retire son argent.

De combien dispose-t-il ?

9. Adjoint administratif, Chancellerie, 1995. Dans un pays *X* les prix augmentent régulièrement de 2 % tous les six mois.

Dans un pays *Y* les prix augmentent régulièrement de 4 % par an.
Dans lequel des deux pays est-il préférable d'habiter ? Justifier la réponse.

10. Agent technique des Haras, Agriculture, 1997. Un salarié perçoit tous les ans une augmentation de salaire de 7 %.

a. En 1996 son salaire était de 8 560 F/mois. **Que gagne-t-il en 1997 ?**

b. **Que gagnera-t-il en 1999 ?**

c. **Quel était son salaire mensuel en 1995 ?**

11. Adjoint administratif, Agriculture, 1996. Un marchand achète un lot de 100 pantalons pour une somme totale de 2 000 F. Il prévoit de faire un bénéfice de 2 000 F en tenant compte de 10 % d'invendus. **À combien doit-il vendre chaque pantalon** (arrondissez au franc supérieur) ?

12. Adjoint administratif, Agriculture, 1997. La T.V.A. sur les automobiles est de 20,6 %.

1. Le prix H.T. d'un véhicule étant de 125 000 F.

a. **Calculer le montant de la T.V.A. applicable à ce véhicule.**

b. **Calculer le prix T.T.C. du même véhicule.**

2. Le prix T.T.C. d'un autre véhicule étant de 125 000 F.

a. **Calculer le montant de la T.V.A. qui lui a été appliquée.**

b. **Calculer la valeur H.T. du véhicule.**

13. Agent technique des Haras, Agriculture, 1996. Monsieur Dupont achète un téléviseur 5 990 F T.T.C. De par sa situation professionnelle, il peut récupérer la T.V.A. (20,6 %).

Quel est le coût hors taxes du téléviseur ?

14. Agent administratif, Police nationale, 1995. Un bien est taxé à 18,6 %. Son prix T.T.C. est de 2 372 F.

Quel est son prix hors taxe ?

15. Agent de surveillance de Paris, 1996. Un jeune ménage qui décide de s'installer achète un buffet, une table et quatre chaises.

Le buffet vaut quatre fois plus que la table. Celle-ci vaut autant que trois chaises moins 80 francs.

La dépense totale s'élève 1 652 francs.

a. **Calculer le prix de chaque meuble.**

b. **Que représente la part de dépense du buffet dans ces achats. Exprimez-la en pourcentage.**

c. **Supposons que le vendeur accorde une remise de 5 %, à combien s'élève alors la dépense faite par le ménage ?**

16. Adjoint administratif territorial, 1996. Un industriel du jouet fabrique des voitures de prestige miniaturisées au 1/18e.

a. Sachant que les dimensions externes de ces miniatures sont :

longueur : 22,5 cm, largeur : 11 cm, hauteur : 7 cm,

quelles sont, en mètres, les dimensions grandeur nature des voitures servant de modèles pour la fabrication des miniatures ?

b. Ces jouets sont acheminés vers les revendeurs par l'intermédiaire de grossistes. L'un de ces grossistes a livré des miniatures à trois revendeurs.

Les facturations hors T.V.A. atteignent respectivement 1 300 F, 1 872 F, et 1 456 F. **Sachant que le prix unitaire pratiqué est le même pour tous, déterminer ce prix (on précise qu'il est supérieur à 50 F) ainsi que le nombre des miniatures livrées à chaque revendeur.**

c. L'un de ces revendeurs vend ces jouets 148,25 F pièce T.V.A. comprise.

Sachant que le taux de T.V.A. est de 18,6 % du prix hors T.V.A., quel est le prix unitaire hors T.V.A. pratiqué par ce revendeur ?

17. Agent de surveillance, Musées de Paris, 1995. Deux sociétés A et B ont un chiffre d'affaires respectif de 900 millions de francs et 1 200 millions de francs.

Les chiffres d'affaires de ces sociétés augmentent régulièrement chaque année de 25 % pour la société A et de 2 % pour la société B.

a. **Au bout de combien d'années de la société A réalisera-t-elle un chiffre d'affaires supérieur à celui de la société B ?**

b. **Quels seront alors les chiffres d'affaires des sociétés A et B ?**

c. En supposant que le chiffre d'affaires initial de la société B reste égal à 1 200 MF que l'augmentation des chiffres d'affaires des sociétés A et B soient toujours de 25 % et de 2 % respectivement, **quel devrait être le chiffre d'affaires initial de la société A pour que celui-ci dépasse celui de la société B dès la 1re année?**

18. Agent d'exploitation, PTT, 1984.

Un industriel achète une machine valant 36 000 F. Il envisage de payer 65 % de la somme et d'emprunter le reste, qu'il remboursera en 2 versements égaux augmentés chacun de leurs intérêts au taux nominal de 16,5 %. Le premier versement sera effectué dans 6 mois et le deuxième, 4 mois après le premier.

a. **À combien s'élèvera chaque versement?**

b. En réalité, il acquitte la totalité de sa dette en un seul versement augmenté des intérêts, 4 mois plus tard. Dans ces conditions, **quel est le prix réel de la machine?**

Corrigés

1. Intérêt acquis **494,70 F**

$$\frac{5\,820 \times 8{,}5}{100} = 494{,}7.$$

2. $C = \dfrac{1\,200 \times 180}{12 \times 3} = 6\,000.$

Montant du placement : **6 000 F.**

3. Elle a en tout **25 500 F.**

5 600 + 19 900 = 25 500.

$$C = \frac{100 \times I}{t \times a} = \frac{100 \times 1\,102{,}5}{17{,}5 \times 1} = 6\,300.$$

Elle a emprunté 6 300 F.
Prix d'achat du véhicule **31 800 F**
25 500 + 6 300 = 31 800.
Montant des intérêts : **735 F**

$$I = \frac{C \times t \times m}{1\,200} = \frac{6\,300 \times 17{,}5 \times 8}{1\,200} = 735.$$

4. Soit x le capital :

$$x = \frac{x}{2} + \frac{x}{3} + 15\,000$$

$$\frac{6x}{6} = \frac{3x}{6} + \frac{2x}{6} + \frac{90\,000}{6}$$

$$x = 90\,000.$$

Montant du capital : **90 000 F.**
Intérêt des 2 premiers placements : **1 600 F**

$$\frac{45\,000 \times 7 \times 80}{36\,000} + \frac{30\,000 \times 9 \times 120}{36\,000} = 700 + 900 = 1\,600.$$

Intérêt du 3e placement : **160 F**
1 760 – 1 600 = 160.

Taux du 3e placement **9,6 %**

$$t = \frac{36\,000 \times 160}{15\,000 \times 40} = 9{,}6.$$

5. Soit t le taux du 2e placement

$$\frac{2\,500 \times (t-1)}{100} + \frac{3\,000 \times t}{100} + \frac{4\,000 \times (t+0{,}5)}{100} = 470$$

$$2\,500t - 2\,500 + 3\,000t + 4\,000t + 2\,000 = 470 \times 100$$

$$9\,500t = 47\,000 + 500$$

$$t = \frac{47\,500}{9\,500} = 5.$$

Taux du 1er placement **4 %.**

Taux du 2e placement **5 %.**

Taux du 3e placement **5,5 %.**

6. Soit x le tiers du reste

$$\frac{x \times 10}{100} + \frac{2x \times 15}{100} = 48\,000$$

$$\frac{4x}{10} = 48\,000$$

$$x = \frac{48\,000 \times 10}{4}$$

$$x = 120\,000.$$

Le reste se monte à **360 000 F**

$120\,000 \times 3 = 360\,000.$

Prix de l'appartement : **500 000 F**

$860\,000 - 360\,000 = 500\,000.$

$$VA = C(1 + t\,\%)^n$$

7. $VA = 100(1 + 0{,}08)^5$

$VA \approx$ **146,93 F par défaut.**

8. $VA = C(1 + t\,\%)^n$

$VA = 10\,000(1 + 0{,}04)^5$

$VA = 10\,000 \times 1{,}04^5.$

Il dispose de **12 166,53 F par excès.**

9. Soit 2 % tous les 6 mois dans le pays X coefficient d'augmentation en 1 an : **1,0404**

$(1 + 0{,}02)^2 = 1{,}0404.$

Dans le pays Y le coefficient est **1,02.**

Il est préférable d'habiter **dans le pays *Y*.**

10. Salaire en 1997 : **9 159,20 F**

$8\,560 \times 1{,}07 = 9\,159{,}2$

salaire en 1999 : **10 486,37 F**

$8\ 560 \times (1{,}07)^3 = 10\ 486{,}368$

salaire en 1995 : **7 960,80 F**

$8\ 560 \times 0{,}93 = 7\ 960{,}8.$

11. Nombre de pantalons vendus : 90

Pour faire 2 000 F de bénéfice, il doit vendre ses 90 pantalons 4 000 F.
Prix de vente d'un pantalon **45 F**
4 000 : 90 = 44,4.

12. 1. *a.* Montant de la T.V.A. : **25 750 F**

$$\frac{125\ 000 \times 20{,}6}{100} = 25\ 750.$$

b. Prix T.T.C. : **150 750 F**

125 000 + 25 750 = 150 750.

2. *a. b.* Prix H.T. + T.V.A. = Prix T.T.C.
100 % + 20,6 % = 120,6 %
y x 125 000

$$x = \frac{125\ 000 \times 20{,}6}{120{,}6} \approx 21\ 351{,}58.$$

$$y = \frac{125\ 000 \times 100}{120{,}6} \approx 103\ 648{,}42.$$

Montant de la T.V.A. : **21 351,58 F**

Prix hors taxes : **103 648,43 F.**

13. Prix H.T. + T.V.A. = Prix T.T.C.

x 5 990
100 % + 20,6 % = 120,6 %

$$x = \frac{5\ 990 \times 100}{120{,}6} = 4\ 966{,}83.$$

Prix hors taxes : **4 966,83 F.**

14. Prix hors taxes **2 000 F**

$$\frac{2\ 372 \times 100}{118{,}6} = 2\ 000.$$

15. *a.* Soit x le prix de la chaise
$3x - 80$ le prix de la table
$4\ (3x - 80)$ le prix du buffet
$4x + 3x - 80 + 4\ (3x - 80) = 1\ 652$
$4x + 3x - 80 + 12x - 320 = 1\ 652$
$4x + 3x + 12x = 1\ 652 + 80 + 320$
$19x = 2\ 052$
$x = 108$
Prix d'une chaise : **108 F.**
Prix de la table : **244 F.**

Prix du buffet : **976 F.**

b. Part du buffet $\approx$ **59 %**

$$\frac{976 \times 100}{1\ 652} \approx 59{,}08.$$

c. Dépense du ménage **1 569,40 F**

$1\ 652 \times 0{,}95 = 1\ 569{,}4$

16. *a.* Longueur : **4,05 m**

$22{,}5 \times 18 = 405$

largeur **1,98 m**

$11 \times 18 = 198$

hauteur **1,26 m**

$7 \times 18 = 126.$

b. $1\ 300 = 2^2 \times 5^2 \times 13$

$1\ 872 = 2^4 \times 3^2 \times 13$

$1\ 456 = 2^4 \times 13 \times 7.$

Le prix commun est le PGCD de ces 3 nombres.

Soit : $2^2 \times 13 = 52.$

Prix unitaire : **52 F.**

c. Prix unitaire hors T.V.A. : **125 F**

$$\frac{148{,}25 \times 100}{118{,}6} = 125.$$

17. *a.* Société A : $C_A = C_0(1 + 25\ \%)^n$

$C_A = 900\ 000\ 000(1{,}25)^n$

société B : $C_B = C_0(1 + 2\ \%)^n$

$C_B = 1\ 200\ 000\ 000(1{,}02)^n.$

Les sommes étaient exprimées en millions de francs $900(1{,}25)^n > 1\ 200(1{,}02)^n$ au bout de 2 ans.

$900(1{,}25)^2 = 900 \times 1{,}5\ 625 = 1\ 406{,}25$

$1\ 200(1{,}02)^2 = 1\ 200 \times 1{,}0404 = 1\ 248{,}48$

au bout de 2 ans le chiffre d'affaire de la société A sera le plus important.

b. Chiffre d'affaires de **A : 1 406,25 millions de F**

chiffre d'affaires de **B : 1 248,48 millions de F.**

c. $C_A(1{,}25) > 1\ 200 \times 1{,}02$

$$C_A = \frac{1\ 200 \times 1{,}02}{1{,}25} = 979{,}2.$$

Le chiffre d'affaires initial de A devrait être **979,2 MF.**

18. *a.* Montant de l'emprunt : **12 600 F.**

$$\frac{36\ 000 \times 35}{100} = 12\ 600.$$

Montant du 1er versement : **6 819,75 F.**

$$6\ 300 + \frac{6\ 300 \times 16,5 \times 6}{1\ 200} = 6\ 819,75.$$

Montant du 2e versement : **7 166,25 F.**

$$6\ 300 + \frac{6\ 300 \times 16,5 \times 10}{1\ 200} = 7\ 166,25.$$

b. Prix réel de la machine : **36 693 F.**

$$12\ 600 + \frac{12\ 600 \times 16,5 \times 4}{1\ 200} = 13\ 293$$

$$\frac{36\ 000 \times 65}{100} + 13\ 293 = 36\ 693.$$

NE PREPAREZ PLUS SEUL !
DES COURS COLLECTIFS, EN PETITS GROUPES
01 45 85 24 24
• Pour plus de 80 concours de catégorie A, B ou C
• Pour l'écrit et l'oral
• A tout moment de l'année
Des cours du soir ou des stages intensifs.
20 ans d'expérience !
• Un encadrement personnalisé par nos enseignants.
• Des concours blancs pour vous tester.
• Des devoirs corrigés pour poursuivre votre entrainement.
L'ECOLE DE PREPARATION AUX CONCOURS DE L'ADMINISTRATION

10. Développements – Factorisations – Égalités remarquables

I. Développements

Développer un produit c'est l'écrire sous la forme d'une somme algébrique.

Ils s'agit d'appliquer la distributivité de la multiplication par rapport à l'addition ou à la soustraction :

> **Soit a, b, c et d des nombres relatifs**
> $\boldsymbol{a(b + c) = a \times b + a \times c = ab + ac}$
> $\boldsymbol{(a + b)(c + d) = a \times c + a \times d + b \times c + b \times d = ac + ad + be + bd}$

⚠ Attention à la règle des signes du produit de deux nombres relatifs.

Penser à la notation sous forme de puissance et à réduire les termes semblables.

Exemple : $-2(3x + 5) = -2 \times 3x - 2 \times 5 = -6x - 10$

$$(2x - 3)(x + 7) = 2x \times x + 2x \times 7 - 3 \times x - 3 \times 7$$
$$= 2x^2 + 14x - 3x - 21$$
$$= 2x^2 + 11x - 21.$$

II. Factorisations

Factoriser une somme algébrique c'est l'écrire sous la forme d'un produit. Il faut trouver **un facteur commun** à chacun des termes de la somme.

> **Soit a, b, et c des nombres relatifs**
> $\boldsymbol{ab + ac = a \times b + a \times c = a \times (b + c)}$
> **facteur commun**
> **ou plus simplement :**
> $\boldsymbol{ab + ac = a(b + c)}$

Exemple :

$A = 5a + 15 = \mathbf{5} \times a + \mathbf{5} \times 3 = \mathbf{5}(a + 3)$

$B = \mathbf{(x + 2)}(x - 3) - 3\mathbf{(x + 2)} = \mathbf{(x + 2)}(x - 3 - 3) = \mathbf{(x + 2)}(x - 6)$

$C = (2x - 5)(3x + 1) - (2x - 5)^2$

$C = \mathbf{(2x - 5)}(3x + 1) - \mathbf{(2x - 5)}(2x - 5) = \mathbf{(2x - 5)}[3x + 1 - (2x - 5)]$

$C = \mathbf{(2x - 5)}(3x + 1 - 2x + 5) = \mathbf{(2x - 5)}(x + 6)$

III. Égalités remarquables

Quels que soient les termes a et b on a :

Le carré de la somme de deux termes

$$(a + b)^2 = a^2 + 2ab + b^2$$

$(a$	$+\ b)^2$	$= a^2$	$+\ 2ab$	$+\ b^2$
1er terme	**2e terme**	**carré du 1er terme**	**double produit des 2 termes**	**carré du 2e terme**

Exemples :

Développer : $(3x+5)^2 = (3x)^2 + 2(3x)(5) + 5^2 = 9x^2 + 30x + 25$

Factoriser : $25x^2 + 20x + 4 = (5x+2)^2$ car $a^2 = 25x^2$ donc $a = \sqrt{25x^2} = 5x$

$b^2 = 4$ donc $b = \sqrt{4} = 2$

Le carré de la différence de deux termes

$$(a - b)^2 = a^2 - 2ab + b^2$$

$(a$	$-\ b)^2$	$= a^2$	$-\ 2ab$	$+\ b^2$
1er terme	**2e terme**	**carré du 1er terme**	**double produit des 2 termes**	**carré du 2e terme**

⚠ Les deux développements sont très ressemblants.

Seul le double produit du carré de la différence est en toute logique négatif : $a(-b) + (-b)(a) = -ab - ab = -2ab$.

Exemples :

Développer : $(7x-1)^2 = (7x)^2 - 2(7x)(1) + 1^2 = 49x^2 - 14x + 1$.

Factoriser : $16x^2 - 24x + 9 = (4x-3)^2$ car $a^2 = 16x^2$ donc $a = \sqrt{16x^2} = 4x$

$b^2 = 9$ donc $b = \sqrt{9} = 3$.

Le produit de la somme de deux termes par leur différence

$$(a + b)(a - b) = a^2 - b^2$$

$(a$	$+\ b)$	$(a - b)$	$= a^2$	$-\ b^2$
1er terme	**2e terme**		**carré du 1er terme**	**carré du 2e terme**

$a^2 - b^2$: **différence de 2 carrés**

⚠ On peut permuter l'ordre des facteurs : $(a+b)(a-b) = (a-b)(a+b) = a^2 - b^2$.

Exemples :

Développer : $(2x+3)(2x-3) = (2x)^2 - 3^2 = 4x^2 - 9$.

Factoriser la différence de 2 carrés : $36x^2 - 25 = (6x)^2 - 5^2 = (6x+5)(6x-5)$

- $(5x-3)^2 - 16 = (5x-3)^2 - 4^2 = (5x-3+4)(5x-3-4) = (5x+1)(5x-7)$
- $(11x+2)^2 - (5x+3)^2 = (11x+2+5x+3)[11x+2-(5x+3)]$
$= (16x+5)(11x+2-5x-3)$
$= (16x+5)(6x-1)$

Exercices d'entraînement

1. Compléter les égalités remarquables :

$(3x + \cdots)^2 = \cdots + \cdots + 1$; $(\cdots - 7)^2 = \cdots - 28x + \cdots$

$16x^2 - \cdots = (\cdots + 5)(\cdots - \cdots)$.

2. Développer les expressions suivantes :

$(15x+13)^2$; $(6m-2{,}5)^2$; $(8m-3)(8m+3)$;

$\left(4x+\frac{1}{3}\right)^2$; $\left(\frac{7}{2}x-1\right)^2$; $\left(\frac{2}{5}x+0{,}3\right)\left(\frac{2}{5}x-0{,}3\right)$.

3. Factoriser les expressions suivantes :

$A = 81x^2 + 90x + 25$; $B = 0{,}16x^2 - 2{,}4x + 9$;

$C = 36x^2 - 121$; $D = (5x+3)^2 - \frac{1}{4}$;

$E = 1{,}44x^2 - 0{,}49$; $F = (13x-8)^2 - (5x+1)^2$;

$G = (3x-2)^2 - 4(5x+3)^2$; $H = 25(9x^2+24x+16) - 9(4x^2-4x+1)$.

Corrigés

1. $(3x+1)^2 = 9x^2 + 6x + 1$

$(2x-7)^2 = 4x^2 - 28x + 49$

$16x^2 - 25 = (4x+5)(4x-5)$.

2. $(15x+13)^2 = (15x)^2 + 2(15x)(13) + 13^2 = 225x^2 + 390x + 169$

$(6m-2{,}5)^2 = (6m)^2 - 2(6m)(2{,}5) + 2{,}5^2 = 36m^2 - 30m + 6{,}25$

$(8m-3)(8m+3) = (8m)^2 - 3^2 = 64m^2 - 9$

$\left(4x+\frac{1}{3}\right)^2 = (4x)^2 + 2(4x)\left(\frac{1}{3}\right) + \left(\frac{1}{3}\right)^2 = 16x^2 + \frac{8}{3}x + \frac{1}{9}$

$$\left(\frac{7}{2}x-1\right)^2 = \left(\frac{7}{2}x\right)^2 - 2\left(\frac{7}{2}x\right)(1) + 1^2 = \frac{49x^2}{4} - 7x + 1$$

$$\left(\frac{2}{5}x+0{,}3\right)\left(\frac{2}{5}x-0{,}3\right) = \left(\frac{2}{5}x\right)^2 - 0{,}3^2 = \frac{4}{25}x^2 - 0{,}09.$$

3. $A = (9x+5)^2$; $B = (0{,}4x-3)^2$; $C = (6x-11)(6x+11)$;

$$D = \left(5x+3+\frac{1}{2}\right)\left(5x+3-\frac{1}{2}\right) = \left(5x+\frac{7}{2}\right)\left(5x+\frac{5}{2}\right);$$

$E = (1{,}2x+0{,}7)(1{,}2x-0{,}7)$;

$F = (13x-8+5x+1)(13x-8-(5x+1))$

$F = (18x-7)(13x-8-5x-1) = (18x-7)(8x-9)$

$G = (3x-2)^2 - 2^2(5x+3)^2 = [3x-2+2(5x+3)][3x-2-2(5x+3)]$

$= (3x-2+10x+6)(3x-2-10x-6) = (13x+4)(-7x-8)$

ou mieux

$G = -(13x+4)(7x+8)$

(-1 est facteur commun du 2e facteur)

$H = 5^2(3x+4)^2 + 3^2(2x-1)^2$

$H = [5(3x+4)-3(2x-1)][5(3x+4)-3(2x-1)]$

$H = (15x+20+6x-3)(15x+20-6x+3)$

$H = (21x+17)(9x+23)$

Sujets de concours

1. Agent-chef de la surveillance des musées de Paris, 1996

Développer, réduire et ordonner le polynôme

$P(x) = -3 + 2(x+1)^2 - 3x^2 + (x-2)(3x+1) - 4x.$

2. Adjoint administratif de la Police nationale, 1994

Factoriser l'expression $A = 2(x+2)^2 - (x-1)(x+2)$.

3. Adjoint administratif de l'Administration centrale du Ministère de l'Économie et des Finances

Soit l'expression $E = (2x-5)(3x+4) - (2x-5)(x-2) + (4x^2-25)$.

a. **Développer, réduire et ordonner *E*.**

b. **Factoriser *E*.**

4. Garde-pêche, 1995

Factoriser l'expression algébrique suivante :
$A(x) = (x-8)(4x-1) + x^2 - 8x$.

5. Agent-chef de 2e classe de la surveillance spécialisée de Paris, 1995

a. **Développer :** $(3x+\sqrt{2})^2 - (x\sqrt{2}+1)$

⚠ *Se reporter si nécessaire au chapitre sur les racines carrées (chapitre 4).*

b. **Factoriser :** $(2x^2-18)(x-2) - (x^2-9)$

Corrigés

1. $P(x) = -3 + 2(x+1)^2 - 3x^2 + (x-2)(3x+1) - 4x$

$P(x) = -3 + 2(x^2 + 2x + 1) - 3x^2 + 3x^2 + x - 6x - 2 - 4x$

$P(x) = -3 + 2x^2 + 4x + \cancel{2} - 3\cancel{x^2} + 3\cancel{x^2} + x - 6x - \cancel{2} - 4x$

$P(x) = 2x^2 - 5x - 3.$

2. $A = 2(x+2)^2 - (x-1)(x+2)$

$A = (x+2)[2(x+2) - (x-1)]$

$A = (x+2)(2x + 4 - x + 1)$

$A = (x+2)(x+5).$

3. *a.* $E = (2x-5)(3x+4) - (2x-5)(x-2) + (4x^2 - 25)$

$E = 6x^2 + 8x - 15x - 20 - (2x^2 - 4x - 5x + 10) + 4x^2 - 25$

$E = 6x^2 + 8x - 15x - 20 - 2x^2 + 4x + 5x - 10 + 4x^2 - 25$

$E = 8x^2 + 2x - 55.$

b. $E = (2x-5)(3x+4) - (2x-5)(x-2) + (2x+5)(2x-5)$

$E = (2x-5)[3x + 4 - (x-2) + 2x + 5]$

$E = (2x-5)(3x + 4 - x + 2 + 2x + 5)$

$E = (2x-5)(4x+11)$

4. $A(x) = (x-8)(4x-1) + x^2 - 8x$

$A(x) = (x-8)(4x-1) + x(x-8)$

$A(x) = (x-8)(4x - 1 + x)$

$A(x) = (x-8)(5x-1)$

5. *a.* $(3x + \sqrt{2})^2 - (x\sqrt{2} + 1) = (3x)^2 + 2(3x)(\sqrt{2}) + \sqrt{2}^2 - x\sqrt{2} - 1$

$= 9x^2 + 6x\sqrt{2} + 2 - x\sqrt{2} - 1 = 9x^2 + 5x\sqrt{2} + 1$

b. $(2x^2 - 18)(x-2) - (x^2 - 9)$

$2(x^2 - 9)(x-2) - (x^2 - 9)$

$(x^2 - 9)[2(x-2) - 1]$

$(x^2 - 9)(2x - 4 - 1)$

$(x-3)(x+3)(2x-5).$

11. Équations du premier degré à une inconnue – Problèmes

I. Quelques précisions

Une équation est une égalité où figurent un ou plusieurs nombres désignés par des lettres.
Elle est du premier degré à une inconnue si celle-ci est unique et d'exposant 1.
Résoudre une équation c'est déterminer la ou les valeurs de l'inconnue qui vérifient l'égalité.

II. Étude d'un exemple de résolution d'une équation du premier degré à une inconnue

On utilisera deux propriétés relatives à l'égalité et aux opérations.
$\boldsymbol{P_1}$ Une égalité reste vraie si on ajoute le même terme dans chaque membre.
$\boldsymbol{P_2}$ Une égalité reste vraie si on multiplie ou si on divise ses deux membres par un même nombre.
Soit l'équation ci-après à résoudre :
① $3x + 5 = 13 - x$.
Afin de regrouper les termes inconnus dans un membre et les termes connus dans l'autre on applique $\boldsymbol{P_1}$ en ajoutant les opposés des termes à éliminer.

② $3x + 5 \mathbf{- 5 + x} = 13 - x \mathbf{+ x - 5}$ écriture facultative.

Les termes opposés s'annulent. L'égalité précédente rarement écrite explicite la règle couramment utilisée : « tout terme qui change de membre change aussi de signe ».

$3x + 5 = 13 - x$

$3x + \mathbf{x} = 13 - \mathbf{5}$

③ $3x + x = 13 - 5$
On réduit chaque membre.
④ $4x = 8$.
Afin d'isoler l'inconnue on applique $\boldsymbol{P_2}$ en divisant les deux membres par le coefficient de l'inconnue.
⑤ $\dfrac{4x}{\mathbf{4}} = \dfrac{8}{\mathbf{4}}$ (écriture facultative)
On a l'équation :
⑥ $1x = \dfrac{8}{4}$
donc $x = 2$.
L'égalité 5 est rarement écrite : $4x = 8$ peut aussi s'écrire $4 \times x = 8$. On sait déterminer le facteur inconnu d'une telle opération $x = \dfrac{8}{4}$ donc $x = 2$.
Enfin on exprime la solution : 2 est la solution de l'équation.
Vérification : $3 \times 2 + 5 = 13 - 2$

$6 + 5 = 11$.

Présentation simplifiée et couramment utilisée.

① $3x + 5 = 13 - x$

③ $3x + x = 13 - 5$

④ $4x = 8$

⑥ $x = \frac{8}{4}$

$x = 2$

2 est la solution de l'équation.

Cas particuliers :

a, b et x sont des nombres :

• l'équation $ax = b$ avec $a = 0$ et $b \neq 0$ n'a pas de solution.

Exemple : $0x = 5$.

• L'équation $ax = b$ avec $a = 0$ et $b = 0$ admet une infinité de solutions. Tout nombre est solution de l'équation : $0x = 0$.

III. Équation du type $(ax + b)(cx + d) = 0$

Certaines équations à une inconnue et d'un degré supérieur à 1 peuvent s'écrire sous la forme d'un produit de facteurs où l'inconnue sera du premier degré.

Exemple : $3(2x - 1) + (2x - 1)(5x + 6) = 0$.

En développant on obtiendrait une équation du second degré.

On factorise le premier membre :

$$(2x - 1)(3 + 5x + 6) = 0$$

$$(2x - 1)(5x + 9) = 0.$$

⚠ **Un produit de facteurs est nul si un au moins de ses facteurs est nul.**

On résout donc successivement les deux équations :

$2x - 1 = 0$ et $5x + 9 = 0$

$2x = 1$ et $5x = -9$

$x = \frac{1}{2}$ ou 0,5 et $x = -\frac{9}{5}$ ou $-1{,}8$.

0,5 et – 1,8 sont les solutions de l'équation.

IV. Problème résolu à l'aide d'une équation à une inconnue

Méthode conseillée :

1. Choisir l'inconnue : elle dépend de la question posée.

2. Traduire l'énoncé à l'aide d'une équation : penser aux quatre opérations, aux parenthèses, à l'égalité…

3. Résoudre l'équation : voir II.

4. Retourner à l'énoncé afin d'interpréter le résultat.

Exercices d'entraînement

I. Résoudre les équations suivantes

$4x - 3 - (2x + 4) = x - 2x + 7.$

$\frac{5x}{12} - \left(\frac{x}{4} - \frac{2}{15}\right) = \frac{9x}{4} - \left(x - \frac{13}{10}\right).$

$\frac{x+2}{2} + \frac{x-5}{3} = 1 - \frac{x+1}{4}.$

$(3x - 2)(x + 7) + (2x - 5)(3x - 2) = 0.$

$(5x - 1)(4x - 5) - (4x - 5)^2 = 0.$

$\left(\frac{2}{5}x + 2\right)\left(\frac{4}{3}x + \frac{1}{2}\right) = 0.$

$25x^2 = 9.$

$36x^2 + 12x + 1 = 0.$

$(6x - 3)^2 = (x + 2)^2.$

II. Problèmes à une inconnue

1. Une pile de 35 livres a 99,5 cm de hauteur. Certains livres ont une épaisseur de 2,5 cm et les autres de 3,5 cm. **Combien la pile contient-elle de livres de chaque sorte ?**

2. Un ambulancier effectue un aller et retour entre deux villes. À l'aller, sa vitesse moyenne est de 80 km/h et au retour elle est de 100 km/h.

Sachant que le trajet a duré 18 heures, **calculer la distance entre ces deux villes.** (On ne tient pas compte des arrêts).

3. Une personne part de chez elle avec une certaine somme. Elle fait un achat qui lui coûte les $3/4$ de cette somme. Elle retourne chez elle et y prend 450 F puis va faire un autre achat qui lui coûte les $4/7$ de ce qu'elle a. Enfin elle donne à un pauvre $1/9$ de ce qui lui reste et rentre chez elle avec 240 F. **Quelle somme avait-elle au départ ?**

4. Une fermière porte une corbeille d'œufs qu'elle se propose de vendre 0,90 F. Elle casse malencontreusement 12 œufs. Elle calcule qu'il lui faudra vendre les œufs restants 1,08 F pièce pour recevoir la même somme. **Combien la corbeille contenait-elle d'œufs au départ ?**

Corrigés

I. $$\begin{aligned} 4x - 3 - (2x + 4) &= x - 2x + 7 \\ 4x - 3 - 2x - 4 &= x - 2x + 7 \\ 4x - 2x + 2x - x &= 7 + 4 + 3 \\ 3x &= 14 \\ x &= \frac{14}{3} \end{aligned}$$

$\mathbf{\frac{14}{3}}$ **est la solution.**

$$\frac{5x}{12} - \left(\frac{x}{4} - \frac{2}{15}\right) = \frac{9x}{4} - \left(x - \frac{13}{10}\right)$$

$$\frac{5x}{12} - \frac{x}{4} + \frac{2}{15} = \frac{9}{4}x - x + \frac{13}{10}.$$

⚠ **Méthode conseillée : mettre au même dénominateur *tous* les termes de l'équation.**

$$\frac{25x}{60} - \frac{15x}{60} + \frac{8}{60} = \frac{135x}{60} - \frac{60x}{60} + \frac{78}{60}.$$

En appliquant la propriété P_2 du 2e on peut supprimer tous les dénominateurs.

$$\begin{aligned} 25x - 15x + 8 &= 135x - 60x + 78 \\ 25x - 15x - 135x + 60x &= 78 - 8 \\ -65x &= 70 \\ x &= \frac{70}{-65} \\ x &= -\frac{14}{13} \end{aligned}$$

$\mathbf{-\frac{14}{3}}$ **est la solution.**

$$\frac{x + 2}{2} + \frac{x - 5}{3} = 1 - \frac{x + 1}{4}$$

$$\frac{6x + 12}{\cancel{12}} + \frac{4x - 20}{\cancel{12}} = \frac{12}{\cancel{12}} - \frac{3x + 3}{\cancel{12}}$$

⚠ **Les barres de fractions tiennent lieu de parenthèses.**
Attention au changement de signe lorsqu'elles sont précédées du signe moins.

$$\begin{aligned} 6x + 12 + 4x - 20 &= 12 - 3x - 3 \\ 6x + 4x + 3x &= 12 - 3 + 20 - 12 \\ 13x &= 17 \\ x &= \frac{17}{13} \end{aligned}$$

$\mathbf{\frac{17}{13}}$ **est la solution.**

Équations du type $(ax + b)(cx + d) = 0$

$$(3x-2)(x+7)+(2x-5)(3x-2) = 0$$
$$(3x-2)(x+7+2x-5) = 0$$
$$(3x-2)(3x+2) = 0$$
$3x-2 = 0$ et $3x+2 = 0$

$3x = 2$ $\quad$ $3x = -2$

$x = \frac{2}{3}$ $\quad$ $x = -\frac{2}{3}$

$\frac{2}{3}$ et $-\frac{2}{3}$ sont les solutions.

$$(5x-1)(4x-5)-(4x-5)^2 = 0$$
$$(4x-5)[5x-1-(4x-5)] = 0$$
$$(4x-5)(5x-1-4x+5) = 0$$
$$(4x-5)(x+4) = 0$$
$4x-5 = 0$ et $x+4 = 0$

$4x = 5$ $\quad$ $x = -4$

$x = \frac{5}{4}$

$\frac{5}{4}$ et -4 sont les solutions.

$$\left(\frac{2}{5}x+2\right)\left(\frac{4}{3}x+\frac{1}{2}\right) = 0$$
$\frac{2}{5}x+2 = 0$ et $\frac{4}{3}x+\frac{1}{2} = 0$

$\frac{2}{5}x = -2$ $\quad$ $\frac{4}{3}x = -\frac{1}{2}$

$x = -2\times\frac{5}{2}$ $\quad$ $x = -\frac{1}{2}\times\frac{3}{4}$

$x = -5$ $\quad$ $x = -\frac{3}{8}$

-5 et $-\frac{3}{8}$ sont les solutions.

$$25x^2 = 9$$
$$25x^2-9 = 0.$$

⚠ **Le premier membre est devenu une différence de deux carrés factorisable (voir chapitre 3).**

$$(5x+3)(5x-3) = 0$$
$5x+3 = 0$ et $5x-3 = 0$

$5x = -3$ $\quad$ $5x = 3$

$x = -\frac{3}{5}$ ou $-0{,}6$ $\quad$ $x = \frac{3}{5}$ ou $0{,}6$

$-0{,}6$ et $0{,}6$ sont les solutions.

$$36x^2+12x+1 = 0$$

⚠. **Le premier membre est factorisable (voir chapitre 3).**

$$(6x+1)^2 = 0$$
$$(6x+1)(6x+1) = 0$$
$$6x+1 = 0$$
$$6x = -1$$
$$x = -\frac{1}{6}$$

$-\frac{1}{6}$ **est la solution.**

$(6x-3)^2 = (x+2)^2.$

⚠ **Écrire le premier membre sous la forme d'une différence de deux carrés, puis factoriser.**

$$(6x-3)^2-(x+2)^2 = 0$$
$$(6x-3+x+2)[6x-3-(x+2)] = 0$$
$$(7x-1)(6x-3-x-2) = 0$$
$$(7x-1)(5x-5) = 0$$

$7x-1 = 0$ et $5x-5 = 0$

$7x = 1$ $\quad$ $5x = 5$

$x = \frac{1}{7}$ $\quad$ $x = \frac{5}{5}$

$x = 1$

$\frac{1}{7}$ **et 1 sont les solutions.**

II. 1. Soit x le nombre de livres 2,5 cm (x est un entier positif). Soit $(35-x)$ le nombre de livres de 3,5 cm.

On a l'équation : $2{,}5x + 3{,}5(35-x) = 99{,}5$

$$2{,}5x + 122{,}5 - 3{,}5x = 99{,}5$$
$$-x = 99{,}5 - 122{,}5$$
$$\boldsymbol{x = 23.}$$

Il y a 23 livres de 2,5 cm d'épaisseur et 12 livres (35 – 23) de 3,5 cm.

2. Soit x la distance entre les deux villes (x est un nombre décimal positif)

le temps $= \frac{\text{distance}}{\text{vitesse}}$.

On a l'équation : $\frac{x}{80} + \frac{x}{100} = 18$

$$\frac{10x}{\cancel{800}} + \frac{8x}{\cancel{800}} = \frac{14\,400}{\cancel{800}}$$
$$18x = 14\,400$$
$$x = \frac{14\,400}{18}$$
$$\boldsymbol{x = 800}$$

La distance entre les deux villes est 800 km.

3. x est le montant de la somme initiale.

(x est un décimal positif).

Somme disponible après le premier achat :

$$\left(\frac{4}{4}-\frac{3}{4}\right)x = \frac{1}{4}x.$$

Somme disponible après son retour chez elle : $\frac{1}{4}x + 450$.

Somme disponible après le deuxième achat :

$$\left(\frac{7}{7}-\frac{4}{7}\right)\left(\frac{1}{4}x+450\right) = \frac{3}{7}\left(\frac{1}{4}x+450\right) = \frac{3}{28}x+\frac{1350}{7}.$$

Somme disponible, en fonction de x, à son retour.

$$\left(\frac{9}{9}-\frac{1}{9}\right)\left(\frac{3}{28}x+\frac{1\,350}{7}\right) = \frac{8}{9}\left(\frac{3}{28}x+\frac{1\,350}{7}\right) = \frac{2}{21}x+\frac{1\,200}{7}.$$

On a l'équation :

$$\frac{2}{21}x+\frac{1\,200}{7} = 240$$

$$\frac{2x}{21}+\frac{3\,600}{21} = \frac{5\,040}{21}$$

$$2x = 5\,040-3\,600$$

$$x = \frac{1\,440}{2}$$

$$x = 720.$$

La somme initiale était : 720 F.

Vérification : $\left[\left(720\times\frac{1}{4}\right)+450\right]\times\frac{3}{7}\times\frac{8}{9} = 240.$

4. Soit x le nombre d'œufs au départ (x est un entier positif).

Recette prévue au départ : $0{,}9x$.

Nombre d'œufs après « la casse » : $x-12$.

On a l'équation : $0{,}9x = 1{,}08(x-12)$

$$0{,}9x = 1{,}08x-12{,}96$$

$$12{,}96 = 1{,}08x-0{,}9x$$

$$12{,}96 = 0{,}18x$$

$$\frac{12{,}96}{0{,}18} = x.$$

La corbeille comptait 72 œufs au départ.

Sujets de concours

1. Adjoint technique, Ministère de l'Agriculture et de la Pêche, 1995.

Résoudre l'équation :

$(x+2)(x+5)+(2x+1)(x-6) = (3x-4)(x+7).$

2. Agent de 2ᵉ classe de la surveillance spécialisée de la commune de Paris, 1995.

Résoudre dans $\mathbb{R}$ les équations suivantes :

$(2-x)(3x+5) = 0.$

$(2x+3)^2-(x+2)^2 = 0.$

$(3x+1)^2 = (2x-5)^2.$

3. Adjoint administratif territorial, 1996.

On considère la fraction rationnelle :

$$G(x) = \frac{(2x-5)(4-3x)}{(4x-10)(6x-7)}.$$

Résoudre dans $\mathbb{R}$, l'équation $G'(x) = 0$.

($G'(x)$ est la forme simplifiée de $G(x)$).

4. Adjoint administratif au Ministère de la Défense.

Soit $f(x) = 4(9x^2+24x+16)-9(16x^2-40x+25)$.

Résoudre $f(x) = 0$ dans $\mathbb{R}$.

5. Agent technique des Haras, Ministère de l'Agriculture, 1997 et 1996

a. **Résoudre l'équation :** $\frac{2}{5}x-7 = -x+\frac{7}{2}.$

b. **Résoudre l'équation :** $2(-3x+4)-3(-x-1)+7(-3x-4) = 0.$

6. Adjoint administratif, Ministère de l'Économie et des Finances.

$$\frac{3}{x-2}-\frac{2}{x-3}-\frac{1}{x-4} = \frac{10}{(x-2)(x-3)(x-4)}.$$

7. Adjoint administratif, 1995.

a. M. Dupont rencontre M. Durand. Il lui demande « peux-tu me donner l'heure ? » M. Durand lui répond « je peux te dire que si tu additionnes un quart du temps qui s'est écoulé de minuit à maintenant à la moitié du temps d'ici à minuit tu obtiendras l'heure exacte ». **Quelle heure est-il donc ?**

b. Plusieurs amis veulent offrir un disque à Jean pour son anniversaire. Si chacun verse 20 F, il manque 12 F. Si chacun verse 25 F, il y aura 18 F de trop.

Calculer le nombre d'amis et le prix du disque.

8. Adjoint administratif de la Police nationale, 1994.

a. Trouver trois entiers consécutifs dont le produit divisé par la somme donne 16.

b. Si on demande à M. Dupont quel est son âge ? il répond :

« Si je vis jusqu'à 98 ans, il me reste à vivre les 4/3 de l'âge que j'ai ». **Quel âge a-t-il ?**

9. Agent-chef de 2ᵉ classe de la surveillance spécialisée de la commune de Paris, 1995.

a. Trois frères se partagent un héritage. La part du premier doit être les 3/8 de la somme totale. Le second doit avoir les 2/3 du reste. Le troisième reçoit pour sa part 36 000 F.

Quel est le montant total de l'héritage et la part de chacun des frères ?

b. Un candidat dispose d'un certain temps pour faire un problème de Mathématiques. Il emploie 1/12ᵉ de ce temps à lire le sujet, puis perd 5 minutes. Ensuite, il se met au travail et trouve la solution dans les 12/21ᵉ du temps qui lui reste.

Pour rédiger et relire son devoir, il lui faut 1/6e du temps donné pour le problème. Enfin, il remet son devoir 25 minutes avant l'heure limite.

Quel était le temps donné pour faire ce problème ?

10. Agent technique des Haras, Ministère de l'Agriculture, 1997.

Calculer les dimensions d'un rectangle dont la longueur est triple de la largeur et dont l'aire est 2 700 m^2.

Corrigés

1. $(x+2)(x+5)+(2x+1)(x-6) = (3x-4)(x+7)$.

On développe les deux membres puis on réduit :

$x^2+5x+2x+10+2x^2-12x+x-6 = 3x^2+21x-4x-28$

$3x^2-4x+4 = 3x^2+17x-28$

On résout l'équation :

$$-4x-17x = -28-4$$

$$-21x = -32$$

$$x = \frac{-32}{-21}$$

$$x = -\frac{32}{21}$$

$-\frac{32}{21}$ **est la solution.**

2. $(2-x)(3x+5) = 0$

$$2-x = 0 \quad \text{et} \quad 3x+5 = 0$$

$$2 = x \qquad 3x = -5$$

$$x = -\frac{5}{3}$$

2 et $-\frac{5}{3}$ sont les solutions.

$$(2x+3)^2-(x+2)^2 = 0$$

$$(2x+3+x+2)(2x+3-x-2) = 0$$

$$(3x+5)(x+1) = 0$$

$$3x+5 = 0 \quad \text{et} \quad x+1 = 0$$

$$3x = -5 \qquad x = -1$$

$$x = -\frac{5}{3}$$

$-\frac{5}{3}$ **et –1 sont les solutions.**

$$(3x+1)^2 = (2x-5)^2$$

$$(3x+1)^2-(2x-5)^2 = 0$$

$$(3x+1+2x-5)(3x+1-2x+5) = 0$$

$$(5x-4)(x+6) = 0$$

$$5x-4=0 \quad \text{et} \quad x+6=0$$
$$5x=4 \qquad x=-6$$
$$x=\frac{4}{5}$$

$\mathbf{\frac{4}{5}}$ **et –6 sont les solutions.**

3. ⚠ Une fraction n'a pas de sens si son dénominateur est nul.

On détermine les valeurs qui annulent le dénominateur :

$$4x-10=0 \quad \text{et} \quad 6x-7=0$$
$$4x=10 \qquad 6x=7$$
$$x=\frac{10}{4} \qquad x=\frac{7}{6}$$
$$x=\frac{5}{2}$$

Domaine de définition de $G(x)$: $\mathcal{D} = \mathbb{R}\backslash\left\{\frac{5}{2}\,;\frac{7}{6}\right\}$ (tous les nombres (ensemble des réels) sauf $\frac{5}{2}$ et $\frac{7}{6}$).

Dans $\mathcal{D}$, on simplifie $G(x)$ en $G'(x) = \frac{(2x-5)(4-3x)}{2(2x-5)(6x-7)}$

$$G'(x) = \frac{4-3x}{2(6x-7)}.$$

⚠ **Une fraction est nulle si, et seulement si, son numérateur est nul.**

$$4-3x=0$$
$$-3x=-4$$
$$x=\frac{-4}{-3}$$
$$x=\frac{4}{3}.$$

$\frac{4}{3} \in \mathcal{D}$ donc $\mathbf{\frac{4}{3}}$ **est la solution de $G'(x) = 0$.**

4. $4(9x^2+24x+16)-9(16x^2-40x+25) = 0.$

On factorise le premier membre :

$$4(3x+4)^2-9(4x-5)^2 = 0$$
$$[2(3x+4)+3(4x-5)][2(3x+4)-3(4x-5)] = 0$$
$$(6x+8+12x-15)(6x+8-12x+15) = 0$$
$$(18x-7)(-6x+23) = 0$$
$$18x-7=0 \quad \text{et} \quad -6x+23=0$$
$$18x=7 \qquad -6x=-23$$
$$x=\frac{7}{18} \qquad x=\frac{-23}{-6}$$
$$x=\frac{23}{6}$$

$\mathbf{\frac{7}{18}}$ **et** $\mathbf{\frac{23}{6}}$ **sont les solutions.**

5. *a.* $\frac{2}{5}x - 7 = -x + \frac{7}{2}$

$\frac{4}{\cancel{10}}x - \frac{70}{\cancel{10}} = -\frac{10x}{\cancel{10}} + \frac{35}{\cancel{10}}$

$4x + 10x = 70 + 35$

$14x = 105$

$x = \frac{105}{14}$

$x = 7{,}5$ **7,5 est la solution.**

b. $2(-3x + 4) - 3(-x - 1) + 7(-3x - 4) = 0$

$-6x + 8 + 3x + 3 - 21x - 28 = 0$

$-24x = 28 - 3 - 8$

$-24x = 17$

$x = -\frac{17}{24}$

$-\frac{17}{24}$ **est la solution.**

6. Cette équation n'existe que si les dénominateurs sont différents de zéro.

$x - 2 = 0$ si $x = 2$; $x - 3 = 0$ si $x = 3$; $x - 4 = 0$ si $x = 4$. Donc x ne peut pas prendre les valeurs 2; 3 et 4.

$\frac{3(x-3)(x-4)}{\cancel{(x-2)(x-3)(x-4)}} - \frac{2(x-2)(x-4)}{\cancel{(x-2)(x-3)(x-4)}} - \frac{(x-2)(x-3)}{\cancel{(x-2)(x-3)(x-4)}}$

$= \frac{10}{\cancel{(x-2)(x-3)(x-4)}}$

$\cancel{3x^2} - 12x - 9x + 36 - \cancel{2x^2} + 8x + 4x - 16 - \cancel{x^2} + 3x + 2x - 6 = 10$

$-4x + 14 = 10$

$-4x = 10 - 14$

$x = \frac{-4}{-4}$

$x = 1$

1 n'est pas une valeur interdite pour x donc **1 est la solution de l'équation.**

7. *a.* Soit x l'heure qu'il est (x est un décimal positif)

$\frac{x}{4} + \left(\frac{24 - x}{2}\right) = x$; $\left(\frac{24 - x}{2}\right)$ est la moitié du temps d'ici à minuit.

$\frac{x}{4} + \frac{48 - 2x}{\cancel{4}} = \frac{4x}{\cancel{4}}$

$48 = 4x - x + 2x$

$48 = 5x$

$\frac{48}{5} = x$

$9{,}6 = x$

Il est 9 heures et $0{,}6 \times 60$ minutes soit **9 h 36 min**.

Validation du résultat :

$$\frac{9 \text{ h } 36 \text{ min}}{4} + \frac{24 - 9 \text{ h } 36 \text{ min}}{2} = 2 \text{ h } 24 \text{ min} + 7 \text{ h } 12 = 9 \text{ h } 36 \text{ min}.$$

b. Soit x le nombre d'amis (x est un entier positif)

Prix du cadeau dans le 1er cas : $20x + 12$.

Prix du cadeau dans le 2e cas : $25x - 18$.

On a l'équation : $20x + 12 = 25x - 18$

$$12 + 18 = 25x - 20x$$

$$30 = 5x$$

$$\frac{30}{5} = x$$

$$6 = x$$

Il y a 6 amis.

Prix du disque : (et validation)

$20x + 12 = 20 \times 6 + 12 = 132$

ou $25x - 18 = 25 \times 6 - 18 = 132$.

Le disque coûte 132 F.

8. *a.* Soit x le 2e entier, $x - 1$ le 1er entier et $x + 1$ le 3e entier.

On a l'équation : $\dfrac{x(x-1)(x+1)}{x + x - 1 + x + 1} = 16$ (numérateur : produit des entiers ; dénominateur : somme des entiers)

$$\frac{\cancel{x}(x-1)(x+1)}{3\cancel{x}} = 16$$

$$\frac{(x-1)(x+1)}{\cancel{3}} = \frac{48}{\cancel{3}}$$

$$x^2 - 1 = 48$$

$$x^2 - 1 - 48 = 0$$

$$x^2 - 49 = 0$$

⚠ **Après avoir factorisé le 1er membre.**

On a une équation du type $(ax + b)(cx + d) = 0$ (voir chapitre 3).

$(x + 7)(x - 7) = 0$

$x + 7 = 0$ et $x - 7 = 0$

$x = -7$ $\quad$ $x = 7$.

Les entiers sont –6; –7; –8 et **6, 7, 8.**

Validation :

$$\frac{(-6)(-7)(-8)}{-6-7-8} = \frac{-336}{-21} = 16 \quad \text{et} \quad \frac{(6)(7)(8)}{6+7+8} = \frac{336}{21} = 16.$$

b. Soit x l'âge de M. Dupont (x est un entier positif)
Jusqu'à 98 ans il reste à vivre à M. Dupont : $98 - x$ années.
On a l'équation :

$$98 - x = \frac{4}{3}x$$

$$98 = \frac{4}{3}x + x$$

$$98 = \frac{4}{3}x + \frac{3}{3}x$$

$$98 = \frac{7}{3}x$$

$$98 \times \frac{3}{7} = x$$

$$42 = x$$

Monsieur Dupont a **42 ans.**

Validation : $98 - 42 = \frac{4}{3} \times 42$ ou $56 = 4 \times 14$.

9. *a.* Soit x le montant total de l'héritage (x est un nombre décimal positif).

Part du 1er : $\frac{3}{8}x$

Part du 2e : $\frac{2}{3}\left(\frac{8}{8} - \frac{3}{8}\right)x = \frac{2}{3} \times \frac{5}{8}x = \frac{5}{12}x.$

On a l'équation : $\frac{3}{8}x + \frac{5}{12}x + 36\,000 = x$

$$\frac{9x}{\cancel{24}} + \frac{10x}{\cancel{24}} + \frac{864\,000}{\cancel{24}} = \frac{24x}{\cancel{24}}$$

$$864\,000 = 24x - 9x - 10x$$

$$864\,000 = 5x$$

$$\frac{864\,000}{5} = x$$

$$172\,800 = x.$$

Le montant de l'héritage est : 172 800 F.

Part du **1er frère** : $\frac{3}{8} \times 172\,800 = \mathbf{64\,800}$ **F.**

Part du **2e frère** : $\frac{5}{12} \times 172\,800 = \mathbf{72\,000}$ **F**

ou $\frac{2}{3}(172\,800 - 64\,800) = \mathbf{72\,000}$ **F.**

Part du **3e frère : 36 000 F.**

Validation : $64\,800 + 72\,000 + 36\,000 = 172\,800$.

b. Soit x le temps en minutes (x est un entier positif)

temps pour la lecture = $\frac{x}{12}$;

temps pour trouver la solution : $\frac{12}{21}\left(\frac{11}{12}x - 5\right) = \frac{11}{21}x - \frac{60}{21}$;

temps pour rédiger et relire : $\frac{1}{6}x$.

On a l'équation : $\frac{x}{12} + 5 + \frac{11}{21}x - \frac{60}{21} + \frac{1}{6}x + 25 = x$

$$\frac{7x}{84} + \frac{420}{84} + \frac{44x}{84} - \frac{240}{84} + \frac{14x}{84} + \frac{2100}{84} = \frac{84x}{84}$$

$$7x + 44x + 14x - 84x = -2100 + 240 - 420$$

$$-19x = -2280$$

$$x = \frac{-2280}{-19}$$

$$x = 120.$$

Le temps donné pour faire ce problème est **120 minutes** ou 2 heures.

Validation : $\frac{120}{12} + 5 + \frac{11}{21} \times 120 - \frac{60}{21} + \frac{1}{6} \times 120 + 25 =$

$$10 + 5 + \frac{440}{7} - \frac{20}{7} + 20 + 25 = 60 + \frac{420}{7} = 60 + 60 = 120.$$

10. Soit x la largeur (x est un décimal positif).

$3x$ est la longueur.

On a l'équation :

$$x \times 3x = 2\,700$$

$$3x^2 = 2\,700$$

$$x^2 = 900$$

$$x^2 - 900 = 0$$

$$(x - \sqrt{900})(x + \sqrt{900}) = 0$$

$$(x - 30)(x + 30) = 0$$

$$x - 30 = 0 \quad \text{et} \quad x + 30 = 0$$

$$x = 30 \qquad x = -30$$

la largeur est 30 m et la longueur 90 m.

La solution négative ne peut être retenue car une distance est toujours positive.

12. Repères – Distance – Équation de droite

I. Repères

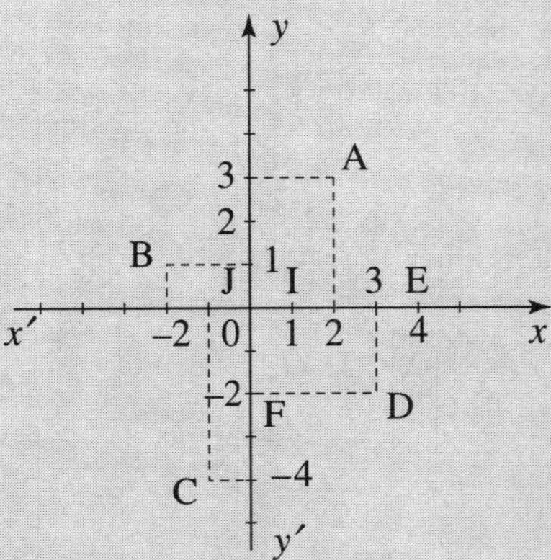

Le repère ci-contre est formé de 2 axes perpendiculaires, munis de la même unité et gradués régulièrement.
C'est un **repère orthonormal**
(on dit aussi orthonormé).
O est **l'origine des axes.**
$(x'x)$ est **l'axe des abscisses**, d'unité OI et horizontal.
$(y'y)$ est **l'axe des ordonnées**, d'unité OJ et vertical.
C'est le **repère orthonormal (O , I , J).**
Le point A est repéré par A(2 , 3).
2 est **l'abscisse de A** (1er nombre ; axe horizontal).
3 est **l'ordonnée de A** (2e nombre ; axe vertical).
(2 , 3) sont **les coordonnées de A.**

On repère aussi :

B(–2 , 1); C(–1 , –4); D(3 , –2); E(4 , 0); F(0 , –2).

II. Longueur d'un segment

Soit un repère orthonormal et les points A(x_A , y_A) et B(x_B , y_B), alors la distance AB est :

$$\mathbf{AB = \sqrt{(x_B - x_A)^2 + (y_B - y_A)^2}}$$

Exemple :
Soit un repère orthonormal (O , I , J) et les points A(2 , –3) et B(–5 , –7). Calculer AB.

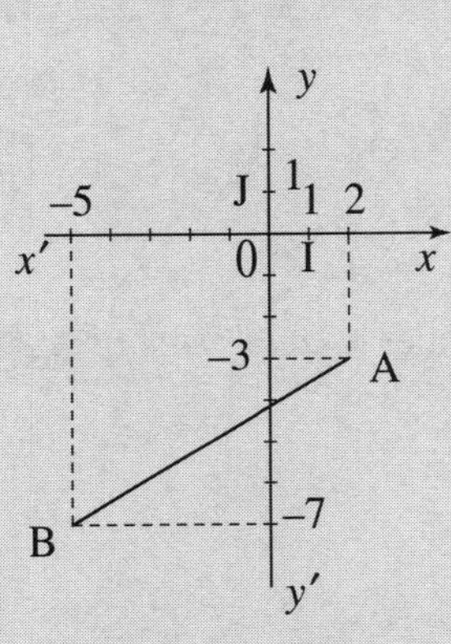

$AB = \sqrt{(x_B - x_A)^2 + (y_B - y_A)^2}$

$AB = \sqrt{(-5-2)^2 + (-7+3)^2}$ ⚠ $(-7-(-3)) = (-7+3)$

$AB = \sqrt{(-7)^2 + (-4)^2}$

$AB = \sqrt{49 + 16}$ $AB = \sqrt{65}$.

On peut vérifier sur la figure AB ≈ 8 (8 fois l'unité).

III. Milieu d'un segment

Soit un repère et 2 points : $A(x_A , y_A)$ et $B(x_B , y_B)$ et M le milieu de [AB]. Les coordonnées de M sont $x_M = \dfrac{x_A + x_B}{2}$ et $y_M = \dfrac{y_A + y_B}{2}$.

Exemple :

Soit un repère (O , I , J) et 2 points A(–1 , –5) et B(3 , 9). Quelles sont les coordonnées du milieu M de [AB] ?

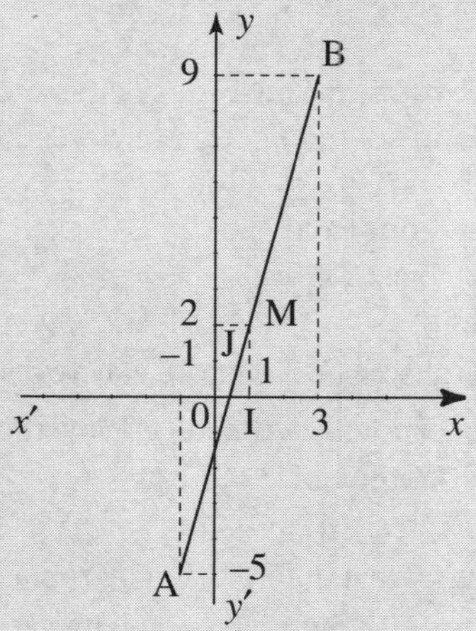

Soit M le milieu de [AB]

$x_M = \dfrac{x_A + x_B}{2}$

$x_M = \dfrac{-1 + 3}{2}$

$x_M = 1$

$y_M = \dfrac{y_A + y_B}{2}$; $y_M = \dfrac{-5 + 9}{2}$

$y_M = 2.$

M(1 , 2).

IV. Équation d'une droite

Toute droite sécante à l'axe des ordonnées a pour équation :

$$\boxed{y = mx + p}$$

m est le **coefficient directeur** (appelé aussi pente dans un repère orthonormal).
p est **l'ordonnée à l'origine**, c'est-à-dire l'ordonnée du point d'abscisse 0.
C'est aussi l'ordonnée du point d'intersection de la droite avec l'axe des ordonnées.

***a.* Calcul du coefficient directeur**

Soit un repère et 2 points $A(x_A , y_A)$ et $B(x_B , y_B)$, le coefficient directeur *m*, de la droite (AB) est :

$$\boxed{m = \frac{y_B - y_A}{x_B - x_A}}$$

Exemple :

Soit un repère (O , I , J) et 2 points A(–7 , 2) et B(–5 , 3). Calculer le coefficient directeur de (AB).

$$m = \frac{y_B - y_A}{x_B - x_A}; \quad m = \frac{3 - 2}{-5 + 7}; \quad m = \frac{1}{2}.$$

b. **Droites parallèles**

Si deux droites sont parallèles, alors elles ont le même coefficient directeur.

Réciproquement :

Si deux droites ont le même coefficient directeur, alors elles sont parallèles.

Exemple :

D_1 a pour équation $y = -3x + 7$

D_2 a pour équation $y = -3x - \frac{1}{2}$.

D_1 et D_2 ont même coefficient directeur –3 donc D_1 et D_2 sont parallèles.

c. **Droites perpendiculaires**

Dans un repère orthonormal, si deux droites sont perpendiculaires, alors le produit de leurs coefficients directeurs est égal à –1.

Soit un repère orthonormal et 2 droites perpendiculaires
(D_1) a pour équation $y = mx + p$
(D_2) a pour équation $y = m'x + p'$
alors $\boldsymbol{m \times m' = -1}$

Réciproquement :

Dans un repère orthonormal, si le produit des coefficients directeurs de deux droites est égal à –1, alors ces droites sont perpendiculaires.

Exemple :

D_3 a pour équation $y = -\frac{1}{2}x + 4$.

D_4 a pour équation $y = 2x - 3$.

$-\frac{1}{2} \times 2 = -1$ donc D_3 et D_4 sont perpendiculaires.

V. Cas particuliers

1. Si $p = 0$ alors $y = mx + p$ devient $y = mx$.

La droite passe par l'origine des axes.

Elle représente une situation de proportionnalité ou fonction linéaire.

Exemple : $y = 2x$

2. Si $m = 0$ alors $y = mx + p$ devient $y = p$.

La droite est parallèle à l'axe des abscisses.

Tous ses points ont pour ordonnée p.

Exemple : $y = -3$.

3. L'équation de la droite est $x = k$.

k étant un nombre donné.
La droite est parallèle à l'axe des ordonnées.
Tous ses points ont pour abscisse k.

Exemple : $x = -2$.

VI. Allure de la droite (*d*) en fonction de *m* et *p*

	$p > 0$	$p = 0$	$p < 0$
$m > 0$	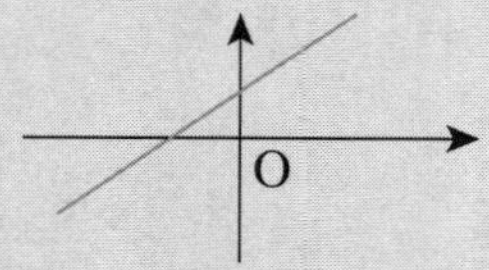	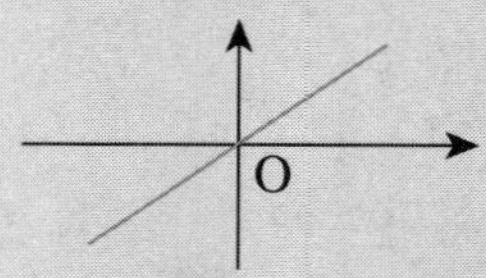	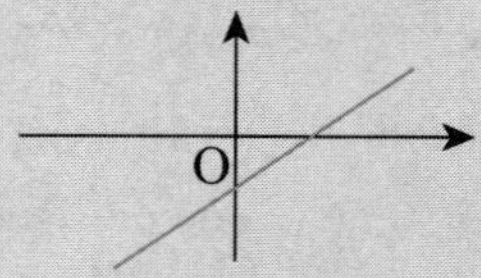
$m = 0$	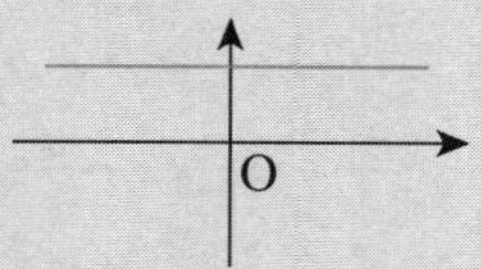	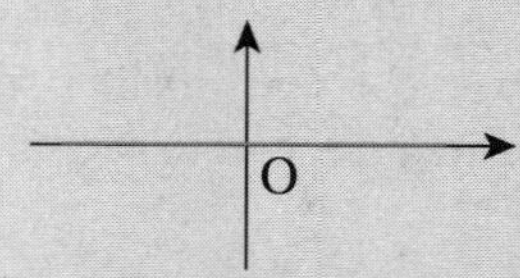 (*d*) confondue avec $(x'x)$	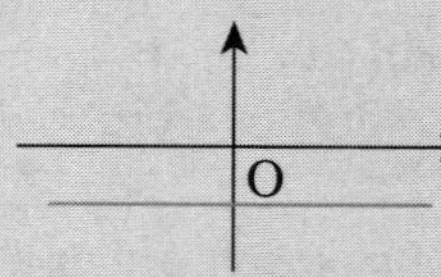
$m < 0$	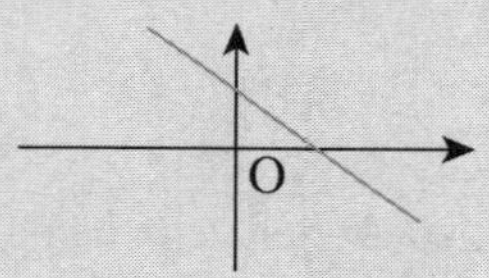	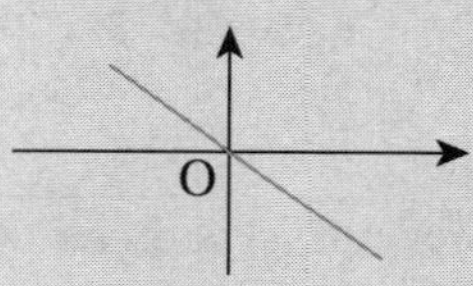	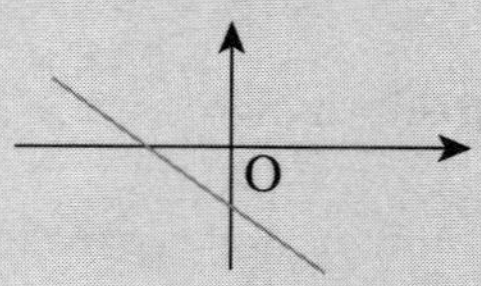

VII. Calculer l'équation d'une droite passant par 2 points

Exemple :

Soit un repère orthonormal (O , I , J) et 2 points A(–6 , 2) et B(–3 , –4).
Calculer l'équation de la droite (AB).
$x_A = -6$ et $x_B = 3$; $x_A \neq x_B$ donc (AB) est sécante à l'axe des ordonnées.
Toute droite sécante à l'axe des ordonnées a pour équation $y = mx + p$.

1re méthode :

Calculons le coefficient directeur de (AB).

$$m = \frac{y_B - y_A}{x_B - x_A} = \frac{-4-2}{-3+6} = \frac{-6}{3} = -2.$$

L'équation de (AB) devient $y = -2x + p$.
Remplaçons x et y par les coordonnées de A (ou de B, au choix).
En A :
$2 = (-2) \times (-6) + p$.
$2 - 12 = p$ d'où $p = -10$.
L'équation de (AB) est $y = -2x - 10$.

2e méthode :

L'équation de (AB) est $y = mx + p$.

Remplaçons x et y par les coordonnées de :

A : $2 = m(-6) + p$

B : $-4 = m(-3) + p$

d'où le système :

$$\begin{cases} 2 = -6m + p \\ -4 = -3m + p \end{cases} \left| \times(-1) \right| \quad \begin{cases} -2 = 6m - p \\ \underline{-4 = -3m + p} \\ -6 = 3m \quad \text{d'où } m = -2 \end{cases}$$

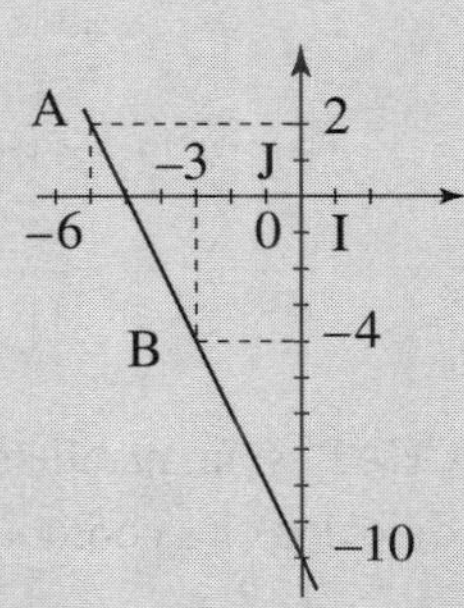

Remplaçons m par -2 dans l'équation :

$2 = -6m + p$

$2 = -6 \times (-2) + p$ d'où $p = -10$.

L'équation de (AB) est $y = -2x - 10$.

Exercices d'entraînement

1. Soit un repère orthonormal (O , I , J) et 3 points C(–3 , 4) H(–5 , –1) A(4 , –2).

Calculer les coordonnées de T pour que CHAT soit un parallélogramme.

2. Soit un repère orthonormal (O , I , J) **et 3 points** M(3 , 4) L(–1 , 8) **et** F(–3 , –2).

a. **Démontrer que MLF est un triangle rectangle.**

b. Soit C le centre du cercle circonscrit au triangle MLF. **Calculer ses coordonnées.**

c. **Calculer le rayon de ce cercle.**

3. Soit un repère orthonormal (O , I , J) et 2 points R(–6 , 3) et S(3 , 9).

a. **Calculer l'équation de la droite (RS).**

b. **Calculer l'équation de la droite D_1 parallèle à (RS) passant par le point E(–3 , –3).**

c. **Calculer l'équation de la droite D_2 perpendiculaire à (RS) passant par le point F(–1 , 3).**

4. *a.* **Construire les droites (D_1) d'équation $y = -\frac{1}{2}x + 3$; (D_2) d'équation $y = 3x - 4$; (D_3) d'équation $y = -3$ et (D_4) d'équation $x = -2$.**

b. **Calculer le point d'intersection K, des droites (D_1) et (D_2).**

Corrigés

1.

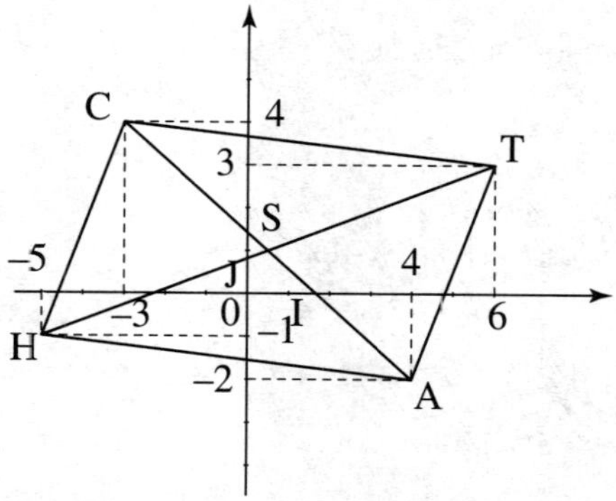

CHAT est un parallélogramme, donc ses diagonales se coupent en leur milieu S.
Calculons les coordonnées de S milieu de [CA].

$x_S = \dfrac{x_C + x_A}{2}$ et $y_S = \dfrac{y_C + y_A}{2}$

$x_S = \dfrac{-3+4}{2}$ $y_S = \dfrac{4-2}{2}$

$x_S = \dfrac{1}{2}$ $y_S = 1$

$$\mathbf{S\left(\frac{1}{2}, 1\right)}.$$

S est aussi le milieu de [HT], donc

$x_S = \dfrac{x_H + x_T}{2}$ et $y_S = \dfrac{y_H + y_T}{2}$

ou $2x_S = x_H + x_T$ $2y_S = y_H + y_T$

$2 \times \dfrac{1}{2} = -5 + x_T$ $2 \times 1 = -1 + y_T$

$1 + 5 = x_T$ $2 + 1 = y_T$

$6 = x_T$ $3 = y_T$

$$\mathbf{T(6, 3)}.$$

2.

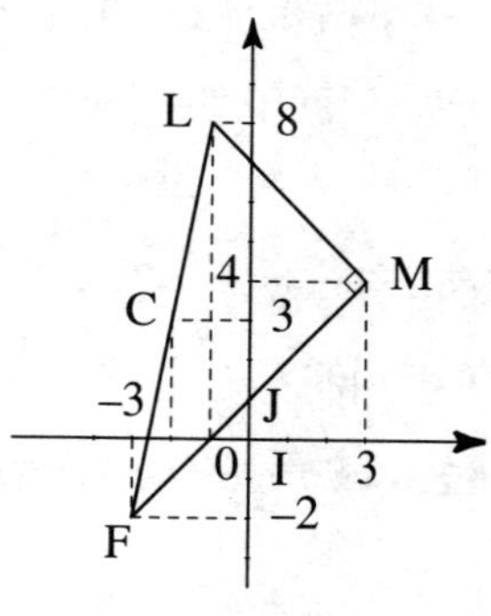

a. Calculons les carrés des longueurs des 3 côtés du triangle MLF

$ML^2 = (x_L - x_M)^2 + (y_L - y_M)^2$

$ML^2 = (-1-3)^2 + (8-4)^2 = 16 + 16 = 32$

$LF^2 = (x_F - x_L)^2 + (y_F - y_L)^2$

$LF^2 = (-3-(-1))^2 + (-2-8)^2 = 4 + 100 = 104$

$MF^2 = (x_F - x_M)^2 + (y_F - y_M)^2$

$MF^2 = (-3-3)^2 + (-2-4)^2 = 36 + 36 = 72.$

On a d'une part $LF^2 = 104$.

On a d'autre part $ML^2 + MF^2 = 32 + 72 = 104$.

On constate que $LF^2 = ML^2 + MF^2$.

La réciproque du théorème de Pythagore permet d'affirmer que **le triangle MLF est rectangle en M.**

b. Le centre du cercle circonscrit à un triangle rectangle se trouve au milieu de l'hypoténuse. Donc C est au milieu de [LF], donc

$x_C = \dfrac{x_L + x_F}{2}$ et $y_C = \dfrac{y_L + y_F}{2}$

$x_C = \dfrac{-1-3}{2}$ $y_C = \dfrac{8-2}{2}$

$x_C = -2$ $y_C = 3$

C(−2 , 3).

c. Le rayon de ce cercle vaut la moitié du diamètre [LF]. Or $LF^2 = 104$ donc $LF = \sqrt{104} = 2\sqrt{26}$.

Rayon $= \dfrac{2\sqrt{26}}{2}$ soit **Rayon = $\sqrt{26}$.**

3.

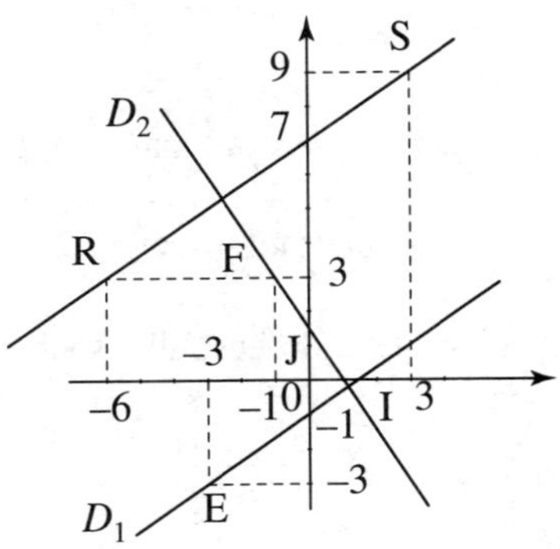

a. Calculons le coefficient directeur de (RS)

$m = \dfrac{y_S - y_R}{x_S - x_R} = \dfrac{9-3}{3+6} = \dfrac{6}{9} = \dfrac{2}{3}.$

L'équation de (RS) est de la forme $y = mx + p$ ou $y = \dfrac{2}{3}x + p$.

Remplaçons x et y par les coordonnées de S :

$9 = \dfrac{2}{3} \times 3 + p$ d'où $p = 7$.

L'équation de (RS) est $\boldsymbol{y = \dfrac{2}{3}x + 7}$.

b. (D_1) est parallèle à (RS), donc elles ont le même coefficient directeur. L'équation de (D_1) est $y = \dfrac{2}{3}x + p$.

En E : $-3 = \dfrac{2}{3} \times (-3) + p$ d'où $p = -1$.

L'équation de (D_1) est $\boldsymbol{y = \dfrac{2}{3}x - 1}$.

c. D_2 est perpendiculaire à (RS) donc :

$m \times m' = -1$ ou $\frac{2}{3} \times m' = -1$ et $m' = -\frac{3}{2}$.

L'équation de (D_2) devient $y = -\frac{3}{2}x + p$.

En F : $3 = -\frac{3}{2} \times (-1) + p$ d'où $p = \frac{3}{2}$.

L'équation de (D_2) est $y = -\frac{3}{2}x + \frac{3}{2}$.

4. *a.* Pour construire une droite il faut connaître deux points. Pour déterminer les coordonnées de ces 2 points, on choisit une valeur pour x et on en déduit la valeur de y grâce à l'équation de la droite.

• Calculons les coordonnées de A et B appartenant à D_1

si $x_A = 0$ alors $y_A = -\frac{1}{2} \times 0 + 3 = 3$ A(0 , 3)

si $x_B = 4$ alors $y_B = -\frac{1}{2} \times 4 + 3 = 1$ B(4 , 1).

• Calculons les coordonnées de C et E appartenant à D_2

si $x_C = 0$ alors $y_C = 3 \times 0 - 4 = -4$ C(0 , –4)

si $x_E = 1$ alors $y_E = 3 \times 1 - 4 = -1$ E(1 , –1).

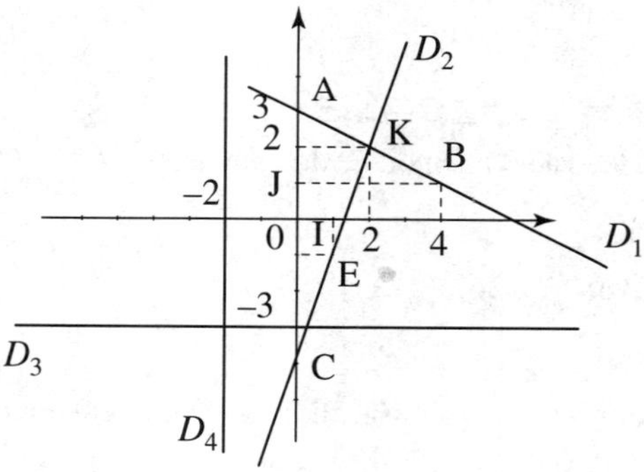

Quelles que soient les valeurs de x, tous les points de (D_3) auront pour ordonnée –3, donc (D_3) est parallèle à l'axe des abscisses.

Quelles que soient les valeurs de y, tous les points de (D_4) auront pour abscisse –2, donc (D_4) est parallèle à l'axe des ordonnées.

b. Les coordonnées de K vérifient en même temps les équations des 2 droites. Elles sont donc les solutions du système :

$$\begin{cases} y = -\frac{1}{2}x + 3 \\ y = 3x - 4 \end{cases} \qquad \begin{cases} y = -\frac{1}{2}x + 3 \\ 3x - 4 = -\frac{1}{2}x + 3 \end{cases} \qquad \begin{cases} y = -\frac{1}{2}x + 3 \\ \frac{7}{2}x = 7 \end{cases}$$

$$\begin{cases} y = -\frac{1}{2}x + 3 \\ x = 2 \end{cases} \qquad \begin{cases} y = -\frac{1}{2} \times 2 + 3 \\ x = 2 \end{cases} \qquad \begin{cases} y = 2 \\ x = 2. \end{cases}$$

K(2 , 2).

Sujets de concours

1. Agent technique des Parcs nationaux, Environnement, 1995

On considère les fonctions numériques

$f(x) = 4x - 1$

$g(x) = -0{,}5x + 6$

$h(x) = -0{,}5x.$

a. **Calculer $f(0)$, $g(0)$, $h(0)$; $f(2)$, $g(2)$, $h(2)$.**

b. Dans un repère orthonormé (O , I , J), **tracer les représentations graphiques de *f*, *g*, *h* (échelle : 1 unité = 1 cm).**

c. **Que remarquez-vous pour les représentations graphiques de *g* et *h*.**

2. Agent technique des Haras, Agriculture, 1996

Soit un repère orthonormé d'unité 1 cm.

a. **Tracer la droite (*D*) passant par les points A(2 , 1) et B(3 , 2).**

b. **Déterminer l'équation de *D*.**

3. Agent d'exploitation, PTT, 1981

a. Dans le plan rapporté à un repère orthonormé (O , I , J) **construire les droites D_1 et D_2 d'équations respectives :**

$$D_1 : \quad y = -\frac{3}{2}x + 2$$

$$D_2 : \quad y = \frac{5}{2}x + 4$$

b. **Déterminer, par le calcul, les coordonnées du point d'intersection de ces deux droites.**

4. Agent technique des Haras, Agriculture, 1996

Construire, dans un repère orthonormé, les droites (D_1) et (D_2) d'équation :

$(D_1) : \quad y = 2x + 2$

$(D_2) : \quad y = -\frac{1}{2}x + \frac{9}{2}.$

Calculer les coordonnées du point d'intersection des droites (D_1) et (D_2).

5. Agent administratif, INSEE, 1995

Le plan est muni d'un repère orthonormé d'origine O.

La droite D_1 a pour équation $Y = -3x + 7$.

Quelle est l'équation de la droite D_2, perpendiculaire à D_1 et passant par le point A(3 ; 2)?

6. Agent technique des Haras, Agriculture, 1997

Dans un plan rapporté à un repère orthonormé $(O, \vec{i}, \vec{j})$ d'unité graphique 1 cm **représenter la droite (D_1) d'équation :**

$$y = \frac{2}{3}x + 3$$

Placer, dans le même repère les points A(–5 , 3) et B(2 , –4).

Calculer l'équation de la droite (D_2) passant par les points A et B.

Calculer les coordonnées du point d'intersection de (D_1) et (D_2).

7. Agent des Musées de Paris, 1996

Dans un repère (x, O, y), **placer les 3 points A(1 , 5), B(4 , 2), C(5 , 6).**

a. **Déterminer les coordonnées du point I milieu de AC.**

b. **Montrer que le triangle ABC est isocèle.**

c. **Déterminer l'équation de la droite (BI).**

8. Agent-chef surveillance de Paris, 1995

Dans un repère orthonormé, on donne les points suivants : A(2 , –4) et B(–4 , 5).

1. *a.* **Déterminer les coordonnées du point I, milieu de [AB];**

b. **Tracer la droite D_1, passant par A, B et I, dans ce repère.**

2. **Déterminer l'équation de D_1, sous la forme : $y = ax + b$, en considérant que A, puis B appartiennent à D_1 et en résolvant le système pour trouver a et b.**

3. Soit D_2, la droite d'équation : $y = 3x - 4$.

a. **Montrer par le calcul que le point C : (3 , 5) est sur D_2;**

b. **Tracer la droite D_2, passant par C dans le repère.**

4. **Trouver, par le calcul, les coordonnées du point J, intersection des droites D_1 et D_2, en résolvant le système, et placer J sur le dessin.**

5. **Déterminer les coordonnées du point K, milieu de [IJ] et placez le sur le dessin.**

L'échelle utilisée pour le dessin, sera de 1 cm pour une unité.

Corrigés

1. $f(0) = 4 \times 0 - 1$ d'où $\boldsymbol{f(0) = -1}$

$f(2) = 4 \times 2 - 1$ d'où $\boldsymbol{f(2) = 7}$

$g(0) = -0{,}5 \times 0 + 6$ d'où $\boldsymbol{g(0) = 6}$

$g(2) = -0{,}5 \times 2 + 6$ d'où $\boldsymbol{g(2) = 5}$

$h(0) = -0{,}5 \times 0$ d'où $\boldsymbol{h(0) = 0}$

$h(2) = -0{,}5 \times 2$ d'où $\boldsymbol{h(2) = -1}$.

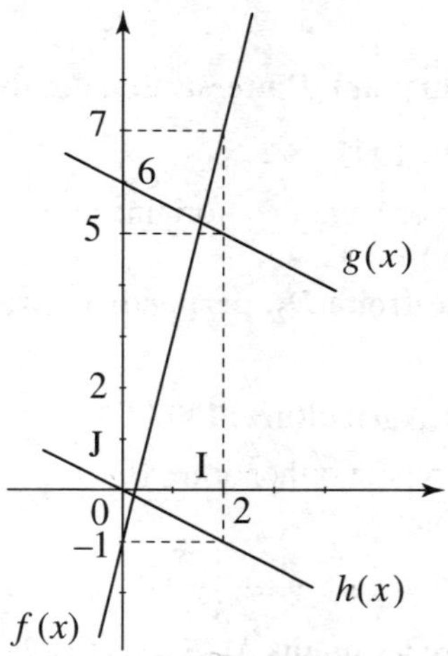

Les représentations graphiques de g et h sont parallèles car elles ont le même coefficient directeur (–0 , 5).

2.

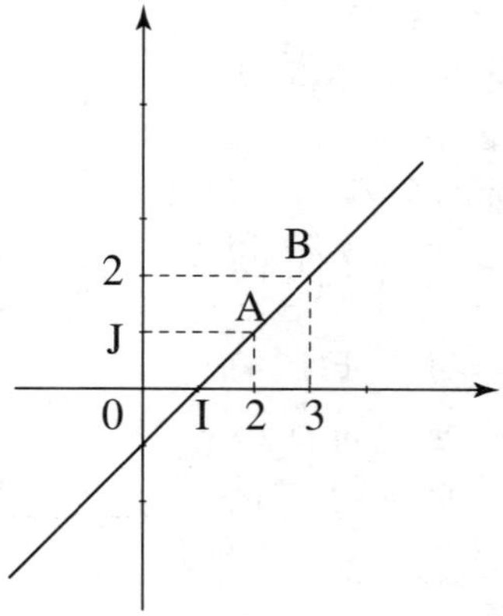

$x_A \neq x_B$ donc (D) est sécante à l'axe des ordonnées.

Toute droite sécante à l'axe des ordonnées a une équation de la forme $y = mx + p$.

en A : $1 = m \times 2 + p$

en B : $2 = m \times 3 + p$

d'où $\begin{cases} 1 = 2m + p & \times(-1) \\ 2 = 3m + p & \end{cases}$ $\begin{cases} -1 = -2m - p \\ 2 = 3m + p \end{cases}$

$1 = m$

Remplaçons m par 1 dans $1 = 2m + p$.

$1 = 2 + p$ d'où $p = -1$.

L'équation de (D) est $y = x - 1$.

3. Calculons les coordonnées de 2 points de D_1.

Si $x = 0$ alors $y = -\frac{3}{2} \times 0 + 2 = 2$ $(0\,;2)$

Si $x = 2$ alors $y = -\frac{3}{2} \times 2 + 2 = -1$ $(2\,;-1)$.

Calculons les coordonnées de 2 points de D_2.

Si $x = 0$ alors $y = \frac{5}{2} \times 0 + 4 = 4$ $(0\,;4)$

Si $x = 2$ alors $y = \frac{5}{2} \times 2 + 4 = 9$ $(2\,;9)$.

Soit K le point d'intersection des droites D_1 et D_2.

Les coordonnées de K vérifient les équations des 2 droites D_1 et D_2, d'où, en K :

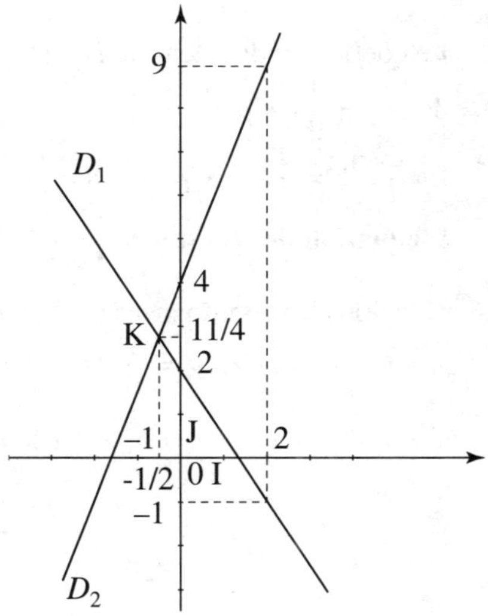

$\begin{cases} y = -\frac{3}{2}x + 2 \\ y = \frac{5}{2}x + 4 \end{cases}$ $\begin{cases} y = -\frac{3}{2}x + 2 \\ -\frac{3}{2}x + 2 = \frac{5}{2}x + 4 \end{cases}$

$\begin{cases} y = -\frac{3}{2}x + 2 \\ +2 - 4 = \frac{5}{2}x + \frac{3}{2}x \end{cases}$ $\begin{cases} y = -\frac{3}{2}x + 2 \\ -2 = 4x \end{cases}$ $\begin{cases} y = -\frac{3}{2}x + 2 \\ x = -\frac{1}{2} \end{cases}$ $\begin{cases} y = -\frac{3}{2} \times \left(-\frac{1}{2}\right) + 2 \\ x = -\frac{1}{2} \end{cases}$ $\begin{cases} y = \frac{11}{4} \\ x = -\frac{1}{2} \end{cases}$

Coordonnées du point d'intersection K$\left(-\frac{1}{2}, \frac{11}{4}\right)$.

4. Calculons les coordonnées de 2 points de D_1

Si $x = 0$ alors $y = 2 \times 0 + 2 = 2$ A(0 ; 2)

Si $x = -1$ alors $y = 2 \times (-1) + 2 = 0$ B(–1 ; 0).

Calculons les coordonnées de 2 points de D_2

si $x = 0$ alors $y = -\frac{1}{2} \times 0 + \frac{9}{2} = \frac{9}{2}$ $E\left(0 ; \frac{9}{2}\right)$

si $x = 1$ alors $y = -\frac{1}{2} \times 1 + \frac{9}{2} = 4$ F(1 , 4).

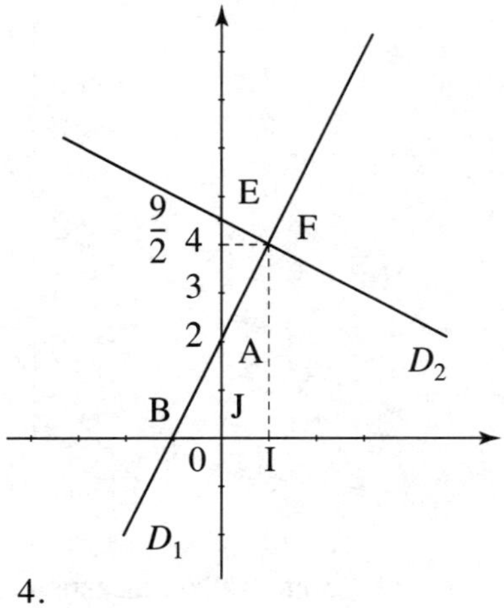

Soit F le point d'intersection des droite D_1 et D_2.

Ses coordonnées vérifient les équations de D_1 et D_2.

$$\begin{cases} y = 2x + 2 \quad (1) \\ y = -\frac{1}{2}x + \frac{9}{2} \end{cases} \quad \Bigg| \times 4 \Bigg| \quad \begin{cases} y = 2x + 2 \\ 4y = -2x + 18 \\ \hline 5y = 20 \end{cases} \quad \text{d'où} \quad y = 4.$$

Dans l'équation (1) $4 = 2x + 2$ d'où $x = 1$.

Coordonnées du point d'intersection F(1 ; 4).

⚠ On remarquera que $2 \times \left(-\frac{1}{2}\right) = -1$.

Le produit des coefficients directeurs est égal à –1, donc D_1 et D_2 sont perpendiculaires.

5. D_1 et D_2 sont perpendiculaires donc :

$m \times m' = -1$

$-3 \times m' = -1$ d'où $m' = \frac{1}{3}$.

Le coefficient directeur de D_2 est $\frac{1}{3}$. L'équation de D_2 est donc $y = \frac{1}{3}x + p$.

En A : $2 = \frac{1}{3} \times 3 + p$ d'où $p = 1$.

L'équation de D_2 est $y = \frac{1}{3}x + 1$.

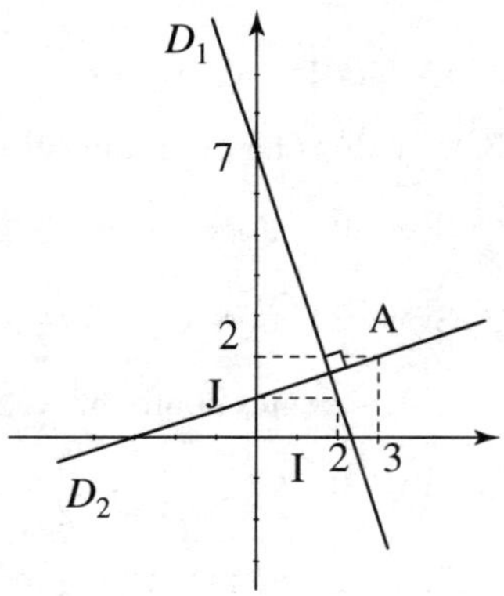

6. Calculons les coordonnées de 2 points de D_1

si $x = 0$ alors $y = \frac{2}{3} \times 0 + 3 = 3$ E(0 ; 3)

si $x = 3$ alors $y = \frac{2}{3} \times 3 + 3 = 5$ F(3 ; 5)

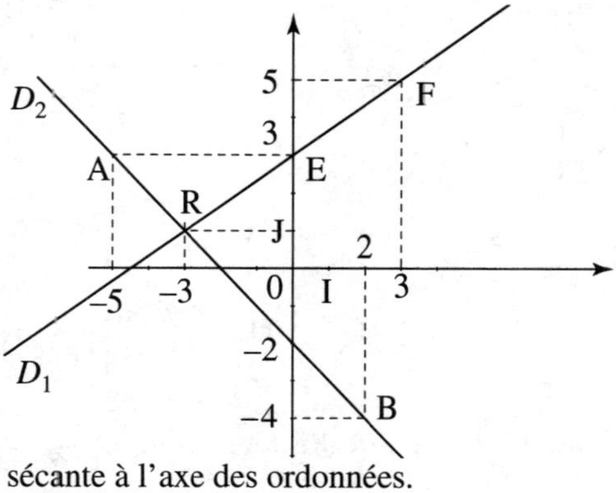

$x_A \neq x_B$ donc D_2 est sécante à l'axe des ordonnées.

Son équation est de la forme $y = mx + p$

en A : $\begin{cases} 3 = m \times (-5) + p \\ -4 = m \times 2 + p \end{cases}$ d'où $\begin{cases} 3 = -5m + p \\ -4 = 2m + p \end{cases}$ $\left| \times(-1) \right|$ $\begin{cases} -3 = 5m - p \\ \underline{-4 = 2m + p} \end{cases}$
en B :

d'où $m = -1$ $\qquad -7 = 7m$

et $3 = -5 \times (-1) + p$ d'où $p = -2$.

Équation de D_2 : $y = -x - 2$.

Soit R le point d'intersection de D_1 et D_2. En R, on a :

$$\begin{cases} y = \frac{2}{3}x + 3 \\ y = -x - 2 \end{cases} \quad \begin{cases} y = \frac{2}{3}x + 3 \\ \frac{2}{3}x + 3 = -x - 2 \end{cases} \quad \begin{cases} y = \frac{2}{3} \times (-3) + 3 \\ x = -3 \end{cases} \quad \begin{cases} y = 1 \\ x = -3. \end{cases}$$

Coordonnées du point d'intersection de D_1 et D_2 : R(–3 , 1).

7.

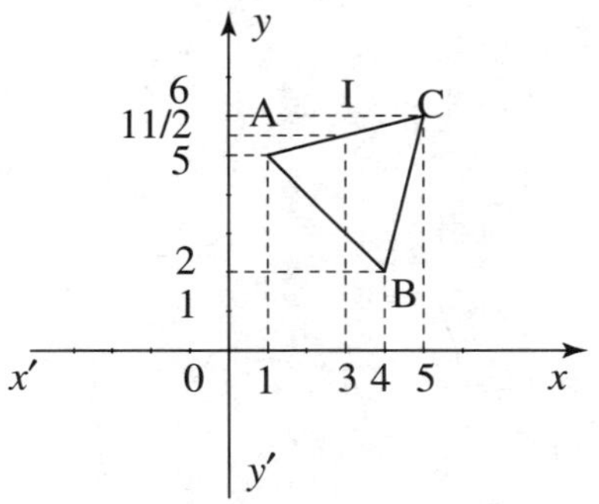

a. Soit I le milieu de [AC].

$x_I = \dfrac{(x_A + x_C)}{2}$ et $y_I = \dfrac{y_A + y_C}{2}$

$x_I = \dfrac{1 + 5}{2}$ $\qquad y_I = \dfrac{5 + 6}{2}$

$$\mathbf{I\left(3\ ,\ \frac{11}{2}\right).}$$

b. $AB^2 = (x_B - x_A)^2 + (y_B - y_A)^2 = (4 - 1)^2 + (2 - 5)^2 = 9 + 9 = 18$

$AC^2 = (x_C - x_A)^2 + (y_C - y_A)^2 = (5 - 1)^2 + (6 - 5)^2 = 16 + 1 = 17$

$BC^2 = (x_C - x_B)^2 + (y_C - y_B)^2 = (5 - 4)^2 + (6 - 2)^2 = 1 + 16 = 17$

$AB = \sqrt{18} = 3\sqrt{2}$; $AC = \sqrt{17}$; $BC = \sqrt{17}$

AC = BC donc **le triangle ABC est isocèle.**

c. Calculons l'équation de (BI)

$x_B \neq x_I$ donc (BI) est sécante à l'axe des ordonnées.

Son équation est de la forme $y = mx + p$.

En B : $2 = m \times 4 + p$ $\quad \begin{cases} 2 = 4m + p \\ \frac{11}{2} = 3m + p \end{cases} \quad \begin{cases} m = -\frac{7}{2} \\ p = 16 \end{cases}$

En I : $\frac{11}{2} = m \times 3 + p$

L'équation de (BI) est $y = -\frac{7}{2}x + 16$.

8.

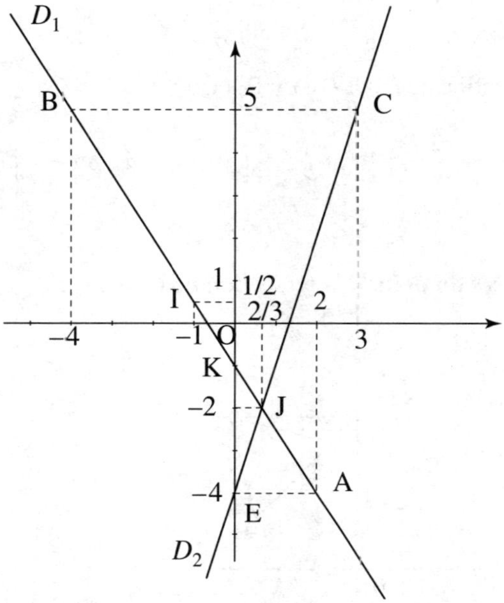

1. *a.b.* Soit I le milieu de [AB]

$x_I = \frac{x_A + x_B}{2}$ et $y_I = \frac{y_A + y_B}{2}$

$x_I = \frac{2 + (-4)}{2}$ $\quad y_I = \frac{-4 + 5}{2}$

$$\mathbf{I\left(-1\,,\,\frac{1}{2}\right)}.$$

2. $x_A \neq x_B$ donc D_1 est sécante à l'axe des ordonnées.

Son équation est de la forme $y = mx + p$.

En A : $-4 = m \times 2 + p$ $\quad \begin{cases} -4 = 2m + p \\ 5 = -4m + p \end{cases} \quad \begin{cases} m = -\frac{3}{2} \\ p = -1. \end{cases}$

En B : $5 = m \times (-4) + p$

L'équation de D_1 est $y = -\frac{3}{2}x - 1$.

3. *a.* D_2 a pour équation $y = 3x - 4$. Calculons si les coordonnées de C vérifient l'équation de D_2.

Si $x = 3$ alors $y = 3 \times 3 - 4 = 5$ $\quad (3 ; 5)$

C(3 ; 5) appartient à D_2.

b. D_2 passe par C et son ordonnée à l'origine est –4 donc D_2 passe aussi par E(0 ; –4).

4. Les coordonnées de J vérifient les équations de D_1 et D_2

$$\begin{cases} y = -\dfrac{3}{2}x - 1 \\ y = 3x - 4 \end{cases} \qquad \begin{cases} 3x - 4 = -\dfrac{3}{2}x - 1 \\ y = 3x - 4 \end{cases} \qquad \begin{cases} x = \dfrac{2}{3} \\ y = -2 \end{cases}$$

$$\mathbf{J}\left(\frac{\mathbf{2}}{\mathbf{3}} \, ; -\mathbf{2}\right).$$

5. K est le milieu de [IJ]

$$x_K = \frac{x_I + x_J}{2} \quad \text{et} \quad y_K = \frac{y_I + y_J}{2}$$

$$x_K = \frac{-1 + \dfrac{2}{3}}{2} \qquad y_K = \frac{\dfrac{1}{2} - 2}{2}$$

$$x_K = -\frac{1}{3} \times \frac{1}{2} \qquad y_K = -\frac{3}{2} \times \frac{1}{2}$$

$$x_K = -\frac{1}{6} \qquad y_K = -\frac{3}{4}$$

$$\mathbf{K}\left(-\frac{\mathbf{1}}{\mathbf{6}}, -\frac{\mathbf{3}}{\mathbf{4}}\right).$$

13. Fonctions

I. Définition

Une fonction f définie sur un ensemble $\mathcal{D}$ associe à chaque nombre x de $\mathcal{D}$ un nombre réel et un seul, $f(x)$.

On note $f : \mathcal{D} \to \mathbb{R}$ $\quad \mathbb{R}$ = ensemble des nombres réels.
$\qquad x \mapsto f(x)$

• $\mathcal{D}$ est appelé **ensemble de définition** de la fonction et noté $\mathcal{D}_f$ (certaines valeurs de x sont **interdites**, elles ne permettent pas d'obtenir $f(x)$).

• Le nombre $f(x)$ est appelé, **image de x par f.**

• x est la **variable**. On peut aussi utiliser d'autres lettres.

Quelques exemples de fonctions :

• Fonction **linéaire** (traduit la proportionnalité)
$f : x \mapsto ax$ (a est un nombre fixé); $\mathcal{D}_f = \mathbb{R}$.

Exemple : $f : x \mapsto 2x$ ou $f(x) = 2x$.

• Fonction **affine** : $g : x \mapsto ax + b$ (a et b sont des nombres fixés).

Exemple : $g(x) = 3x - 2$; $\mathcal{D}_g = \mathbb{R}$.

• Fonction **racine carrée** : $h : x \mapsto \sqrt{x}$; $\mathcal{D}_h = \mathbb{R}^+$ (la racine carrée d'un nombre strictement négatif n'existe pas.)

• Fonction inverse : $i : x \mapsto \frac{1}{x}$; $D_i = \mathbb{R} \backslash \{0\}$ ou $\mathbb{R}^*$ (ensemble des nombres non nuls).

II. Représentation graphique d'une fonction

Le plan est muni d'un repère orthogonal $(O ; \vec{i}, \vec{j})$.
Soit une fonction f définie sur $\mathcal{D}$.
L'ensemble des points $M(x ; y)$ du plan tels que $x \in \mathcal{D}$ et $y = f(x)$ constitue **la courbe qui représente graphiquement la fonction f.**

Exemples :

• $g(x) = 3x - 2$. Il s'agit d'une fonction affine dont la représentation graphique est une **droite**. Il suffit de déterminer les coordonnées de 2 points de cette droite. (Si $x_A = 0$ alors $g(0) = 3(0) - 2 = -2$; si $x_B = 2$ alors $g(2) = 3(2) - 2 = 4$). On peut aussi réaliser un tableau de valeurs :

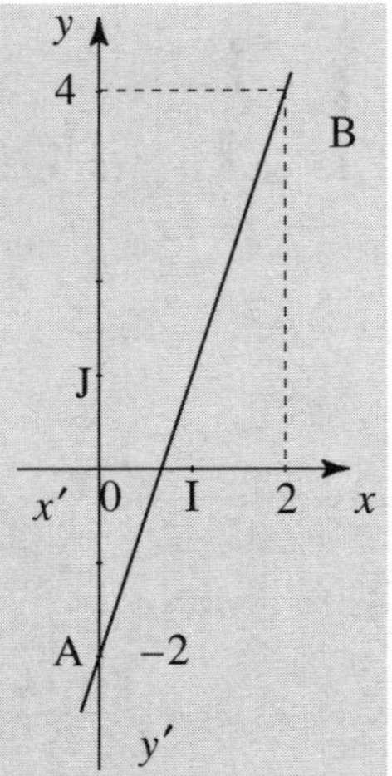

points	A	B
x	0	2
$g(x) = y$	–2	4

• $h(x) = \sqrt{x}$. La représentation graphique de cette fonction est une demi-parabole d'axe horizontal et de sommet O.

Tableau de valeurs :

Si $x = 0{,}5$ alors

$h(x) = \sqrt{0{,}5} = \sqrt{0{,}5} \approx 0{,}7$ etc.

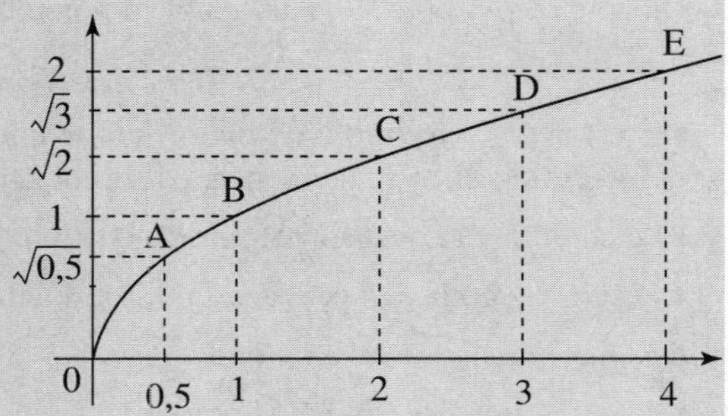

points	A	B	C	D	E
x	0,5	1	2	3	4
$h(x) = y$	$\sqrt{0{,}5}$	1	$\sqrt{2}$	$\sqrt{3}$	2

Exercices d'entraînement

1. On considère la fonction rationnelle F définie par :

$$F(x) = \frac{(10 - 5x)(1 - x^2)}{(2x - 4)(x^2 + 2x + 1)}.$$

a. **Déterminer l'ensemble de définition de cette fonction et simplifier son écriture.**

b. **Calculer $F\left(\frac{3}{2}\right)$.**

2. Une personne est payée 8 580 F net pour avoir travaillé 4 semaines de 39 heures chacune.

a. **Calculer son salaire horaire.**

b. **Quelle est l'application linéaire permettant de calculer le salaire en fonction du nombre d'heures de travail ?**

c. **Représenter cette fonction graphiquement et déterminer par lecture sur le graphique le salaire perçu pour 7 heures, puis le nombre d'heures effectuées pour un salaire de 825 F.**

3. Un placement rapporte en intérêt annuel 7,5 % du capital déposé.

a. **Déterminer la fonction linéaire qui permet de calculer les intérêts I en fonction du capital C.**

b. **Calculer les intérêts annuels rapportés par un capital de 5 000 F; 12 000 F; 75 000 F.**

c. **Quelle somme avait-on placé si on a reçu un intérêt annuel de 1 875 F?**

d. **Cette année, le taux de placement a changé, et un capital de 55 000 F a rapporté 4 675 F d'intérêt. Quel est ce taux?**

4. Représenter graphiquement les fonctions suivantes :

$f(x) = 2x$; $g(x) = 2x + 3$; $h(x) = 3x - \frac{1}{2}$ et $i(x) = -\frac{1}{3}x - 2$.

Que dire des positions relatives de ces droites? Justifier.

5. Deux sociétés de location de voitures A et B offrent le choix à leurs clients entre deux tarifs :

tarif A : 150 F par jour plus 2,50 F par km parcouru;
tarif B : 200 F par jour plus 2 F par km parcouru.

a. Un client loue une voiture pour une journée à la société A.
Combien paiera-t-il s'il parcourut 50 km? 100 km? 200 km?

b. **Quelle somme $f(x)$ paiera-t-il s'il parcourt x km?**

c. **Représenter dans un repère orthogonal (1 cm pour 50 km en abscisses et 1 cm pour 100 F en ordonnée) les trois points représentant les solutions de la question *a.*, puis la demi-droite (*D*) représentant l'application *f*.**

Que remarque-t-on?

d. **Calculer le coût de la location pour une journée par la société B lorsqu'on parcourt 50 km. Même question pour un parcours de 100 km.**

e. **Quelle somme $g(x)$ paiera-t-il pour parcourir x km?**

f. **Représenter graphiquement dans le repère précédent la fonction *g* pour les valeurs de *x* positives ou nulles.**

g. **Déterminer graphiquement pour quelle distance il aurait à payer la même somme dans les deux cas.**

h. Le client a payé à la société A, pour une journée, 850 F.
Quelle distance a-t-il parcourue?

6. Sur le trajet Rouen-Paris aller et retour, la SNCF propose deux formules : prix de l'aller et retour : 154 F par voyage ou carte d'abonnement de 1 092 F et 70 F par voyage.

a. **Si l'on désigne par x le nombre de voyages et par $f(x)$ et $g(x)$ le prix payé, déterminer les deux fonctions correspondant aux différentes formules de la SNCF.**

b. **Au bout de combien de voyages l'abonnement à la carte devient-il intéressant?**
Quelle est la solution la plus avantageuse au-dessous de ce nombre limite de voyages?

c. **Vérifier les résultats par un graphique.**

7. On considère la figure suivante :

AB = 2 cm; CD = 3 cm; AE = 2 cm; EH = x cm.

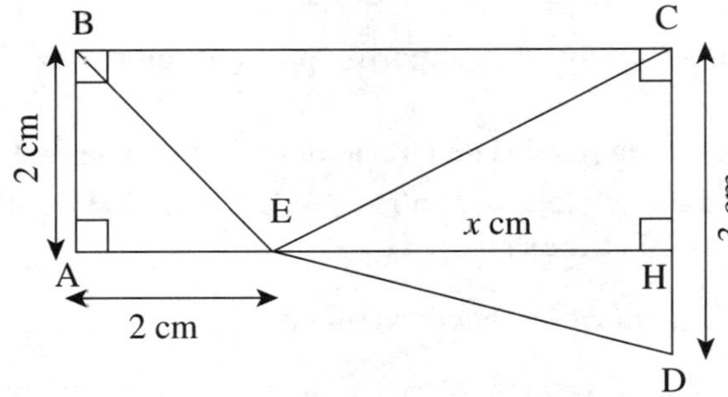

On se propose de comparer les aires des trois triangles AEB, BEC et CED quand la longueur x varie.

a. **Calculer l'aire S_1 du triangle AEB.**

Calculer BC en fonction de x.

Calculer en fonction de x, les aires S_2 et S_3 des triangles BEC et CED.

b. **Dans un repère orthonormal (unités 1 cm sur chaque axe), tracer les représentations graphiques D_1, D_2 et D_3 des applications définies par :**

$$f_1(x) = 2\,;\ f_2(x) = x+2\,;\ f_3(x) = \frac{3x}{2}.$$

c. **Calculer les coordonnées des points d'intersection des droites D_1 et D_3 puis D_2 et D_3.**

d. **Utiliser les représentations graphiques de la question 2 pour répondre aux questions suivantes :**

I. **Pour quelle valeur de x a-t-on $S_2 = S_3$?**

Que vaut alors chacune de ces deux aires?

II. **Peut-on avoir $S_1 = S_2 = S_3$? Justifier la réponse.**

III. **Pour $0 \leqslant x \leqslant \frac{4}{3}$, ranger par ordre croissant les trois aires. Justifier la réponse.**

IV. **Comparer également ces trois aires pour $x > \frac{4}{3}$. Justifier la réponse.**

8. Dans un lac d'une profondeur maximale de 80 m, la température de l'eau diminue de 2° tous les 15 mètres. La température en surface est de 18 °C.

a. **Exprimer la température $t(x)$ en fonction de la profondeur x, en mètres.**

b. **Représenter graphiquement cette fonction.**

c. **A partir de quelle profondeur la température est-elle inférieure à 8 °C?** (réponse déduite du graphique et vérifiée par le calcul).

9. Certains jours, un particulier effectue un trajet donné en autocar. La compagnie de transports propose trois formules :

– formule A : le billet ordinaire, sans réduction, valable pour un trajet, coûte 4 F;

– formule B : la carte « demi-tarif » coûte 30 F par mois; le voyageur qui s'en est muni dépense 2 F pour l'achat d'un billet;

– formule C : la carte « abonnement » qui permet d'effectuer le trajet sans achat de billet coûte 80 F par mois.

On désigne par n le nombre de jours où le voyageur fait son trajet habituel dans le mois et par p la somme dépensée, en francs, dans le mois.

a. Quelle est la somme la plus avantageuse dans chacun des trois cas suivants :

I. $\boldsymbol{n = 30}$; ii. $\boldsymbol{n = 20}$; iii. $\boldsymbol{n = 10}$.

b. **Exprimer p en fonction de n :**

I. Lorsque le voyageur adopte la formule A;

II. Lorsqu'il adopte la formule B.

c. **Dans le système d'axes perpendiculaires suivant : $x'Ox$ et $y'Oy$ avec :**

$$\begin{cases} 5 \text{ cm pour } 10 \text{ unités sur l'axe } x'Ox \\ 1 \text{ cm pour } 10 \text{ unités sur l'axe } y'Oy. \end{cases}$$

Pour $0 \leqslant x \leqslant 30$ **représenter graphiquement les droites D_1, D_2 et D_3** d'équations respectives : $y = 4x$; $y = 2x + 30$; $y = 80$.

d. **Indiquer suivant les valeurs de x quelle est la formule la plus avantageuse (à partir du graphique).**

10. On considère l'expression :

$y = f(x) = |2x + 1| + |x - 1|$ (où l'on rappelle que la notation $|x|$ désigne la valeur absolue de x).

a. **Indiquer les différentes formes que peut prendre $f(x)$.**

b. **Déduire de la question précédente le graphe de $y = f(x)$.**

Corrigés

1. *a.* On factorise le numérateur et le dénominateur de cette fonction rationnelle afin de déterminer son ensemble de définition :

$$F(x) = \frac{-5(x-2)(1-x)(1+x)}{2(x-2)(x+1)(x+1)}.$$

$F(x)$ n'existe pas pour les valeurs qui rendent nul son dénominateur c'est-à-dire : 2 et – 1 ($x - 2 = 0$ si $x = 2$ et $x + 1 = 0$ si $x = -1$). L'ensemble de définition de cette fonction est $\mathcal{D}_F = \mathbb{R} \backslash \{2\,;-1\}$ (tous les nombres réels sauf 2 et –1).

Sur $\mathcal{D}_F$ on peut simplifier $F(x)$ on obtient alors $F'(x)$ (on supprime les facteurs communs $x - 2$ et $x + 1$).

$$F'(x) = \frac{-5(1-x)}{2(x+1)}.$$

b. $$F\left(\frac{3}{2}\right) = F'\left(\frac{3}{2}\right) = \frac{-5\left(1-\frac{3}{2}\right)}{2\left(\frac{3}{2}+1\right)} = \frac{-5\left(-\frac{1}{2}\right)}{2\left(\frac{5}{2}\right)} = \frac{\frac{5}{2}}{5} = \frac{5}{2} \times \frac{1}{5} = \mathbf{\frac{1}{2}}.$$

2. *a.* Nombre d'heures de travail

$39 \times 4 = 156.$

Salaire horaire, en francs :

8 580 : 156 = **55**.

b. Si x est le nombre d'heures et f la fonction qui permet de calculer le salaire en fonction du nombre d'heures on a : $\boldsymbol{f(x) = 55x}$.

c.

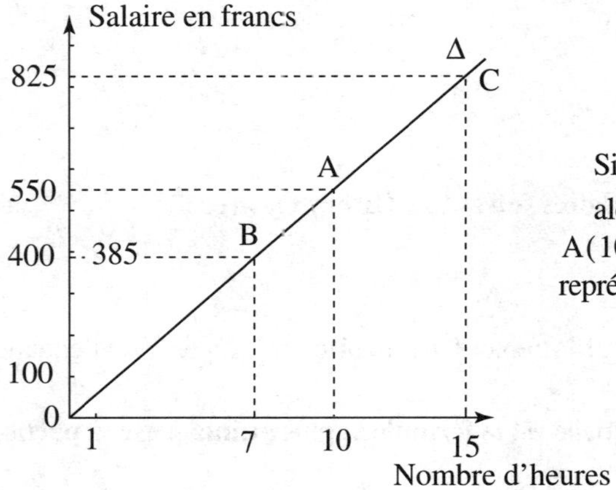

Si $x = 10$

alors $y = f(10) = 55 \times 10 = 550$

$A(10\ ;\ 550)$ et 0 sont 2 points de (Δ) représentation graphique de f.

Pour 7 heures, le salaire est **385 F** (ordonnée du point B de (Δ) d'abscisse 7).

Pour un salaire de 825 F, il a travaillé **15 heures.**

(abscisse du point C de (Δ) d'ordonnée 825).

3. *a.* $7{,}5\ \% = \dfrac{7{,}5}{100} = \mathbf{0{,}075}$.

Si C est le capital et f la fonction linéaire qui permet de calculer le montant des intérêts en fonction du capital on a : $f(\mathrm{C}) = 0{,}075\ \mathrm{C}$.

b. et *c.* On peut présenter les réponses dans un tableau de proportionnalité.

C	5 000	12 000	75 000	**25 000**
f(C)	**375**	**900**	**5 625**	1 875

× 0,075   **: 0,075**

d. Intérêts = Taux × Capital

$\dfrac{\text{Intérêts}}{\text{Capital}} = \text{Taux}.$

Nouveaux taux : $\dfrac{4\ 675}{55\ 000} = \mathbf{0{,}085}$ soit **8,5 %.**

4. La courbe représentative de la fonction $f(x)$ est **une droite** Δ_f qui passe par l'origine O du repère et par un point A(2 ; 4).

En effet, si $x_A = 2$ alors $y_A = f(2) = 2 \times 2 = 4$.

La courbe représentative de $g(x)$ est une **droite** Δ_g qui passe par les points B et C.

Si $x_B = 0$ alors $y_B = g(0) = 2 \times 0 + 3 = 3$ donc B(0 ; 3).

Si $x_C = -2$ alors $y_C = g(-2) = 2(-2) + 3 = -4 + 3 = -1$ donc C(–2 ; –1).

Les droites Δ_f et Δ_g sont **parallèles.** Leurs équations, $y = 2x$ et $y = 2x + 3$ ont le même coefficient directeur 2.

La courbe représentative de la fonction $h(x)$ est une **droite** Δ_h qui passe par les points D et B. Si $x_D = 0$ alors $y_D = h(0) = 3(0) - \frac{1}{2} = -\frac{1}{2}$ donc $D\left(0\,;-\frac{1}{2}\right)$.

Si $x_E = 2$ alors

$y_E = h(2) = 3(2) - \frac{1}{2} = 6 - \frac{1}{2} = \frac{11}{2}$ donc $E\left(2\,;\frac{11}{2}\right)$.

La courbe représentative de la fonction $i(x)$ est une **droite** Δ_i qui passe par les points G et H. Si $x_G = 0$ alors $y_G = i(0) = \frac{1}{2}(0) - 2 = 2$ $G(0\,;-2)$.

Si $x_H = -3$ alors $y_H = i(-3) = -\frac{1}{3}(-3) - 2 = 1 - 2 = -1$ donc $H(-3\,;-1)$.

Les droites Δ_h et Δ_i sont **perpendiculaires**. Leurs équations $y = 3x - \frac{1}{2}$ et $y = -\frac{1}{3}x - 2$ ont des coefficients directeurs dont le produit est égal à -1 : $\left(3 \times \left(-\frac{1}{3}\right) = -\frac{3}{3} = -1\right)$.

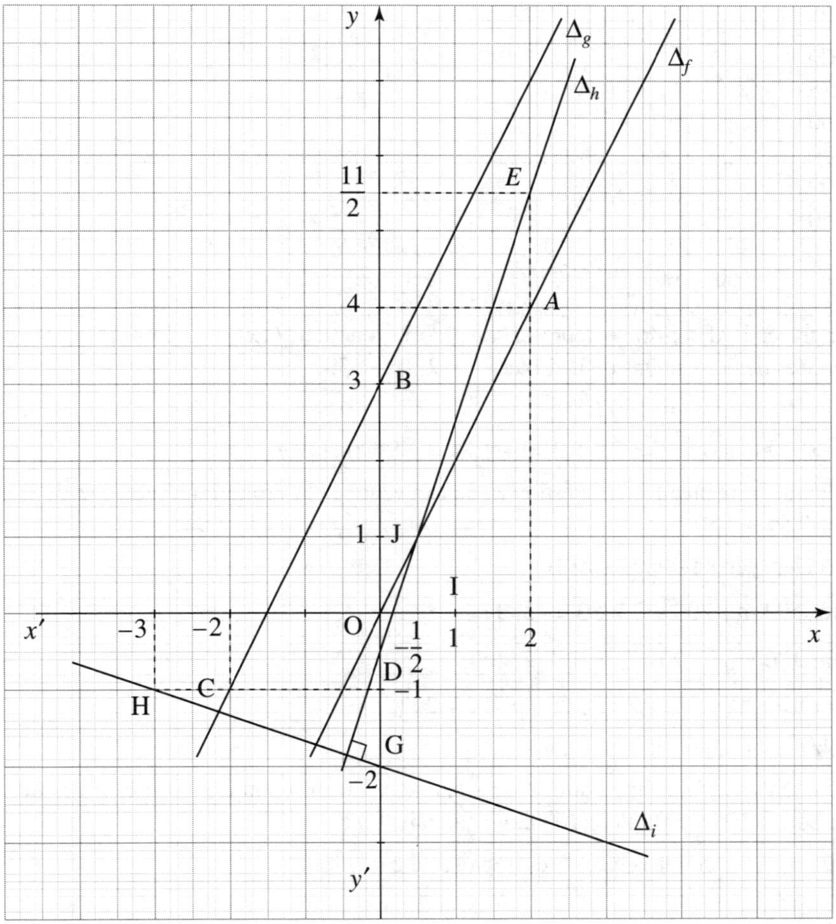

5. *a.* Prix à payer en francs, tarif A

- pour 50 km : $150 + 2{,}5 \times 50 = \mathbf{275}$ **;**
- pour 100 km : $150 + 2{,}5 \times 100 = \mathbf{400}$ **;**
- pour 200 km : $150 + 2{,}5 \times 200 = \mathbf{650.}$

b. Somme payée avec le tarif A pour *x* km :

$$f(x) = 150 + 2{,}5x$$

ou

$$\mathbf{f(x) = 2{,}5x + 150.}$$

c.

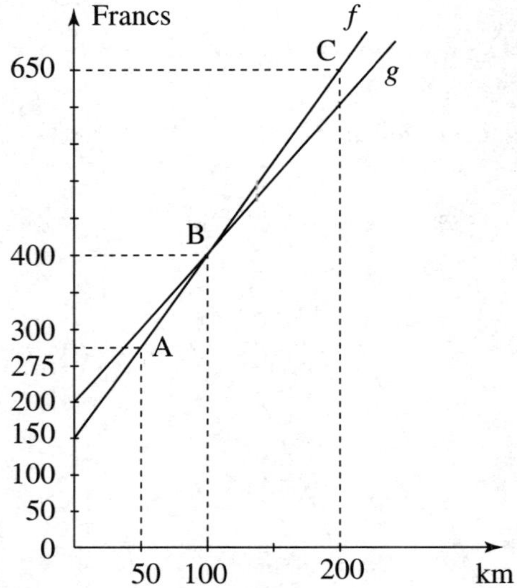

Pour tracer la demi-droite représentative de la fonction $f(x) = 2{,}5x + 150$, calculons les coordonnées de deux points de la droite $y = 2{,}5x + 150$:

si $x = 0$, alors $y = 150$;

si $x = 100$, alors $y = 2{,}5 \times 100 + 150 = 400$ (le point B).

Les points répondant à la question *a.* se trouvent sur la droite représentative de la fonction $f(x) = 2{,}5x + 150$.

d. Prix à payer, en francs, tarif B :

- pour 50 km : $200 + 2 \times 50 = \mathbf{300}$ **;**
- pour 100 km : $200 + 2 \times 100 = \mathbf{400.}$

e. $g(x) = 200 + 2 \times x$ ou $\mathbf{g(x) = 2x + 200.}$

f. Voir le graphique : demi-droite *g*.

g. Il aurait payé la même somme dans les deux cas au point d'intersection des deux demi-droites. Soit B(100 ; 400). Pour 100 km il paierait 400 F.

h. Le prix à payer à la société A est représenté par la fonction *f*.

$$f(x) = 2{,}5x + 150$$

donc $2{,}5x + 150 = 850$

$$2{,}5x = 850 - 150$$

$$2{,}5x = 700$$

$$x = \frac{700}{2{,}5}$$

$$x = 280.$$

Le client a parcouru **280 km.**

6. *a.* Tarif normal : $f(x) = 154x$.

Tarif avec carte : $g(x) = 1\,092 + 70x$.

b. On a l'inéquation à résoudre :

$$f(x) > g(x)$$

$$154x > 1\,092 + 70x$$

$$154x - 70x > 1\,092$$

$$\boldsymbol{x > 13.}$$

Au-dessus de 13 voyages la carte est plus intéressante.
Au-dessous de 13 voyages le tarif normal est plus intéressant.

c. La droite qui représente $f(x)$ est placée sous la droite qui représente $g(x)$ avant le point A d'abscisse 13. C'est donc $f(x)$ qui est alors la moins chère. C'est ensuite l'inverse.

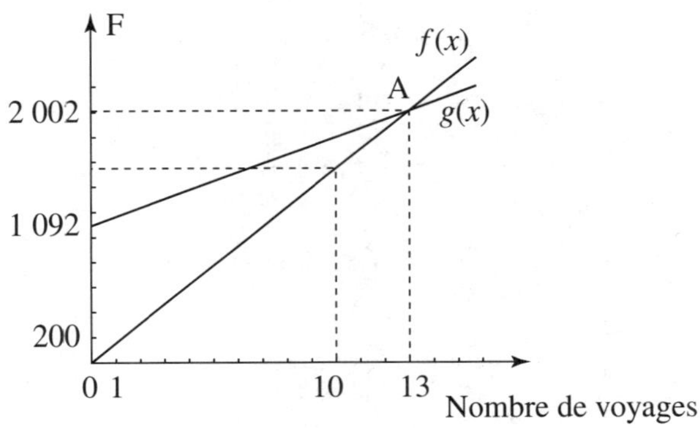

7. *a.* $S_1 = \frac{AB \times AE}{2} = \frac{2 \times 2}{2} = \mathbf{2.}$

$S_2 = \frac{BC \times BA}{2} = \frac{(2+x)2}{2} = \mathbf{2 + x.}$

$S_3 = \frac{CD \times EH}{2} = \frac{3 \times x}{2} = \mathbf{\frac{3x}{2}}.$

b.

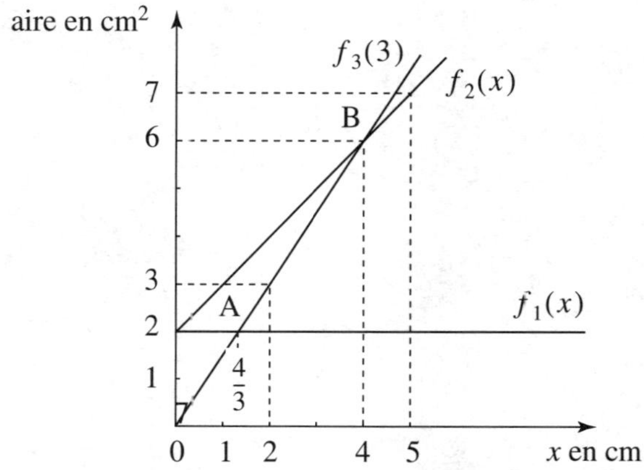

c. Soit A le point d'intersection des droites D_1 et D_3.

$\frac{3x}{2} = 2$, d'où $x = 2 \times \frac{2}{3}$;

$x = \frac{4}{3}$ et $y = 2$;

$$\mathbf{A\left(\frac{4}{3} ; 2\right).}$$

Soit B le point d'intersection des droites D_2 et D_3.

$$2 + x = \frac{3x}{2} \quad \text{ou} \quad \frac{3x}{2} - x = 2$$

d'où $x = 4$ et $y = 4 + 2 = 6$;

$$\mathbf{B(4 ; 6).}$$

d. I. $S_2 = S_3$ si $x = 4$ cm. Les aires valent alors 6 cm².

II. Les droites représentatives de $f_1(x)$, $f_2(x)$ et $f_3(x)$ ne sont pas concourantes; en conséquence, on ne peut avoir $S_1 = S_2 = S_3$.

III. Pour $0 \leqslant x \leqslant \frac{4}{3}$, $S_3 \leqslant S_1 \leqslant S_2$. Les droites étant dans cet ordre les unes « au-dessus » des autres.

IV. Pour $\frac{4}{3} < x < 4$, $S_1 \leqslant S_3 \leqslant S_2$; pour $x > 4$, $S_1 < S_2 < S_3$.

8. *a.* $t(x) = 18 - \frac{2}{15}x$ ou $t(x) = -\frac{2}{15}x + 18$.

Il s'agit d'une fonction affine.

b. La représentation graphique de cette fonction est une **droite** Δ_t passant par A(0 ; 18) et B(60 ; 10). En effet si $x_A = 0$ alors $y_A = t(0) = 18 - \frac{2}{15} \times 0 = 18$;

et si $x_B = 60$ alors $y_B = t(60) = 18 - \frac{2}{15} \times 60 = 18 - 8 = 10$.

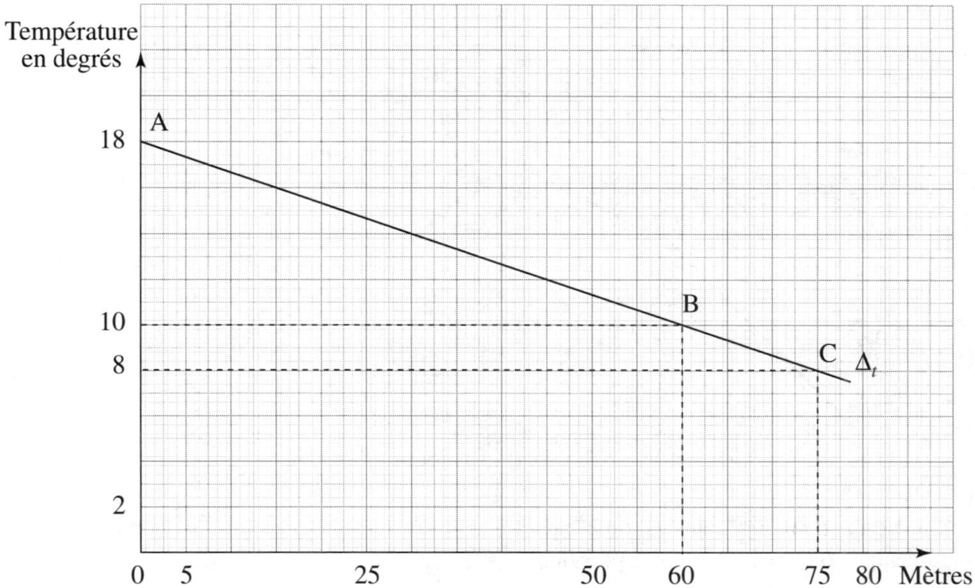

c. A partir de 75 mètres de profondeur la température de l'eau sera inférieure à 8 °C. Le point C de (Δ_t) et d'ordonnée 8 a une abscisse de 75. La fonction $t(x)$ est décroissante sur l'intervalle des valeurs de x, en mètres : [0 ; 80]. La température continuera donc de baisser entre 75 et 80 m.

Par le calcul on résout l'inéquation :

$$18 - \frac{2}{15}x < 8$$

$$-\frac{2}{15}x < 8 - 18$$

$$x > -10 \times \left(-\frac{15}{2}\right)$$

$$\boldsymbol{x > 75.}$$

Pour une profondeur supérieure à 75 m la température est inférieure à 8 °C.

9. *a.*

	Formule A	Formule B	Formule C
$n = 30$	120	30 + 2(30) = 90	**80** (entouré)
$n = 20$	80	30 + 2(20) = **70** (entouré)	80
$n = 10$	**40** (entouré)	30 + 2(10) = 50	80

Nous avons entouré dans chaque cas la formule la moins chère.

*b.*I. Dans la formule A : $p = 4n$.

II. Dans la formule B : $p = 30 + 2n$.

Dans la formule C : $p = 80$.

c.

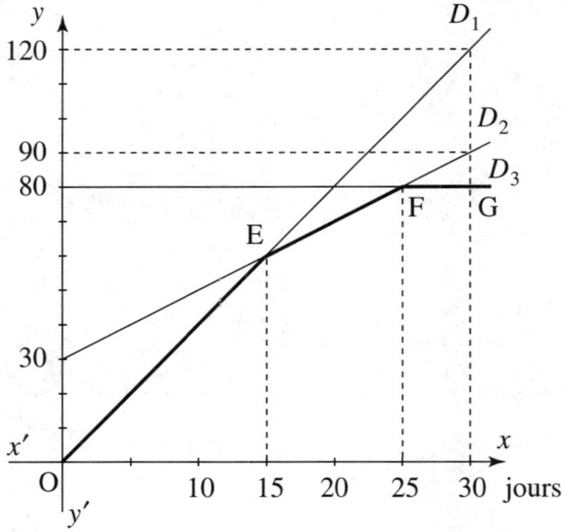

d. Le prix étant en ordonnées, on a intérêt à se trouver sur la droite qui est la plus « basse » possible, qui correspond au prix le plus faible.

Nous avons tracé, d'un trait un peu plus gros, la situation optimale. C'est la ligne brisée OEFG.

De 0 à 15 jours la formule A est la plus avantageuse.

De 15 à 25 jours c'est la formule B qui s'avère être la plus avantageuse.

Au delà de 25 jours on a intérêt à prendre la formule C.

10. *a.* On détermine les valeurs de x qui annulent les expressions en valeur absolue :

$$2x + 1 = 0 \text{ si } x = -\frac{1}{2} \,;\; x - 1 = 0 \text{ si } x = 1.$$

Rappel : $|x| = x$ si $x > 0$ et $|x| = -x$ si $x < 0$.

Le tableau ci-dessous récapitule les différentes formes que peut prendre $f(x)$ sur l'intervalle $[-\infty\,;+\infty]$.

x	$-\infty$	$-\frac{1}{2}$		1	$+\infty$
$\lvert 2x+1 \rvert$	$-2x-1$	0	$2x+1$		$2x+1$
$\lvert x-1 \rvert$	$-x+1$		$-x+1$	0	$x-1$
$y = f(x)$	$-3x$		$x+2$		$3x$

b. On trace les 3 droites :

$(D_1) : y = -3x$ sur $x \leqslant -\frac{1}{2}$

$(D_2) : y = x + 2$ sur $-\frac{1}{2} \leqslant x \leqslant 1$

$(D_3) : y = 3x$ sur $x \geqslant 1$.

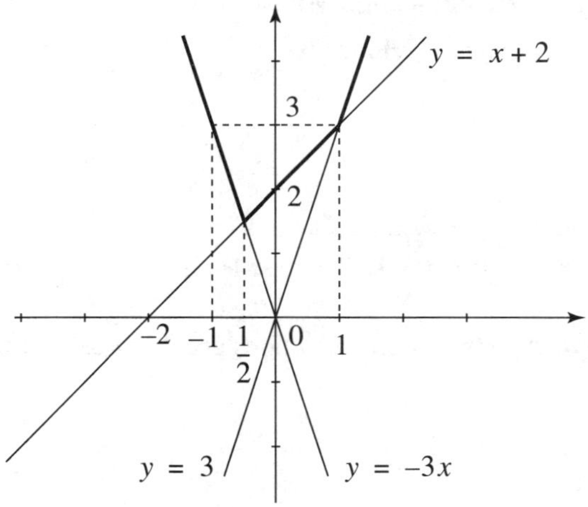

Sujets de concours

1. Adjoint administratif territorial, 1996.

Soit la fonction rationnelle F définie dans $\mathbb{R}$ par :

$$F(x) = \frac{(2x-5)^2 - (20-8x) + (5-2x)(-10x+13)}{4(2x-3)^2 - (1-2x)^2}.$$

a. **Écrire chacun des termes de $F(x)$ sous forme d'un polynôme développé, réduit et ordonné suivant les puissances décroissantes de x.**

b. **Factoriser le numérateur puis le dénominateur de $F(x)$.**

c. **Déterminer l'ensemble de définition de $F(x)$. Cet ensemble sera noté $\mathscr{D}_F(x)$.**

d. **On considère la fraction rationnelle :**

$$G(x) = \frac{(2x-5)(4-3x)}{(4x-10)(6x-7)}$$

I. **Comparer les ensembles de définition de $F(x)$ et de $G(x)$.**

II. **Dans son ensemble de définition, simplifier $G(x)$. On notera $G'(x)$ la forme simplifiée.**

III. **Résoudre dans $\mathbb{R}$, l'équation $G'(x) = 0$.**

IV. **Résoudre dans $\mathbb{R}$, l'inéquation $G'(x) > 0$.**

2. Agent technique PTT, 1982.

On considère l'application G de $\mathbb{R}$ dans $\mathbb{R}$ définie par :

$$G(x) = \frac{\dfrac{x}{x-1} - \dfrac{1}{x+1}}{\dfrac{2x^2}{x^2-1}}.$$

a. **Déterminer le domaine de définition $\mathscr{D}$ de cette fonction.**

b. **Soit G' la fonction simplifiée de G sur $\mathscr{D}$: déterminer $G'(x)$.**

c. **Exprimer $G'(1+\sqrt{2})$ sous la forme d'un nombre réel dont le dénominateur est un entier.**

3. Agent technique des Parcs nationaux, Ministère de l'Environnement, 1995.

On considère les fonctions numériques :

$f(x) = 4x - 1$

$g(x) = -0{,}5x + 6$

$h(x) = -0{,}5x$

a. **Calculer $f(0)$, $g(0)$, $h(0)$; $f(2)$, $g(2)$, $h(2)$.**

b. **Dans un repère orthonormé (O, I, J), tracer les représentations graphiques de f, g, h, (échelle : 1 unité = 1 cm).**

c. **Que remarquez-vous pour les représentations graphiques de g et h?**

4. Divers, 1997

Un loueur de Vélos Tout Terrain affiche les tarifs suivants :
tarif 1 : 800 F la semaine,
tarif 2 : 60 F l'heure,
tarif 3 : abonnement forfaitaire de 250 F la semaine, auquel il faut ajouter 30 F de l'heure.

a. **Antoine envisage de louer un VTT 26 heures dans la semaine. Vincent envisage d'en louer un 3 h par jour du lundi au vendredi inclus.**

I. **Quel est le prix à payer pour une semaine par Antoine, pour chacun des tarifs?**

II. **Même question pour Vincent.**

b. **On désigne par x le nombre d'heures d'utilisation du VTT en une semaine. Exprimer, en fonction de x, le prix à payer :**

- $f(x)$ pour le *tarif 1.*
- $g(x)$ pour le *tarif 2.*
- $h(x)$ pour le *tarif 3.*

c. **Représenter graphiquement le prix à payer en fonction du nombre d'heures d'utilisation pour chaque cas.**

d. **Une personne dispose d'un budget de 700 F. A l'aide du graphique, trouver pendant combien d'heures elle peut louer un VTT dans chaque tarif. Vérifier par le calcul.**

e. **Indiquer, à l'aide du graphique, la solution la plus avantageuse, suivant le nombre d'heures de location en une semaine.**

5. Garde-pêche du Conseil supérieur de la pêche, 1995.

On donne un carré C de côté x cm. Parallèlement à chacun de ses côtés, on mène les deux droites situées à la distance a cm de ce côté. On obtient un carré C_1 extérieur à C et un carré C_2 intérieur à C. On suppose $x \geqslant 2a$.

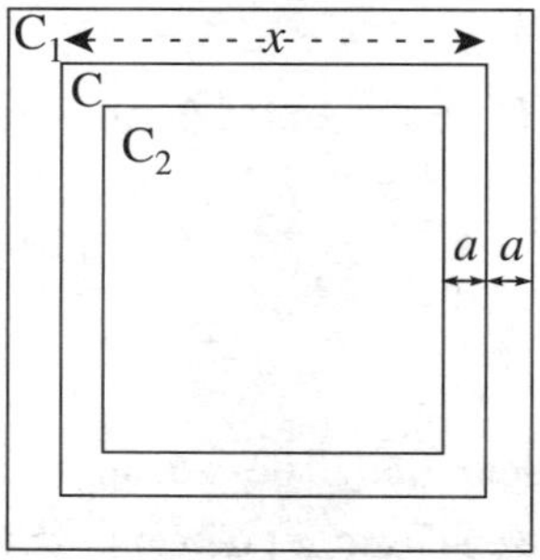

a. **Évaluer, en fonction de x et de a, les dimensions des côtés des carrés C_1 et C_2. Évaluer l'aire de C_1 et celle de C_2.**

b. **Calculer l'aire Y comprise entre C_1 et C, et l'aire Z comprise entre C et C_2.**

c. On donne $a = \frac{1}{2}$. **Représenter dans un même repère :**

les variations de Y et Z en fonction de x. Montrer par le calcul que Y et Z sont liés par une relation indépendante de x; le graphique laissait-il prévoir cette relation?

6. Adjoint administratif de Chancellerie, Ministère des Affaires étrangères, 1996.

Un magasin fait une remise de 10 % sur tous ses articles.

a. **Calculer le nouveaux prix d'un article qui valait 40 F.**

b. **Soit X l'ancien prix d'un article et $F(X)$ son prix soldé. Exprimer $F(X)$ en fonction de X.**

c. **Quel était le prix d'un article qui vaut maintenant 27 F?**

d. **Représenter graphiquement F :** (on prendra 1 cm pour 10 F sur l'axe des abscisses et sur l'axe des ordonnées).

e. **Utiliser le graphique pour trouver l'ancien prix d'un article qui vaut maintenant 45 F.**

Corrigés

1. *a.* Numérateur de $F(x) = (2x-5)^2 - (20-8x) + (5-2x)(-10x+13)$

$$= 4x^2 - 20x + 25 - 20 + 8x - 50x + 65 + 20x^2 - 26x$$
$$= 24x^2 - 88x + 70.$$

Dénominateur de $F(x) = 4(2x-3)^2 - (1-2x)^2$

$$= 4(4x^2 - 12x + 9) - (1 - 4x + 4x^2)$$
$$= 16x^2 - 48x + 36 - 1 + 4x - 4x^2$$
$$= 12x^2 - 44x + 35.$$

b. Numérateur de $F(x) = (2x-5)^2 - 4(5-2x) - (-5+2x)(-10x+13)$

$$= (2x-5)^2 + 4(2x-5) - (2x-5)(-10x+13)$$

⚠ La factorisation par –1 entraîne les changements de signes souhaités. $5-2x$ devient $-(-5+2x)$ ou $-(2x-5)$.

$$F(x) = (2x-5)[2x-5+4-(-10x+13)]$$
$$= (2x-5)(2x-5+4+10x-13)$$
$$= (2x-5)(12x-14)$$
$$= 2(2x-5)(6x-7)$$

Dénominateur de $F(x) = 4(2x-3)^2 - (1-2x)^2$

$$= 2^2(2x-3)^2 - (1-2x)^2$$

⚠ Expression de la forme $a^2 - b^2$ factorisable en $(a-b)(a+b)$.

$$\begin{aligned} &= [2(2x-3)-(1-2x)][2(2x-3)+(1-2x)] \\ &= (4x-6-1+2x)(4x-6+1-2x) \\ &= (6x-7)(2x-5). \end{aligned}$$

c. ⚠ Les valeurs de x qui annulent le dénominateur de $F(x)$ sont **interdites.**

$$\begin{aligned} 6x-7 &= 0 \\ 6x &= 7 \\ x &= \frac{7}{6} \end{aligned} \quad \text{et} \quad \begin{aligned} 2x-5 &= 0 \\ 2x &= 5 \\ x &= \frac{5}{2} \end{aligned}$$

Ensemble de définition de $F(x)$: $\mathcal{D}_{F(x)} = \mathbb{R} \setminus \left\{\frac{7}{6} ; \frac{5}{2}\right\}$.

*d.*I. Ensemble de définition de $G(x)$

$$\begin{aligned} 4x-10 &= 0 \\ 4x &= 10 \\ x &= \frac{10}{4} \\ x &= \frac{5}{2} \end{aligned} \quad \text{et} \quad \begin{aligned} 6x-7 &= 0 \\ 6x &= 7 \\ x &= \frac{7}{6} \end{aligned}$$

$\mathcal{D}_{G(x)} = \mathbb{R} \setminus \left\{\frac{5}{2} ; \frac{7}{6}\right\}$.

On remarque que $\mathcal{D}_{F(x)} = \mathcal{D}_{G(x)}$.

II. $G(x) = \dfrac{\cancel{(2x-5)}(4-3x)}{2\cancel{(2x-5)}(6x-7)}$ $\quad G'(x) = \dfrac{4-3x}{2(6x-7)}$.

III. $G'(x) = 0$ si le numérateur de cette fraction rationnelle est nul.

$$\begin{aligned} 4-3x &= 0 \\ 4 &= 3x \\ \frac{4}{3} &= x \end{aligned}$$

$\mathbf{\frac{4}{3}}$ **est la solution de l'équation $G'(x) = 0$.**

IV. ⚠ Une fraction est strictement positive si son numérateur et son dénominateur sont de même signe (la règle des signes du quotient est la même que celle du produit).

Tableau de signes :

x	$-\infty$	$\frac{7}{6}$		$\frac{4}{3}$	$+\infty$	
Signe de $4-3x$	$+$		$+$	0	$-$	$4-3x > 0$ si $x < 4/3$; $4-3x < 0$ si $x > 4/3$
Signe de $2(6x-7)$	$-$	0	$+$		$+$	$2(6x-7) > 0$ si $x > 7/6$; $2(6x-7) < 0$ si $x < 7/6$
Signe de $G'(x)$	$-$	$\Vert$	$+$	0	$-$	règle des signes du quotient

$G'(x)$ n'est pas définie car $\frac{7}{6} \notin \mathscr{D}_{G'(x)}$

$\left]\frac{7}{6} ; \frac{4}{3}\right[$ **est l'ensemble solution de l'inéquation $G'(x) > 0$.**

2. *a.* On détermine les valeurs de x interdites (celles qui rendent nuls les dénominateurs)

$x-1 = 0$ si $x = 1$; $x+1 = 0$ si $x = -1$;

$x^2-1 = (x-1)(x+1)$; 1 et -1 sont des valeurs de x interdites et $2x^2 = 0$ si $x = 0$.

Domaine de définition de cette fonction : $\mathscr{D}_G = \mathbb{R}\backslash\{-1 ; 0 ; 1\}$

b. $$G(x) = \frac{\dfrac{x(x+1)-(x-1)}{(x-1)(x+1)}}{\dfrac{2x^2}{(x+1)(x-1)}} = \frac{\dfrac{x^2+x-x+1}{(x-1)(x+1)}}{\dfrac{2x^2}{(x+1)(x-1)}} = \frac{x^2+1}{\cancel{(x-1)}\cancel{(x+1)}} \times \frac{\cancel{(x+1)}\cancel{(x-1)}}{2x^2}$$

$$G'(x) = \frac{x^2+1}{2x^2}$$

c. $$G'(1+\sqrt{2}) = \frac{(1+\sqrt{2})^2+1}{2(1+\sqrt{2})^2} = \frac{1+2\sqrt{2}+2+1}{2(1+2\sqrt{2}+2)} = \frac{4+2\sqrt{2}}{6+4\sqrt{2}} = \frac{\cancel{2}(2+\sqrt{2})}{\cancel{2}(3+2\sqrt{2})}$$

$$G'(1+\sqrt{2}) = \frac{2+\sqrt{2}}{3+2\sqrt{2}} = \frac{(2+\sqrt{2})(3-2\sqrt{2})}{\underbrace{(3+2\sqrt{2})(3-2\sqrt{2})}_{\text{expression conjuguée}}} = \frac{6-4\sqrt{2}+3\sqrt{2}-4}{3^2-(2\sqrt{2})^2} = \frac{2-\sqrt{2}}{9-8}.$$

$$\boldsymbol{G'(1+\sqrt{2}) = 2-\sqrt{2}.}$$

3. *a.*

$f(0) = 4(0)-1 = 0-1 = -1$	$f(2) = 4(2)-1 = 8-1 = 7$
$g(0) = -0{,}5(0)+6 = 0+6 = 6$	$g(2) = -0{,}5(2)+6 = -1+6 = 5$
$h(0) = -0{,}5(0) = 0$	$h(2) = -0{,}5(2) = -1$

b. A(0 ; -1) et B(2 ; 7) sont deux points de (Δ_1), représentation graphique de f.

C(0 ; 6) et D(2 ; 5) sont deux points de (Δ_2), représentation graphique de g.

0 et E(2 ; -1) sont deux points de (Δ_3) représentation graphique de h.

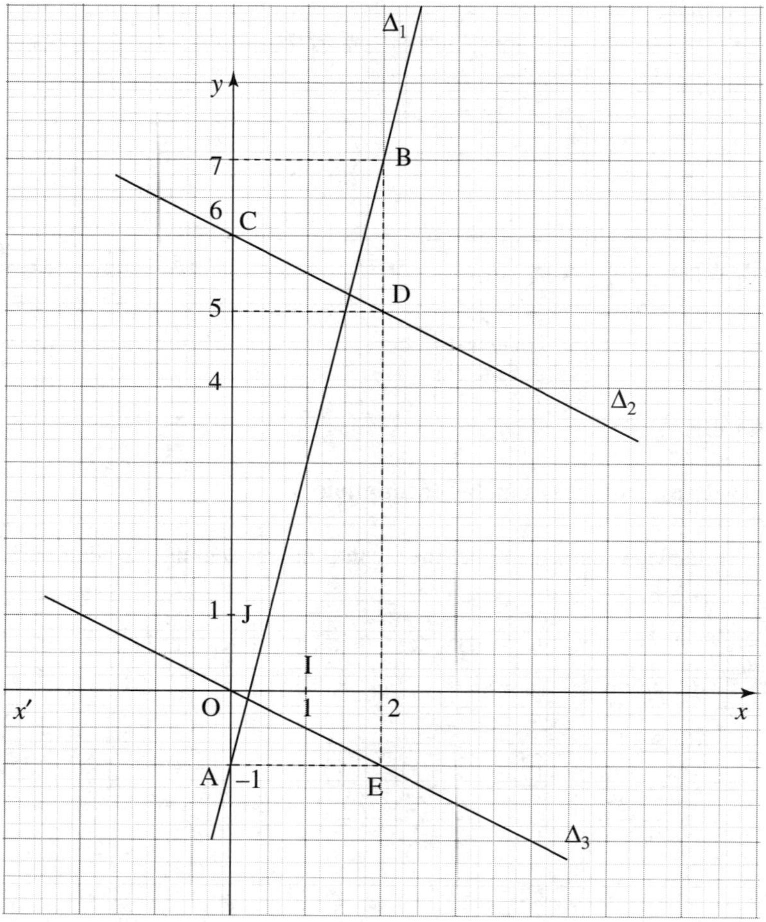

c. Δ_2 et Δ_3 sont des droites parallèles. Elles ont pour équations respectives $y = -0{,}5x + 6$ et $y = -0{,}5x$ et même coefficient directeur $m = -0{,}5$.

4. Prix à payer pour une semaine :

a. Par Antoine : tarif 1 : 800 F

tarif 2 : $26 \times 60 = 1\,560$ F

tarif 3 : $250 + 26 \times 30 = 1\,030$ F

Par Vincent : tarif 1 : 800 F

tarif 2 : $3 \times 5 \times 60 = 900$ F

tarif 3 : $250 + 3 \times 5 \times 30 = 700$ F

b. $f(x) = 800$; $g(x) = 60x$; $h(x) = 30x + 250$.

c.

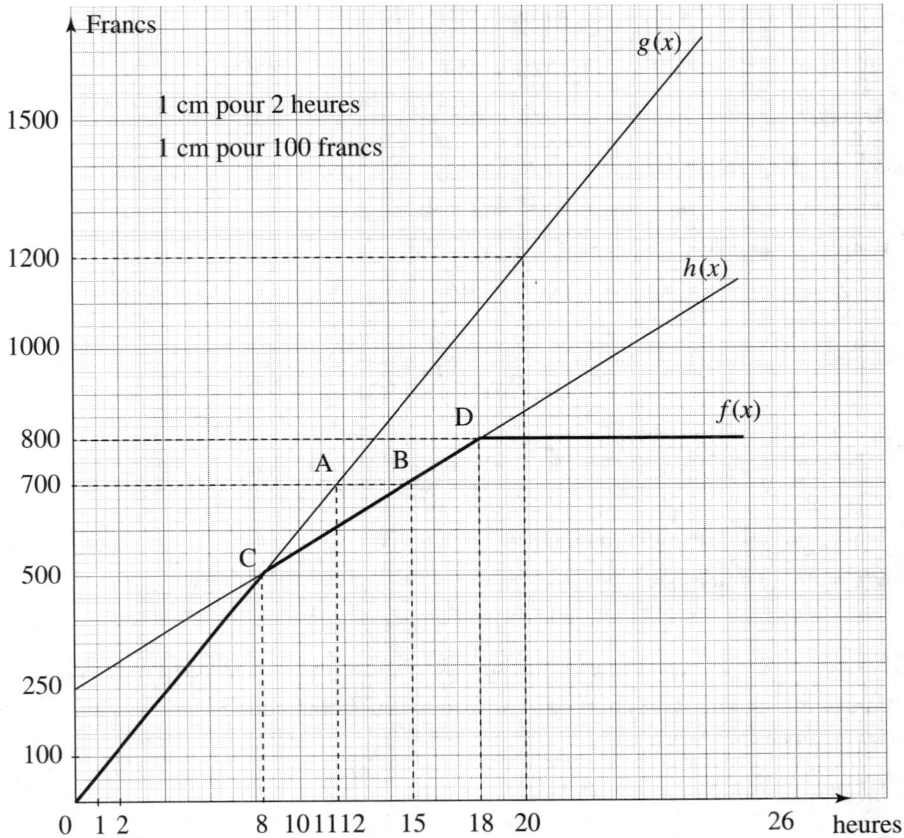

d. Avec le tarif 1 cette personne ne peut pas louer de VTT. Elle ne dispose pas d'une somme suffisante, $700 < 800$.

Avec le tarif 2 elle peut louer un VTT pendant 11 h. (le point A de $g(x)$ d'ordonnée 700 a une abscisse d'environ 11,5).

Vérification par le calcul : $g(x) = 60x$ ou $700 = 60x$

donc $x = \frac{700}{60}$; $x \approx 11{,}6$. La location s'effectuant à l'heure entière, elle peut donc louer 11 h.

Avec le tarif 3 elle peut louer un VTT pendant 15 h. (le point B de $h(x)$) d'ordonnée 700 a une abscisse de 15).

Vérification par le calcul : $h(x) = 30x + 250$ ou $700 = 30x + 250$ ou $700 - 250 = 30x$ ou $450 = 30x$ donc $x = \frac{450}{30}$; $x = 15$.

e. La solution la plus avantageuse correspond sur le graphique à l'ensemble des points dont les ordonnées sont les plus petites. (en gras sur le graphique)

De **0 à 8 heures** de location le **tarif 2** est le plus avantageux.

De **8 heures à 18 heures** le **tarif 3** est le plus avantageux.

Pour **plus de 18 heures** c'est le **tarif 1** (à la semaine) le plus avantageux.

5. *a.* C_1 a pour côté : $x + 2a$; C_2 a pour côté $x - 2a$.

Aire de C_1 : $\boldsymbol{(x + 2a)^2 = x^2 + 4ax + 4a^2}$.

Aire de C_2 : $(x - 2a)^2 = \boldsymbol{x^2 - 4ax + 4a^2}$.

b. L'aire Y = l'aire de C_1 – l'aire de C

$$Y = x^2 + 4ax + 4a^2 - x^2 = \boldsymbol{4ax + 4a^2}.$$

L'aire Z = l'aire de C – l'aire de C_2

$$Z = x^2 - x^2 + 4ax - 4a^2 = \boldsymbol{4ax - 4a^2}.$$

c. Si $a = \frac{1}{2}$ alors $Y = 4 \times \frac{1}{2} \times x + 4 \times \left(\frac{1}{2}\right)^2 = 2x + 1$

et $Z = 4 \times \frac{1}{2} \times x - 4 \times \left(\frac{1}{2}\right)^2 = 2x - 1.$

On a : $Y - Z = 4ax + 4a^2 - 4ax + 4a^2 = 8a^2$

donc $\boldsymbol{Y = Z + 8a^2}$ (relation indépendante de x)

au niveau du graphique : $Y - Z = 2x + 1 - (2x - 1)$

$Y - Z = 2x + 1 - 2x + 1 = 2$

donc $Y = Z + 2$. Les droites Y et Z sont parallèles, (même coefficient directeur : 2).

Pour tout point de Z, le point de Y correspondant s'obtiendra en ajoutant 2 à l'ordonnée, l'abscisse étant inchangée.

Exemple. : B(1 ; 1); A(1 ; 1 + 2); A(1 ; 3).

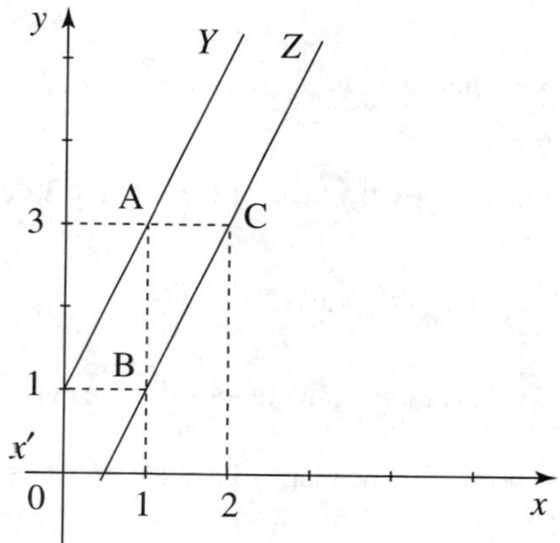

6. *a.* Nouveau prix de l'article, en francs :

100 % – 10 % = 90 % = 0,9

40 × 0,9 = **36**

b. $F(x) = x \times 0{,}9 = 0{,}9x$

c. Cela revient à calculer x si $f(x) = 27$.

On a l'équation : $0{,}9x = 27$

$$x = \frac{27}{0{,}9}$$

$$x = 30.$$

Le prix de l'article était de 30 F.

d.

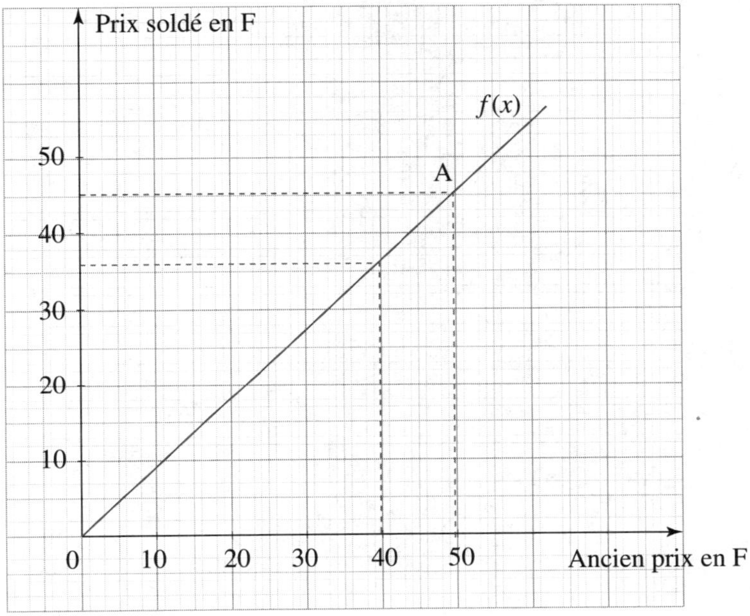

e. Un article qui vaut maintenant 45 F avait pour ancien prix 50 F (abscisse du point A d'ordonnée 45).

14. Systèmes d'équations du premier degré à deux inconnues – Problèmes

I. Système d'équations du premier degré à deux inconnues

Un système d'équations du premier degré à deux inconnues est constitué en général d'autant d'équations que d'inconnues. L'accolade visualise l'association de ces équations.

Exemple : $\begin{cases} 2x + 3y = 1 \\ 5x - y = 11 \end{cases}$

Résoudre un tel système, c'est trouver ***tous les couples*** $(x\ ,\ y)$ qui vérifient simultanément les deux équations. Autrement dit, c'est trouver ***toutes les solutions communes*** aux deux équations.

Pour résoudre un système il existe plusieurs méthodes. En voici trois :

1. Résolution par addition ou élimination

On cherche à obtenir des termes opposés en x ou en y par multiplication ou division d'une ou des deux équations. Ces ***termes opposés s'éliminent*** à l'addition.

$$\begin{cases} 2x + 3y = 1 \\ 5x - y = 11 \end{cases} \quad \begin{vmatrix} \\ \times 3 \end{vmatrix} \quad \begin{cases} 2x + 3y = 1 \\ 15x - 3y = 33 \end{cases}$$

$$\begin{aligned} 17x &= 34 \\ x &= \frac{34}{17} \\ x &= 2 \end{aligned}$$

On a alors une équation à ***une inconnue*** que l'on sait résoudre ($x = 2$).

Pour trouver l'autre inconnue on remplace l'inconnue trouvée par sa valeur dans une des deux équations données. On obtient alors une équation à une inconnue que l'on résout.

$$\begin{aligned} 5x - y &= 11 \\ 5(2) - y &= 11 \\ 10 - y &= 11 \\ 10 - 11 &= y \\ -1 &= y \end{aligned}$$

La solution du système est exprimée sous la forme d'un couple $(x\ ,y)$ ici $S(2\ ,-1)$.

Vérification : $\begin{cases} 2(2) + 3(-1) = 4 - 3 = 1 \\ 5(2) - (-1) = 10 + 1 = 11 \end{cases}$

2. Méthode par substitution

On exprime une inconnue en fonction de l'autre à partir d'une des équations du système.

$$\begin{cases} 2x + 3y = 1 \\ 5x - y = 11 \text{ d'où } -y = -5x + 11 \end{cases}$$
$$y = 5x - 11$$

On remplace cette inconnue par sa valeur dans l'autre équation. On résout alors l'équation obtenue.

$$2x + 3y = 1 \text{ d'où } (2x + 3(5x - 11)) = 1$$
$$2x + 15x - 33 = 1$$
$$17x = 1 + 33$$
$$x = \frac{34}{17}$$
$$x = 2.$$

Pour trouver l'autre inconnue on repart de son expression initiale :

$y = 5x - 11$

$y = 5(2) - 11$

$y = 10 - 11$

$y = -1$ **Solution du système S(2 , –1).**

Vérification conseillée (voir 1.)

3. Méthode graphique

On écrit les équations du système sous la forme $y = mx + p$.

$$\begin{cases} 2x + 3y = 1 \\ 5x - y = 11 \end{cases} \quad \begin{cases} 3y = -2x + 1 \\ -y = -5x + 11 \end{cases} \quad \begin{cases} y = -\frac{2}{3}x + \frac{1}{3} \\ y = 5x - 11. \end{cases}$$

Chaque équation correspond à l'équation d'une droite qu'on représente dans un repère (O, I, J).

(D_1) $y = -\frac{2}{3}x + \frac{1}{3}$; (D_2) $y = 5x - 11$.

⚠ **Se reporter au chapitre 12 page 138.**

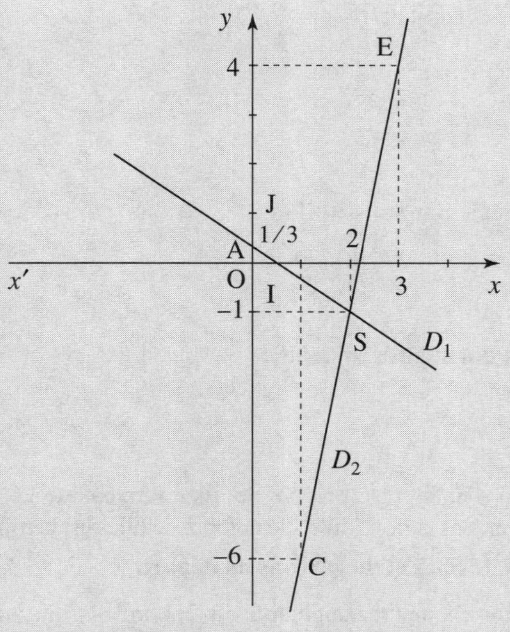

Le point d'intersection S(2 , –1) est la solution graphique du système.

II. Problèmes à 2 inconnues

Méthode de travail et conseils.

1. Choix des inconnues :

Elles dépendent des questions posées. Il est bon de préciser leur appartenance à un ensemble de nombres.

2. Mise en équation :

Lire attentivement l'énoncé. Les informations données sont réparties en deux catégories parfois même en deux phrases qui peuvent se traduire en deux équations à deux inconnues constituant un système.

3. Résolution du système

Choisir la méthode la plus adaptée au système ou celle que l'on maîtrise le mieux.

Penser à vérifier l'exactitude des résultats obtenus.

4. Interpréter les résultats

S'assurer que les réponses sont plausibles. Exprimer les réponses aux questions posées sous la forme d'une phrase.

Exercices d'entraînement

1. Résoudre le système par addition :

$$\begin{cases} 5x + 2y = -4 \\ 3x + 7y = 15 \end{cases}$$

2. Résoudre le système par substitution :

$$\begin{cases} 5x - y = 4 \\ 2x + 3y = 22 \end{cases}$$

3. Résoudre graphiquement le système :

$$\begin{cases} 2x - y = 1 \\ x + 3y = 18 \end{cases}$$

4. Dans une réunion d'enfants, le nombre de filles surpasse de 26 le nombre de garçons. Après le départ de 15 garçons et de 15 filles, le nombre de filles est le triple de celui des garçons.

Combien y avait-il de filles et de garçons au départ.

5. Le périmètre d'un champ rectangulaire est 260 m. Si l'on augmente la plus petite dimension de 10 m et qu'on diminue la plus grande dimension de 10 m, son aire augmente de 2 ares.

Calculer les dimensions du rectangle.

Corrigés

1. $\begin{cases} 5x + 2y = -4 \\ 3x + 7y = 15 \end{cases} \begin{vmatrix} \times 7 \\ \times(-2) \end{vmatrix} \quad \begin{cases} 35x + 14y = -28 \\ -6x - 14y = -30 \end{cases}$

$$29x = -58$$

$$x = -\frac{58}{29}$$

$$x = -2$$

$$5x + 2y = -4$$

$$5(-2) + 2y = -4$$

$$-10 + 2y = -4$$

$$2y = -4 + 10$$

$$y = \frac{6}{2}$$

$$y = 3$$

S(–2 , 3)

Vérification : $\begin{cases} 5(-2) + 2(3) = -10 + 6 = -4 \\ 3(-2) + 7(3) = -6 + 21 = 15 \end{cases}$

2. $\begin{cases} 5x - y = 4 & \text{d'où } -y = -5x + 4 \text{ d'où } y = 5x - 4 \\ 2x + 3y = 22 & \text{d'où } 2x + 3(5x - 4) = 22 \end{cases}$

$$2x + 15x - 12 = 22$$

$$17x = 22 + 12$$

$$y = 5x - 4 \qquad x = \frac{34}{17}$$
$$y = 5(2) - 4$$
$$y = 10 - 4 \qquad x = 2$$
$$y = 6 \qquad \mathbf{S(2\,,6)}$$

Vérification : $\begin{cases} 5(2) - 6 = 10 - 6 = 4 \\ 2(2) + 3(6) = 4 + 18 = 22 \end{cases}$

3. $\begin{cases} 2x - y = 1 \text{ d'où } (D_1) : -y = -2x + 1 \text{ ou } y = 2x - 1 \\ x + 3y = 18 \text{ d'où } (D_2) : 3y = -x + 18 \text{ ou } y = -\dfrac{x}{3} + 6 \end{cases}$

A(0 , –1) et B(2 , 3) sont deux points de (D_1).

E(0 , 6) et F(6 , 4) sont deux points de (D_2).

Solution graphique **S(3 , 5)**.

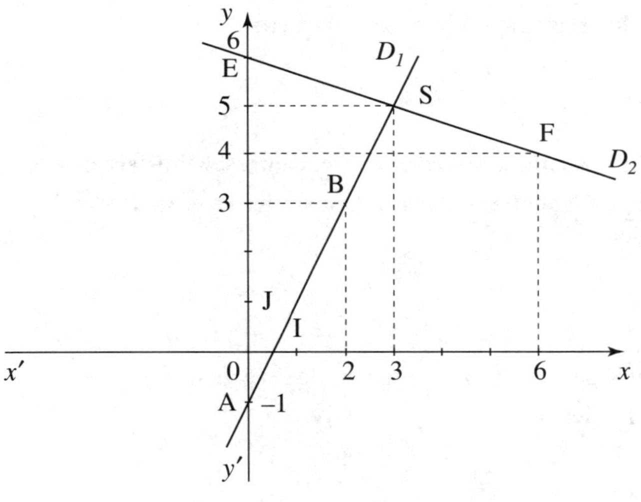

4. Soit x le nombre de filles au départ et y le nombre de garçons (x et y sont des entiers naturels).

On a : $\begin{cases} x = y + 26 \\ x - 15 = 3(y - 15) \end{cases} \quad \begin{cases} x - y = 26 \\ x - 3y = -30 \end{cases} \Big| \times(-1)$

$$\begin{cases} x - y = 26 \\ -x + 3y = 30 \end{cases} \qquad x - y = 26$$
$$x - 28 = 26$$
$$2y = 56 \qquad x = 26 + 28$$
$$y = \frac{56}{2} \qquad x = 54$$
$$y = 28$$

Il y avait 54 filles et 28 garçons.

5. Soit x la longueur et y la largeur (x et y sont des nombres décimaux positifs).
Périmètre initial : $2(x + y)$.
Aire initiale : xy.
Après la modification des dimensions.
Périmètre : $2(x - 10 + y + 10) = 2(x + y)$ inchangé.
Aire : $(x - 10)(y + 10) = xy + 10x - 10y - 100$.
On a le système : (2 ares $= 200\ \text{m}^2$).

$$\begin{cases} 2(x+y) = 260 \text{ d'où } 2x + 2y = 260 \text{ d'où } x + y = 130 \\ \cancel{xy} + 10x - 10y - 100 = \cancel{xy} + 200 \text{ d'où } 10x - 10y = 300 \text{ d'où } x - y = 30 \end{cases}$$

$$\begin{cases} x + y = 130 \\ x - y = 30 \end{cases}$$

$$2x = 160$$

$$x = \frac{160}{2}$$

$$x = 80.$$

$$x + y = 130$$

$$80 + y = 130$$

$$y = 130 - 80$$

$$y = 50 \qquad \mathbf{S(80\,,\,50)}$$

La longueur du rectangle est 80 m et sa largeur 50 m.

Sujets de concours

1. Adjoint administratif des services déconcentrés, Ministère de l'Agriculture, 1996.

Dans le système d'équations suivant, trouver les valeurs de x et de y. (Par le calcul et graphiquement).

$$\begin{cases} 3x - 2y - 4 = 0 \\ 2x + y - 5 = 0 \end{cases}$$

2. Agent technique des Haras, Ministère de l'Agriculture, 1996.

Résoudre les systèmes :

$$\begin{cases} 4y + 2x = 18 \\ 2y - 4x = 4 \end{cases} \qquad \begin{cases} 2x + y = 4 \\ x - 3y = 2 \end{cases}$$

3. Dactylographe de la Police nationale, 1995.

Lequel de ces systèmes a pour couple solution (0 , 3)?

$$\begin{cases} x + y = 3 \\ 2x + 4y = 12 \\ x + 5y = 12 \end{cases} \qquad \begin{cases} 5x + 2y = 6 \\ 3x - 2y = 6 \\ 4x + 5y = 15 \end{cases} \qquad \begin{cases} x + y = 3 \\ x - 2y = -6 \\ 7x - 3y = -9 \end{cases}$$

4. Agent de 2e classe de la surveillance spécialisée de Paris, 1996.

Résoudre dans $\mathbb{R}$ les systèmes d'équations suivants :

a. $\begin{cases} 2x + 3 = 7 - y \\ \dfrac{y}{2} - x = 1 \end{cases}$ *b.* $\begin{cases} \dfrac{x+y}{2} = 1 \\ y - 1 = \dfrac{1}{2}x + 3 \end{cases}$

5. Adjoint administratif de la Police nationale, 1994.

Huit pièces de 10 F et quinze pièces de 0,50 F alignées côte à côte ont une longueur totale de 49,3 cm, tandis que douze pièces de 10 F et neuf pièces de 0,50 F ne font que 48,3 cm. **Calculer les diamètres des pièces de 10 F et de 0,50 F.**

6. Adjoint administratif à l'administration centrale du Ministère de l'Economie et des Finances, 1996.

Dans une basse-cour, il y a des poules et des lapins.

Si on compte 24 têtes et 66 pattes, **combien y a-t-il de poules ? de lapins ?**

7. Adjoint administratif de Chancellerie, 1996.

Chez un confiseur une personne achète des chocolats au détail. Chaque chocolat blanc est vendu 2 F et pèse 20 g. Chaque chocolat noir est vendu 3 F et pèse 35 g. Cette personne paye 84 F pour 900 g. **Déterminer le nombre de chocolats de chaque sorte.**

8. Agent technique des Parcs nationaux, Ministère délégué à l'Environnement, 1990.

On veut agrandir un jardin rectangulaire ayant un périmètre de 64 m. Pour cela, on peut soit augmenter la largeur de 3 m sans changer la longueur, soit augmenter la longueur de 5 m sans changer la largeur.

Dans les deux cas on obtient la même augmentation d'aire.

Calculer les dimensions initiales du jardin.

Corrigés

1. $\begin{cases} 3x - 2y - 4 = 0 \\ 2x + y - 5 = 0 \end{cases} \begin{vmatrix} \\ \times(2) \end{vmatrix} \begin{cases} 3x - 2y - 4 = 0 \\ 4x + 2y - 10 = 0 \end{cases}$

$$\begin{aligned} 7x - 14 &= 0 \\ 7x &= 14 \\ x &= 2 \end{aligned} \qquad \begin{aligned} 2x + y - 5 &= 0 \\ 2(2) + y - 5 &= 0 \\ 4 + y - 5 &= 0 \\ y &= -4 + 5 \\ y &= 1. \end{aligned}$$

%%

Solution (2 , 1).

$$\begin{cases} 3x - 2y - 4 = 0 \Rightarrow -2y = -3x + 4 \Rightarrow (D_1) : y = \dfrac{3}{2}x - 2 \\ 2x + y - 5 = 0 \Rightarrow (D_2) : y = -2x + 5 \end{cases}$$

A(0 , –2) et B(2 , 1) sont deux points de (D_1)

C(0 , 5) et E(2 , 1) sont deux points de (D_2).

Le point **B(2 , 1)** est la solution graphique du système.

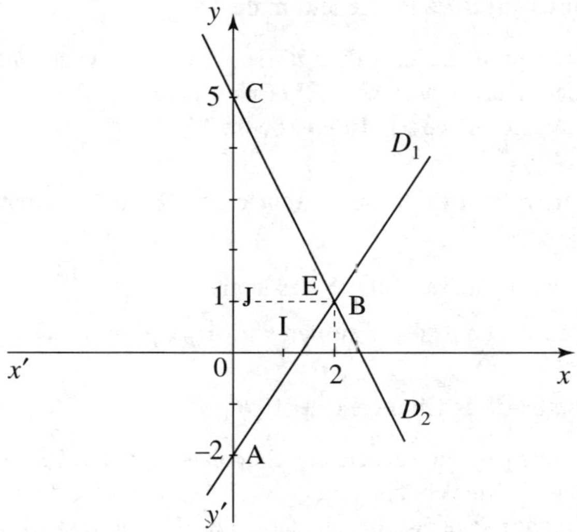

2. $\left\{\begin{array}{l} 4y + 2x = 18 \\ 2y - 4x = 4 \end{array}\right. \Big| \; : 2 \qquad \left\{\begin{array}{l} 4y + 2x = 18 \\ \underline{y - 2x = 2} \end{array}\right.$

$$5y = 20$$

$$\begin{aligned} 4y + 2x &= 18 \\ 4(4) + 2x &= 18 \\ 16 + 2x &= 18 \\ 2x &= 18 - 16 \\ 2x &= 2 \\ x &= 1 \end{aligned} \qquad \begin{aligned} y &= \frac{20}{5} \\ y &= 4 \end{aligned}$$

Solution (1 , 4).

$$\begin{cases} 2x + y = 4 \text{ d'où } y = 4 - 2x \\ x - 3y = 2 \text{ d'où } x - 3(4 - 2x) = 2 \end{cases}$$

$$\begin{aligned} x - 12 + 6x &= 2 \\ 7x &= 2 + 12 \\ x &= \frac{14}{7} \\ x &= 2 \end{aligned}$$

$$\begin{aligned} y &= 4 - 2(2) \\ y &= 0 \end{aligned}$$

Solution (2 , 0).

3. 1re méthode : remplacer x et y respectivement par 0 et 3 pour vérifier les égalités.

$$\begin{cases} 0 + 3 = 3 \\ 2(0) + 4(3) = 0 + 12 = 12 \\ 0 + 5(3) = 0 + 15 \neq 12 \end{cases}$$

$$\begin{cases} (5)(0) + 2(3) = 0 + 6 = 6 \\ 3(0) - 2(3) = 0 - 6 \neq 6 \\ \text{la vérification de la 3}^{\text{e}} \text{ équation,} \\ \text{devient inutile après la non- égalité précédente.} \end{cases}$$

$$\begin{cases} 0+3 = 3 \\ 0-2(3) = -6 \\ 7(0)-3(3) = -9 \end{cases}$$

Le couple (0 , 3) est la solution du troisième système. (Les valeurs de x et y vérifient les 3 égalités).

2e méthode : Par addition ramener chaque système à 2 équations puis résoudre le système.

1er système :

1re + 3[e] lignes $\begin{cases} 2x+6y = 15 \\ 2x+4y = 12 \end{cases} \begin{matrix} \\ \times(-1) \end{matrix} \quad \begin{matrix} 2x+6y = 15 \\ \underline{-2x-4y = -12} \end{matrix}$

$$2y = 3$$

$$y = \frac{3}{2}$$

$y \neq 3$ donc le couple (0 , 3) n'est pas la solution de ce système.

2e système :

2e + 3[e] lignes $\begin{cases} 5x+2y = 6 \\ 7x+3y = 21 \end{cases} \begin{matrix} \times(-3) \\ \times 2 \end{matrix} \begin{cases} -15x-6y = -18 \\ \underline{14x+6y = 42} \end{cases}$

$$-x = 24$$

$$x = -24$$

$x \neq 0$ donc le couple (0 , 3) n'est pas la solution de ce système.

3e système :

1re + 2[e] lignes $\begin{cases} 2x-y = -3 \\ 7x-3y = -9 \end{cases}$ d'où

$$-y = -2x-3$$

$$y = 2x+3$$

$$7x-3(2x+3) = -9$$

$$7x-6x-9 = -9$$

$$x = -9+9$$

$$x = 0$$

$y = 2x+3$

$y = 2(0)+3$

$y = 3$ **Solution (0 , 3).**

C'est donc bien le troisième système qui a pour solution le couple **(0 , 3)**.

4. *a.* $\begin{cases} 2x+y = 4 \\ -x+\frac{y}{2} = 1 \end{cases} \begin{matrix} \\ \times 2 \end{matrix} \quad \begin{matrix} 2x+y = 4 \\ \underline{-2x+y = 2} \end{matrix}$

$$2y = 6$$

$2x+y = 4$

$2x+3 = 4$

$2x = 4-3$

$x = \frac{1}{2}$

$y = \frac{6}{2}$

$y = 3$

Solution $\left(\frac{1}{2}, 3\right)$.

b. $\begin{cases} \frac{x+y}{2} = 1 & \text{d'où} \\ y-1 = \frac{1}{2}x+3 & \text{d'où} \end{cases} \begin{cases} x+y = 2 \\ -\frac{1}{2}x+y = 4 \end{cases} \begin{matrix} \\ \times(-1) \end{matrix} \quad \begin{matrix} x+y = 2 \\ \underline{\frac{1}{2}x-y = -4} \end{matrix}$

$$\frac{3}{2}x = -2$$

$$x = -2 \times \frac{2}{3}$$

$$x = -\frac{4}{3}$$

$$x + y = 2$$

$$-\frac{4}{3} + y = 2$$

$$y = 2 + \frac{4}{3}$$

$$y = \frac{6+4}{3}$$

$$y = \frac{10}{3}$$

Solution $\left(-\frac{4}{3}, \frac{10}{3}\right)$.

5. Soit x le diamètre en cm d'une pièce de 10 F et y le diamètre d'une pièce de 0,50 F (x et y sont des nombres décimaux positifs).

La première information peut se traduire par une première équation exprimant la longueur totale.

$8 \times x + 15 \times y = 49{,}3$ ou $8x + 15y = 49{,}3$.

De même pour la deuxième information :

$12 \times x + 9 \times y = 48{,}3$ ou $12x + 9y = 48{,}3$.

On a le système à résoudre :

$$\begin{cases} 8x + 15y = 49{,}3 \\ 12x + 9y = 48{,}3 \end{cases} \left| \begin{matrix} \times(-3) \\ \times 5 \end{matrix} \right| \begin{cases} -24x - 45y = -147{,}9 \\ 60x + 45y = 241{,}5 \end{cases}$$

$$36x = 93{,}6$$

$$x = \frac{93{,}6}{36}$$

$$x = 2{,}6$$

$$8x + 15y = 49{,}3$$

$$8(2{,}6) + 15y = 49{,}3$$

$$20{,}8 + 15y = 49{,}3$$

$$15y = 49{,}3 - 20{,}8$$

$$y = \frac{28{,}5}{15}$$

$$y = 1{,}9.$$

Le diamètre d'une pièce de 10 F est 2,6 cm et celui d'une pièce de 0,50 F est 1,9 cm.

6. Soit x le nombre de poules et y le nombre de lapins (x et y sont des entiers positifs).

Pour les têtes on a l'équation : $x + y = 24$.

Pour les pattes on a l'équation : $2x + 4y = 66$.

On résout le système :

$$\begin{cases} x + y = 24 & \text{d'où } y = 24 - x \\ 2x + 4y = 66 = 66 & \text{d'où } 2x + 4(24 - x) = 66 \end{cases}$$

$$\begin{aligned} 2x + 96 - 4x &= 66 \\ 2x - 4x &= 66 - 96 \\ -2x &= -30 \\ x &= \frac{-30}{-2} \\ x &= 15. \end{aligned} \qquad \begin{aligned} y &= 24 - x \\ y &= 24 - 15 \\ y &= 9 \end{aligned}$$

Il y a 15 poules et 9 lapins.

7. Soit x le nombre de chocolats blancs et y le nombre de chocolats noirs (x et y sont des entiers positifs).

Pour le coût on a l'équation : $2x + 3y = 84$.

Pour le poids on a l'équation : $20x + 35y = 900$ ou après simplification (: 5) $4x + 7y = 180$.

On résout le système :

$$\begin{cases} 2x + 3y = 84 \\ 4x + 7y = 180 \end{cases} \begin{vmatrix} \times(-2) \\ \end{vmatrix} \begin{aligned} -4x - 6y &= -168 \\ 4x + 7y &= 180 \\ \hline y &= 12 \end{aligned}$$

$$\begin{aligned} 2x + 3y &= 84 \\ 2x + 3(12) &= 84 \\ 2x + 36 &= 84 \end{aligned}$$

$$\begin{aligned} 2x &= 84 - 36 \\ x &= \frac{48}{2} \\ x &= 24. \end{aligned}$$

La personne a acheté 24 chocolats blancs et 12 chocolats noirs.

8. Soit x la longueur initiale et y largeur initiale en mètres (x et y sont des nombres décimaux positifs).

Pour le périmètre initial on a : $2(x + y) = 64$ ou $x + y = 32$.

L'aire initiale est xy.

Les nouvelles aires sont :

1er cas : $x(y + 3) = xy + 3x$.

2e cas : $(x + 5)y = xy + 5y$.

On a alors : $\not{xy} + 3x = \not{xy} + 5y$

$3x - 5y = 0$.

On résout le système :

$$\begin{cases} x + y = 32 \\ 3x - 5y = 0 \end{cases} \text{ ou } \begin{cases} x = 32 - y \\ 3(32 - y) - 5y = 0 \end{cases}$$

$$96 = 3y + 5y \quad \text{et} \quad x = 32 - 12$$

$$\frac{96}{8} = y \qquad x = 20$$

$$12 = y.$$

La longueur initiale du jardin est 20 m et la largeur 12 m.

15. Inéquations du premier degré à une ou deux inconnues – Systèmes – Problèmes

Une inéquation est une inégalité où figurent un ou plusieurs nombres inconnus désignés par des lettres.

I. Inéquation du premier degré à une inconnue

Résoudre une inéquation du premier degré à une inconnue c'est déterminer l'ensemble des nombres qui vérifient l'inégalité.

Exemple de résolution :

$$\left.\begin{aligned} 5x+3 &\leqslant 2x+15 \\ 5x-2x &\leqslant 15-3 \\ 3x &\leqslant 12 \\ x &\leqslant \frac{12}{3} \\ x &\leqslant 4 \end{aligned}\right\}$$ même méthode que pour la résolution d'une équation (voir chapitre 2 présentation simplifiée).

La solution peut se présenter de deux façons différentes :

- sous la forme d'un intervalle : S : $]-\infty\,;4]$.
- par une représentation graphique : 

$$\begin{aligned} 8x+1 &< 10x+5 \\ 8x-10x &< 5-1 \\ -2x &< 4 \end{aligned}$$

⚠ La division ou la multiplication d'une inégalité par un nombre négatif entraîne le changement d'ordre.

$$\frac{-2x}{-2} > \frac{4}{-2}$$

$$x > -2$$

S : $]-2\,;+\infty[$ ou 

II. Système d'inéquations du premier degré à une inconnue

Deux inéquations peuvent être associées pour constituer un système.

Exemple : $\begin{cases} 2x-5 \leqslant 4x+15 \\ 3x-7 \leqslant 11-x \end{cases}$

Résoudre un tel système c'est déterminer, si les valeurs de x qui vérifient simultanément les deux inéquations existent.

On résout chaque inéquation :

$$\begin{array}{ll} 2x-5 \leqslant 4x+1 & 3x-7 \leqslant 11-x \\ 2x-4x \leqslant 5+1 & 3x+x \leqslant 11+7 \\ -2x \leqslant 6 & 4x \leqslant 18 \\ x \geqslant \dfrac{6}{-2} & x \leqslant \dfrac{18}{4} \\ x \geqslant -3 & x \leqslant 4{,}5 \end{array}$$

On détermine la **solution commune**. C'est la solution du système.

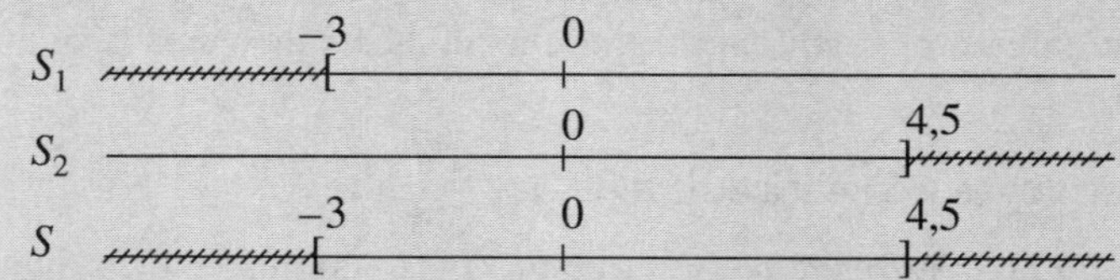

ou $S_1 : [-3 ; +\infty[$

$S_2 :]-\infty ; 4{,}5]$

$S : [-3 ; 4{,}5]$

⚠ Un système peut *ne pas avoir de solution* si S_1 et S_2 n'ont pas de valeurs communes.

III. Inéquation du premier degré à deux inconnues

C'est une inégalité où figurent des nombres désignés par deux lettres différentes.

Exemple : $6x + y \geqslant 5$.

C'est **graphiquement** que l'on résout ce genre d'inéquation.

De l'inéquation on déduit l'équation $6x + y = 5$ qui peut s'écrire sous la forme d'une équation de droite $y = mx + p$. (Δ) $y = -6x + 5$.

On trace cette droite dans un repère (O, I, J) (voir chapitre 12, n° 4)

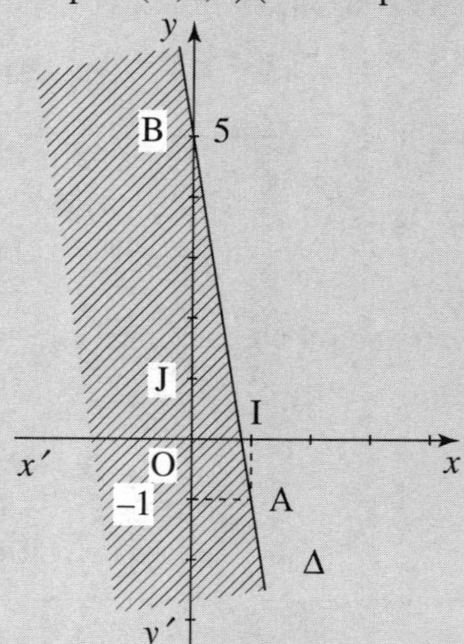

(Δ) partage le plan en deux demi-plans. Pour déterminer le demi-plan solution on choisit un point de ce plan, de préférence O. Si la droite passe par O, on prend un autre point. Dans l'inéquation $6x + y \geqslant 5$ on remplace x et y par O : $6 \times 0 + 0 \geqslant 5$ n'est pas vrai.

Ici, les coordonnées du point O ne vérifient pas l'inéquation. On généralise en concluant qu'il en est de même pour tous les points du demi-plan contenant O, et on le hachure. Au contraire le demi-plan non hachuré est la solution graphique de l'inéquation. La droite Δ fait partie du demi-plan solution car ici l'inéquation est au sens large ($\geqslant$). On dit aussi que c'est un demi-plan fermé.

IV. Systèmes d'inéquations du premier degré à deux inconnues

Plusieurs inéquations peuvent être associées pour constituer un système.

Pour résoudre un tel système on représente graphiquement le demi-plan solution de **chaque inéquation** dans un **même repère**. La solution du système est la **partie du plan non hachurée**. En ce qui concerne les limites de cette portion de plan il convient de tenir compte de l'ordre (large ou strict) des inégalités données.

Exemple : Résoudre graphiquement le système d'inéquation suivant :

$$\begin{cases} 3y - 2x + 6 > 0 & \text{d'où } (\Delta_1)\ y = \frac{2}{3}x - 2 \\ y + 5x > 0 & \text{d'où } (\Delta_2)\ y = -5x \\ y - 5 < 0 & \text{d'où } (\Delta_3)\ y = 5 \end{cases}$$

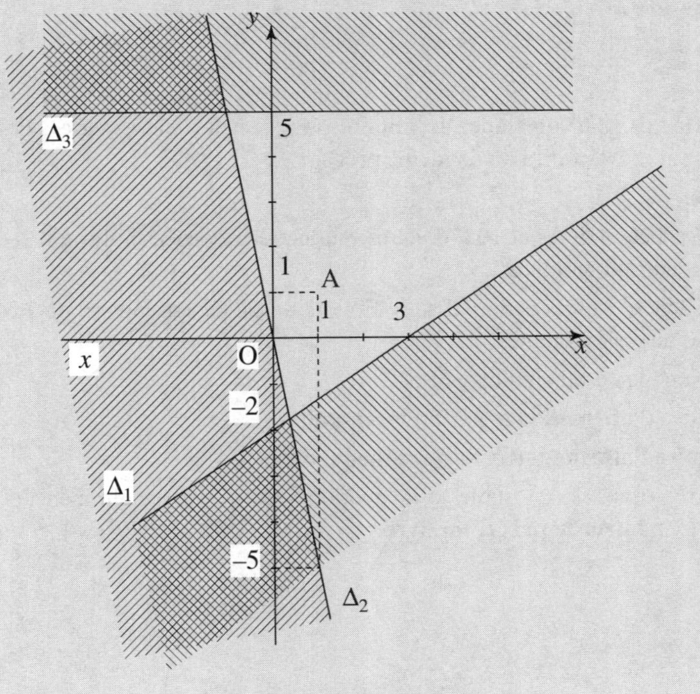

Les coordonnées du point O vérifient la première inégalité.

Les coordonnées du point A(1 ; 1) vérifient la deuxième inégalités.

Les coordonnées du point O vérifient la troisième inégalité.

Les bords de la portion de plan solution (triangle non hachuré) ne font pas partie de la solution du système (ordre strict). On dit aussi que cette portion de plan est ouverte.

V. Problèmes

La résolution de problèmes faisant appel à une inéquation ou à un système d'inéquations à une ou deux inconnues reprend la même méthode que celle utilisée pour les problèmes avec équations.

Exercices d'entraînement

1. Résoudre les systèmes d'inéquations à une inconnue

a. $\begin{cases} 2x - 3 > 5x - 1 \\ x + 4 > 3x - 2 \end{cases}$ *b.* $\begin{cases} 2x - 5 \geqslant x - 1 \\ 3x - 1 \geqslant 2x + 7 \end{cases}$

2. Résoudre les systèmes d'inéquations du premier degré à deux inconnues

a. $\begin{cases} x - 2y + 2 \leqslant 0 \\ 2x - y + 1 \geqslant 0 \end{cases}$ *b.* $\begin{cases} 3x + 4y - 12 < 0 \\ -x + 2y > 0 \\ x - 3 < 0 \end{cases}$

3. Hervé et Hector sont allés chez le libraire pour acheter, entre autres, des livres d'une même collection (c'est-à-dire ici de même prix).

Sachant que :

a. si Hervé achète 3 livres et 10 F d'autres fournitures, il dépense plus qu'Hector achetant 2 livres et 50 F d'autres fournitures;

b. si Hervé achète 2 livres et 50 F d'autres fournitures, il dépense moins qu'Hector achetant 1 livre et 100 F d'autres fournitures;

c. le prix d'un livre est un multiple de 5.

I. **Traduire l'affirmation *a.* par une inéquation.**

II. **Traduire l'affirmation *b.* par une inéquation.**

III. En résolvant le système d'inéquations trouvé précédemment et en utilisant l'affirmation *c.*, **trouver le prix d'un livre.**

Corrigés

1. *a.* $\begin{cases} 2x - 3 > 5x - 1 \\ x + 4 > 3x - 2 \end{cases}$ d'où

$$\begin{aligned} 2x - 3 &> 5x - 1 \\ 2x - 5x &> 3 - 1 \\ -3x &> 2 \\ x &< -\frac{2}{3} \end{aligned}$$

et

$$\begin{aligned} x + 4 &> 3x - 2 \\ x - 3x &> -4 - 2 \\ -2x &> -6 \\ x &< \frac{-6}{-2} \\ x &< 3 \end{aligned}$$

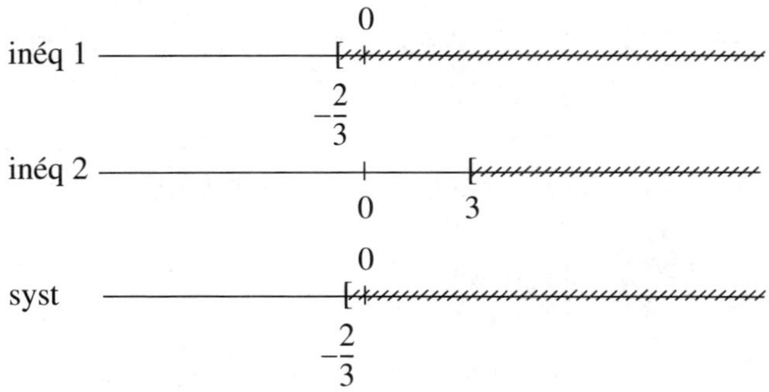

b. $\begin{cases} 2x - 5 \geqslant x - 1 \\ 3x - 1 \leqslant 2x + 7 \end{cases}$ d'où $2x - 5 \geqslant x - 1$ et $3x - 1 \leqslant 2x + 7$

$2x - x \geqslant 5 - 1$ $\qquad$ $3x - 2x \leqslant 7 + 1$

$x \geqslant 4$ $\qquad$ $x \leqslant 8$

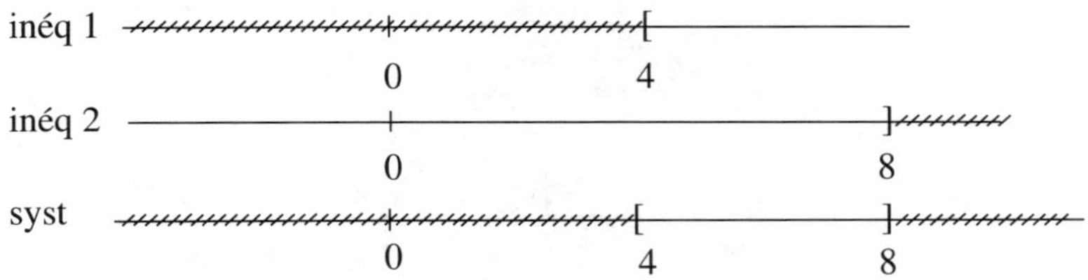

2. *a.* $\begin{cases} x - 2y + 2 \leqslant 0 \text{ d'où } (D_1)\ y = \dfrac{x}{2} + 1;\ \text{A}(2\ ,\ 2) \text{ et B}(4\ ;\ 3) \text{ sont 2 points de } (D_1) \\ 2x - y + 1 \geqslant 0 \text{ d'où } (D_2)\ y = 2x + 1;\ \text{E}(0\ ,\ 1) \text{ et F}(2\ ;\ 5) \text{ sont 2 points de } (D_2) \end{cases}$

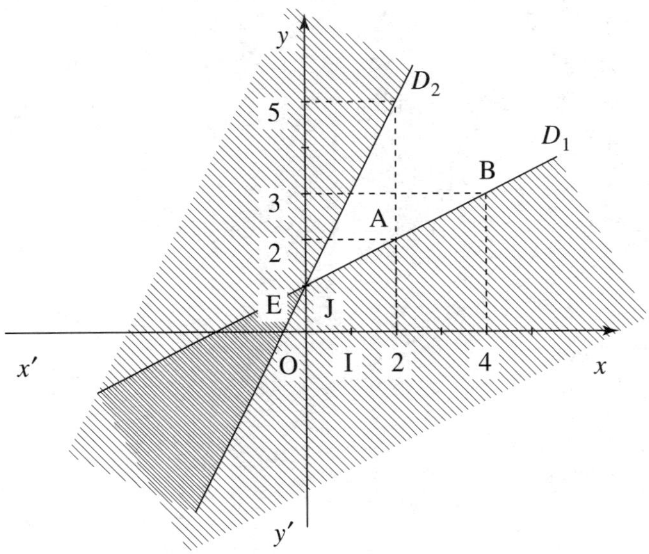

b. $3x + 4y - 12 < 0$ d'où (D_1) $y = -\frac{3}{4}x + 3$; A(0 ; 3) et B(4 ; 0) sont deux points de (D_1)

$-x + 2y > 0$ d'où (D_2) $y = \frac{x}{2}$; O et (2 ; 1) sont deux points de (D_2).

$x - 3 < 0$ d'où (D_3) $x = 3$; (D_3) est parallèle à l'axe des ordonnées. Tous ses points ont pour abscisse 3.

La partie non hachurée fermée du plan est la solution graphique du système.

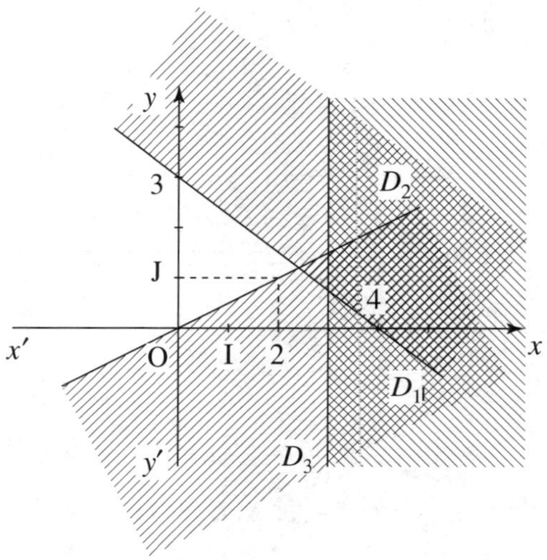

3. Soit *x* le prix d'un livre (*x* est un nombre décimal positif).

a. $3x + 10 > 2x + 50$;

b. $2x + 50 < x + 100$;

c. $3x - 2x > 50 - 10$; $2x - x < 100 - 50$

$x > 40$ $x < 50$

donc $40 < x < 50$

45 est le seul multiple de 5 appartenant à l'intervalle solution donc le prix d'un livre est 45 F.

Sujets de concours

1. Agent technique des Haras, Ministère de l'Agriculture, 1996.

Résoudre l'inéquation : $x + 3 \leqslant 2x + 5$

2. Agent-chef de la surveillance spécialisée de Paris, 1995.

Résoudre les inéquations simultanées suivantes :

$$\begin{cases} 2x + 4 > x + 1 \\ \quad\text{et} \\ 5x - 2 \leqslant -\dfrac{x}{2} + \dfrac{3}{4} \end{cases}$$

et représenter graphiquement l'intervalle de solution.

3. Adjoint administratif de la Police nationale, 1994.

Résoudre l'inéquation : $-5x - 2 \geqslant 0$.

4. Garde-pêche du Conseil supérieur de la Pêche, 1995.

Résoudre graphiquement le système suivant :

$$\begin{cases} -2x + y + 4 > 0 \\ x + 2y - 7 < 0 \\ x > 0 \end{cases}$$ On prendra le centimètre comme unité.

5. Agent technique des Parcs nationaux, Ministère de l'Environnement, 1995.

Alphonse a deux sœurs, Noémie et Sabine. L'âge de Sabine est le double de celui d'Alphonse. La somme des âges de Sabine et Alphonse est inférieure à l'âge de Noémie qui a huit ans de plus qu'Alphonse.

Les âges de chacun sont des nombres entiers d'années.

Trouver quels peuvent être les âges de chacun (3 solutions sont possibles).

6. Divers. On décide de clôturer un terrain de 120 m de périmètre par une haie constituée de deux sortes d'arbustes : des troènes et des thuyas. On décide d'acheter au moins 50 arbustes de chaque espèce pour obtenir des tarifs intéressants. Un thuya coûte 36 F. Un troène coûte 20 F. Les arbustes sont plantés tous les 60 cm. Le budget ne doit pas dépasser 4 800 F.

On note x le nombre de troènes et y le nombre de thuyas.

a. A l'aide d'inégalités, exprimer les contraintes de la plantation.

b. I. Dans le plan muni d'un repère orthonormal, hachurer l'ensemble Δ des points dont les coordonnées vérifient les inégalités du *a.*).

II. **Déterminer graphiquement l'ensemble E des couples de nombres d'arbustes de chaque espèce que l'on peut envisager d'acheter.**

Corrigés

1. $x + 3 \leqslant 2x + 5$

$x - 2x \leqslant 5 - 3$

$-x \leqslant 2$

$x \geqslant -2$

$S = [-2\,, +\infty[$

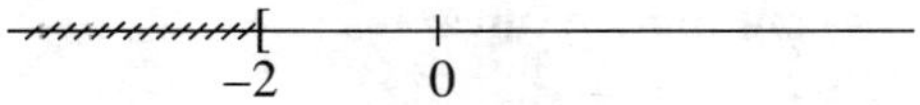

2. $\begin{cases} 2x + 4 > x + 1 \text{ d'où } 2x - x > 1 - 4 \\ \qquad x > -3 \\ \text{et} \\ 5x - 2 \leqslant -\dfrac{x}{2} + \dfrac{3}{4} \text{ d'où } 5x + \dfrac{x}{2} \leqslant \dfrac{3}{4} + 2 \end{cases}$

$\frac{10}{2}x + \frac{x}{2} \leqslant \frac{3}{4} + \frac{8}{4}$

$\frac{11}{2}x \leqslant \frac{11}{4}$

$x \leqslant \frac{11}{4} \times \frac{2}{11}$

$x \leqslant \frac{1}{2}$

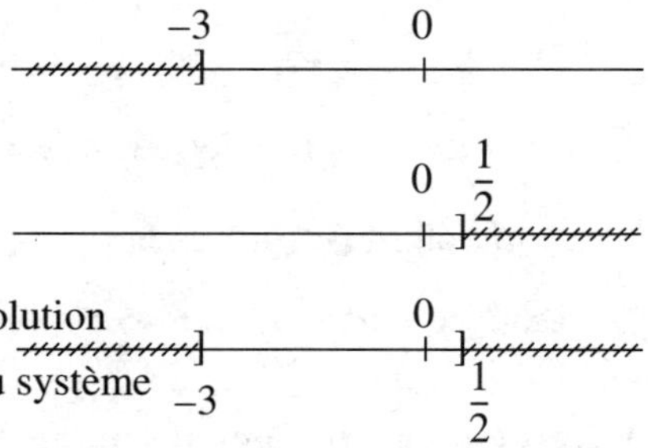

3. $-5x - 2 \geqslant 0$

$-5x \geqslant 2$

$x \leqslant -\frac{2}{5}$

Solution $\left]-\infty\,, -\frac{2}{5}\right]$

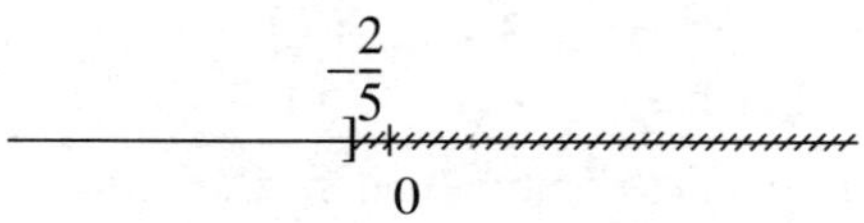

4. $-2x + y + 4 > 0$ d'où $(D_1)\ y = 2x - 4$; A(0 ; –4) et B(2 ; 0) sont deux points de (D_1);

$x + 2y - 7 < 0$ d'où $(D_2)\ y = -0{,}5x + 3{,}5$; E(0 ; 3,5) et F(4 ; 1,5) sont deux points de (D_2);

$x > 0$ d'où (D_3) $x = 0$; axe des ordonnées $(y'y)$.

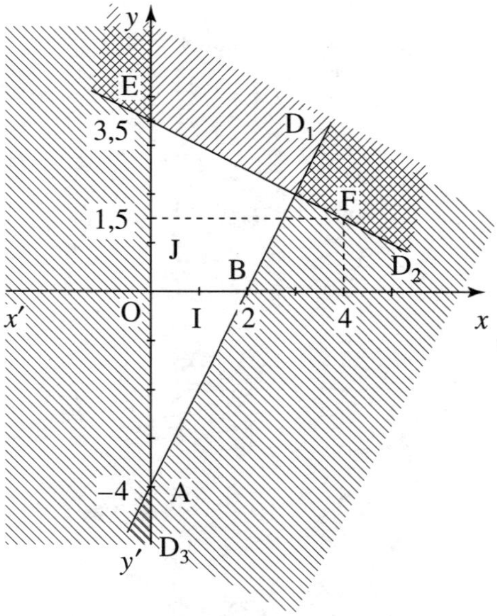

La portion de plan ouverte non hachurée est la solution graphique du système.

5. Soit *x* l'âge d'Alphonse, *y* celui de Noémie et *z* celui de Sabine.

On a $z = 2x$; $z + x < y$ et $y = x + 8$, d'où $z + x = 2x + x$

L'inéquation devient : $2x + x < x + 8$

$$3x - x < 8$$
$$2x < 8$$
$$x < \frac{8}{2}$$
$$x < 4$$

3 solutions possibles.

Alphonse	**1 an**	**2 ans**	**3 ans;**
Noémie	**9 ans**	**10 ans**	**11 ans;**
Sabine	**2 ans**	**4 ans**	**6 ans.**

6. *a.* $x \geqslant 50$; $y \geqslant 50$; $36x + 20y \leqslant 4\,800$.

Nombre total d'arbustes : 120 : 0,6 = 200 donc $x + y \leqslant 200$.

b. Du *a.* on déduit le système

$$\begin{cases} x \geqslant 50 \\ y \geqslant 50 \\ x + y \leqslant 200 \\ 36x + 20y \leqslant 4\,800 \end{cases}$$

$(D_1) : x = 50 \,;\, (D_2) : y = 50 \,;\, (D_3) : y = -x + 200 \,;\, (D_4) : y = -\frac{9}{5}x + 240.$

La partie hachurée ABG est l'ensemble Δ des points dont les coordonnées vérifient $x \geqslant 50 \,;\, y \geqslant 50$ et $x + y = 200.$

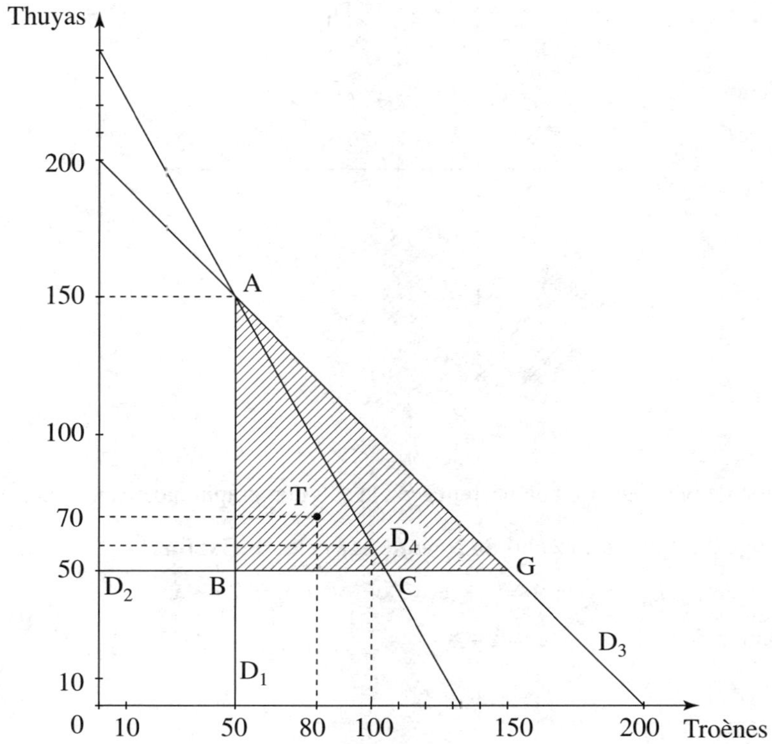

c. La partie hachurée représente l'ensemble E des couples de nombres d'arbustes de chaque espèce que l'on peut envisager d'acheter. Il ne faudra retenir que les points de *E* dont les coordonnées sont des entiers.

Exemple : T(80 , 70) 80 troènes et 70 thuyas.

16. Théorème de Pythagore

I. Propriété

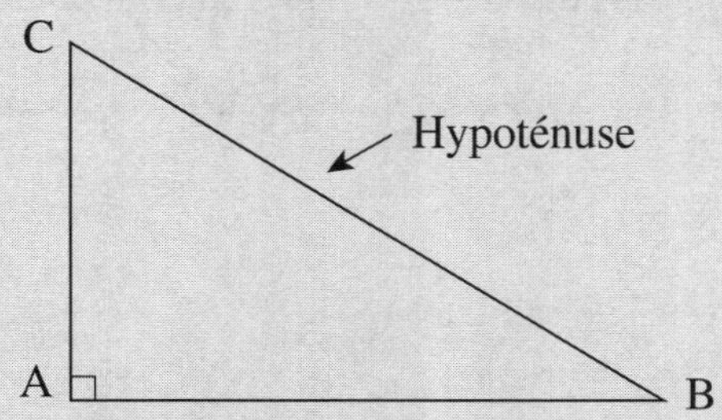

Dans un triangle rectangle, le carré de la longueur de l'hypoténuse est égal à la somme des carrés des longueurs des côtés de l'angle droit.

ou

Si ABC est un triangle rectangle en A, alors $BC^2 = AB^2 + AC^2$.

⚠ A partir de cette égalité, on peut calculer la longueur d'un côté d'un triangle rectangle si l'on connaît la longueur des deux autres côtés.

Exemple :

Soit un triangle ABC rectangle en A, tel que AB = 3 cm et AC = 4 cm.
Calculer BC :
D'après le théorème de Pythagore,
$BC^2 = AB^2 + AC^2$
$BC^2 = 3^2 + 4^2 = 9 + 16$
$BC^2 = 25$
$BC = \sqrt{25}$
BC = 5 cm.

⚠ Dans un triangle rectangle l'hypoténuse est toujours le plus long côté.

II. Réciproque

Si dans un triangle ABC on a :
$BC^2 = AB^2 + AC^2$, alors
ABC est un triangle rectangle en A.

⚠ Connaissant les longueurs de 3 côtés d'un triangle, on peut démontrer que ce triangle est, ou n'est pas, rectangle.

Penser à préciser le sommet de l'angle droit !

Exemple :

Soit un triangle EFG tel que EF = 2 cm; FG = 2,5 cm et EG = 1,5 cm. Le triangle est-il rectangle ?

Le côté le plus long est **l'éventuelle** hypoténuse.

On a d'une part $FG^2 = 2{,}5^2 = 6{,}25$.

On a d'autre part $EF^2 + EG^2 = 2^2 + 1{,}5^2 = 4 + 2{,}25 = 6{,}25$.

On constate que $FG^2 = EF^2 + EG^2$

donc, d'après la réciproque du théorème de Pythagore, le triangle EFG est rectangle en E.

Exercices d'entraînement

1. Soit LMN un triangle rectangle en M, tel que MN = 7 cm et ML = 10 cm. **Calculer LN.**

2. Soit RST un triangle rectangle en S, tel que RS = 5 cm et RT = 18 cm. **Calculer ST.**

3. Soit un triangle EFG tel que EF = 20 cm, EG = 15 cm et FG = 25 cm. **Ce triangle est-il rectangle ?**

4. Soit un triangle PQR tel que PQ = 15 cm QR = 19 cm et PR = 12 cm. **Ce triangle est-il rectangle ?**

Corrigés

1.

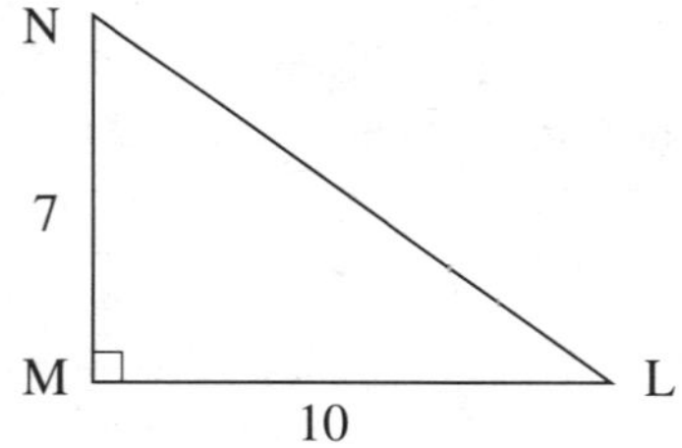

Dans le triangle LMN rectangle en M, le théorème de Pythagore permet d'écrire :

$LN^2 = MN^2 + ML^2$

$LN^2 = 7^2 + 10^2 = 49 + 100 = 149$

$\mathbf{LN = \sqrt{149}\ cm \approx 12{,}2\ cm}$

2.

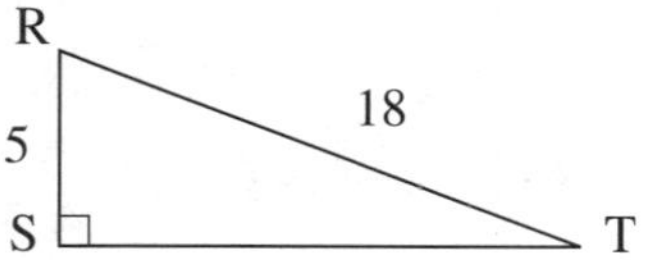

Dans le triangle RST rectangle en S, le théorème de Pythagore permet d'écrire :

$RT^2 = ST^2 + RS^2$

$18^2 = ST^2 + 5^2$

$324 = ST^2 + 25$

$324 - 25 = ST^2$

$299 = ST^2$

$\mathbf{ST \approx \sqrt{299}\ cm \approx 17{,}3\ cm}$

3. On a d'une part : $FG^2 = 25^2 = 625$.

On a d'autre part : $EF^2 + EG^2 = 20^2 + 15^2 = 400 + 225 = 625$.

On constate que : $FG^2 = EF^2 + EG^2$.

La réciproque du théorème de Pythagore permet d'affirmer que **le triangle EFG est rectangle en E.**

4. On a d'une part : $QR^2 = 19^2 = 361$.

On a d'autre part : $PR^2 + PQ^2 = 12^2 + 15^2 = 144 + 225 = 369$.

On constate que : $QR^2 \neq PR^2 + PQ^2$.

Le triangle PQR n'est pas rectangle.

Sujets de concours

1. Garde-pêche, Conseil supérieur de la Pêche,1995.

On prendra le centimètre comme unité.
Dans un triangle ABC, AB = 5 et BC = 12.
Quelle longueur doit avoir le côté AC pour que le triangle soit :

a. rectangle en A ?

b. rectangle en B ?

c. rectangle en C ?

2. Agent technique des Parcs nationaux, Environnement, 1995

Soit un triangle isocèle (X, Y, Z) rectangle et isocèle en X, tel que $d(X, Y) = 6$ (l'unité est le centimètre).

a. **Calculer $d(Y, Z)$.**

b. Soit D le point du segment [XY] tel que $d(X, D) = \frac{5}{2}$. On mène par le point D, parallèle à la droite (YZ) qui coupe la droite (XZ) en E.

Calculer $d(X, E)$.

Corrigés

1. *a.*

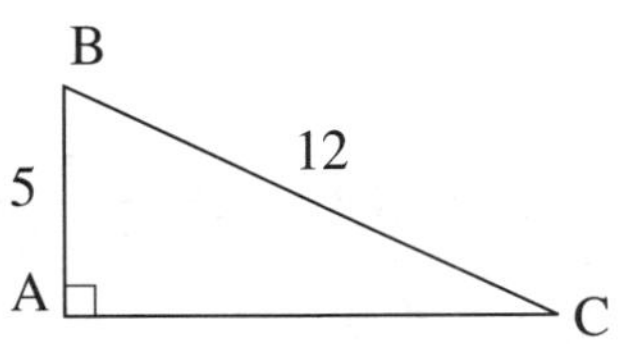

Pour que le triangle soit rectangle en A, il faut que [BC] soit l'hypoténuse, et que :

$$BC^2 = AB^2 + AC^2$$
$$12^2 = 5^2 + AC^2$$
$$144 = 25 + AC^2$$
$$144 - 25 = AC^2$$
$$119 = AC^2$$
$$\sqrt{119} = AC$$

Il faut que AC = $\sqrt{119}$ cm ou $\approx$ 10,9 cm

b.

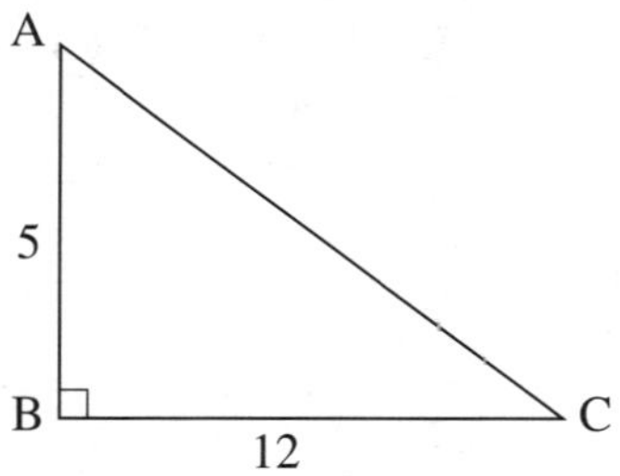

Pour que le triangle soit rectangle en B, il faut que AC soit l'hypoténuse, et que :

$AC^2 = AB^2 + BC^2$

$AC^2 = 5^2 + 12^2$

$AC^2 = 25 + 144$

$AC^2 = 169$

$AC = \sqrt{169}$

$AC = 13$

Il faut que AC = 13 cm.

c.

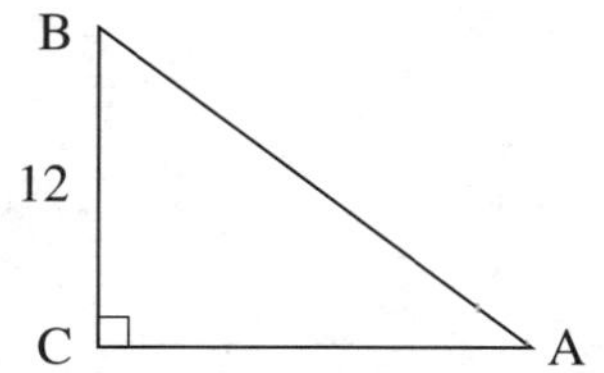

Pour que le triangle soit rectangle en C, il faut que AB soit l'hypoténuse, et que AB soit donc le plus long des côtés.

AB = 5 cm et BC = 12 cm. C'est impossible.

Le triangle ne peut pas être rectangle en C.

2.

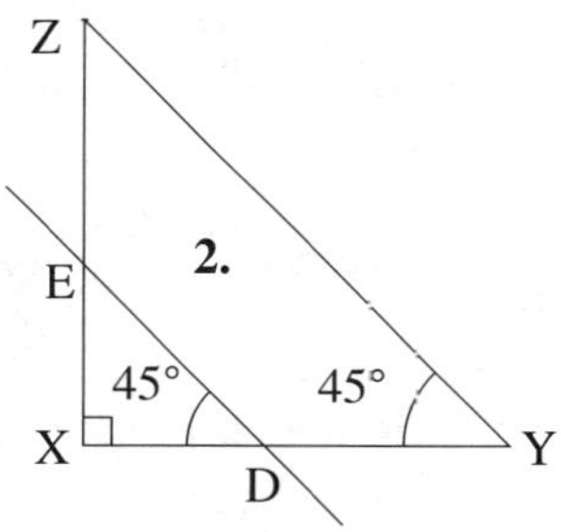

a. Dans le triangle XYZ rectangle en X, le théorème de Pythagore permet d'écrire :

$ZY^2 = XY^2 + XZ^2$

$ZY^2 = 6^2 + 6^2$

$ZY^2 = 36 + 36 = 72$

$ZY = \sqrt{72} = \sqrt{36 \times 2} = 6\sqrt{2} \approx 8{,}5.$

$\mathbf{ZY = 6\sqrt{2}\ cm \approx 8{,}5\ cm.}$

b. Le triangle XYZ est isocèle rectangle, donc $\widehat{XYZ} = \widehat{XZY} = \dfrac{180° - 90°}{2} = 45°.$

Les droites (YZ) et (DE) sont parallèles, donc $\widehat{ZYX} = \widehat{EDX} = 45°$ car ce sont des angles correspondants.

Dans un triangle, la somme des angles est égale à 180° donc :

$\widehat{XED} = 180° - (90° + 45°) = 45°.$

$\widehat{XED} = \widehat{XDE}$. Le triangle XDE a 2 angles égaux donc il est isocèle, et $\mathbf{XD = XE = \frac{5}{2}}$ **cm.**

17. Trigonométrie dans un triangle rectangle

I. Rappels

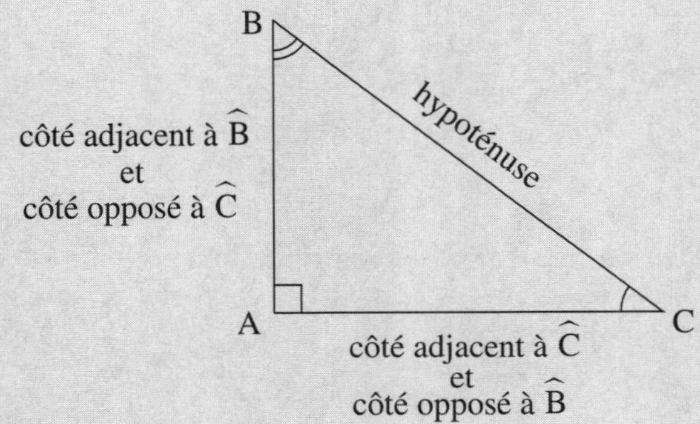

Les angles $\widehat{B}$ et $\widehat{C}$ sont des ***angles aigus.***

L'hypoténuse est le côté opposé à l'angle droit. Sa longueur est supérieure à celle de chaque côté de l'angle droit.

II. Cosinus d'un angle aigu

Dans un triangle rectangle on a :

$$\textbf{cosinus d'un angle aigu} = \frac{\textbf{longueur du côté adjacent à l'angle}}{\textbf{longueur de l'hypoténuse}}$$

Abréviation de cosinus : cos. D'après la figure I on a :

$$\cos\widehat{C} = \frac{CA}{CB}.$$

⚠ $CB > CA$ donc $0 < \cos\widehat{C} < 1$.

Application : Si CA = 8 cm et CB = 10 cm, calculer le cosinus de l'angle $\widehat{C}$ et la mesure de l'angle $\widehat{C}$ à 1 degré près.

On a : $\cos\widehat{C} = \frac{CA}{CB} = \frac{8}{10} = 0{,}8.$

À l'aide de la calculatrice et après avoir vérifié que la mesure des angles est exprimée en degrés, on effectue le programme suivant :

[0] [·] [8] [inv] [cos] et on lit [36,869…]
ou [2nd]
ou [shift]

donc la mesure de l'angle $\widehat{C}$ est environ 37°.

⚠ Vérifier sur la figure du I à l'aide du rapporteur.

III. Sinus d'un angle aigu

Dans un triangle rectangle on a :

$$\textbf{sinus d'un angle aigu} = \frac{\textbf{longueur du côté opposé à l'angle}}{\textbf{longueur de l'hypoténuse}}$$

Abréviation de sinus : sin. D'après la figure du I on a :

$$\sin\widehat{C} = \frac{AB}{CB}.$$

⚠ $CB > AB$ donc $0 < \sin\widehat{C} < 1$

Application : Si $\text{mes}\widehat{C} \approx 37°$ et $CB = 10$ cm, calculer la longueur de AB à l'unité près.

On a : $\sin\widehat{C} = \frac{AB}{CB}$ ou $AB = \sin\widehat{C} \times CB$ ou $AB = \sin 37° \times 10$.

On effectue à l'aide de la calculatrice le programme suivant :

[3] [7] [sin] [×] [1] [0] et on lit [6,018…]

donc $AB \approx 6$ cm.

⚠ Vérifier sur la figure du I à l'aide d'une règle graduée.

Remarque :

$\sin\widehat{B} = \frac{AC}{BC}$ et $\cos\widehat{C} = \frac{AC}{BC}$ et $\text{mes}\widehat{B} + \text{mes}\widehat{C} = 90°$

Si deux angles sont complémentaires, le sinus de l'un est égal au cosinus de l'autre.

Exemples :

$\sin 30° = \cos 60°$ et $\cos 42° = \sin 48°$ en règle générale pour un angle de mesure $\alpha°$ on a :

$$\sin\alpha = \cos(90° - \alpha) \quad \text{et} \quad \cos\alpha = \sin(90° - \alpha).$$

IV. Tangente d'un angle aigu

Dans un triangle rectangle on a :

$$\textbf{tangente d'un angle aigu} = \frac{\textbf{longueur du côté opposé à l'angle}}{\textbf{longueur du côté adjacent à l'angle}}$$

Abréviation de tangente : tan, d'après la figure I

On a : $\tan\widehat{C} = \frac{AB}{AC}$ et $\tan\widehat{B} = \frac{AC}{AB}$.

***Remarque :* Si deux angles sont complémentaires, leurs tangentes sont inverses.**

Exemple : $\tan 25° = \frac{1}{\tan 65°}$.

Si on connaît la mesure d'un angle aigu $\widehat{B}$, on a :

$$\tan\widehat{B} = \frac{\sin\widehat{B}}{\cos\widehat{B}}$$

En effet à partir de la figure I on a :

$$\frac{\sin\widehat{B}}{\cos\widehat{B}} = \frac{\frac{AC}{BC}}{\frac{AB}{BC}} = \frac{AC}{BC} \times \frac{BC}{AB} = \frac{AC}{AB} = \tan\widehat{B}.$$

Application : si AC = 8 cm et AB = 6 cm, calculer la valeur exacte de la tangente de l'angle $\widehat{B}$ et la mesure de $\widehat{B}$ au degré près.

$$\tan\widehat{B} = \frac{AC}{AB} = \frac{4}{3}.$$

⚠ La tangente d'un angle aigu peut-être inférieure à 1 ou supérieure à 1. C'est le cas ici AB < AC.

À l'aide de la calculatrice on effectue le programme.

4	÷	3	inv	tan	et on lit	53…	donc mes $\widehat{B} \approx 53°$.
			2nd				
			shift				

V. Propriété

À l'aide du théorème de Pythagore on établit que :

La somme du carré du sinus et du carré du cosinus d'un même angle aigu est égale à 1.

Ce qui s'écrit plus simplement si a est la mesure d'un angle aigu :

$$\sin^2 a + \cos^2 a = 1$$

Application : si $\cos a = 0{,}6$ calculer $\sin a$

$$\sin^2 a + 0{,}6^2 = 1$$
$$\sin^2 a + 0{,}36 = 1$$
$$\sin^2 a = 1 - 0{,}36$$
$$\sin^2 a = 0{,}64$$
$$\sin a = \sqrt{0{,}64} = 0{,}8.$$

Exercices d'entraînement

1. ABC est un triangle rectangle en A et AH la hauteur.

Calculer les côtés et les angles du triangle ABC que l'on ignore :

a. BC = 3 cm et B = 50° $\widehat{B} = 50°$

b. AC = 5 cm et $\widehat{HAC} = 55°$.

2.

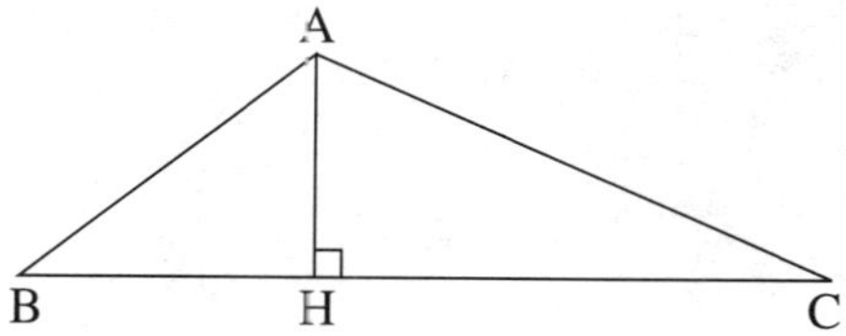

Si BH = 4 cm; AH = 3 cm et HC = 7 cm, **calculer la mesure des angles du triangle ABC (au degré près) ainsi que AB et AC.**

3.

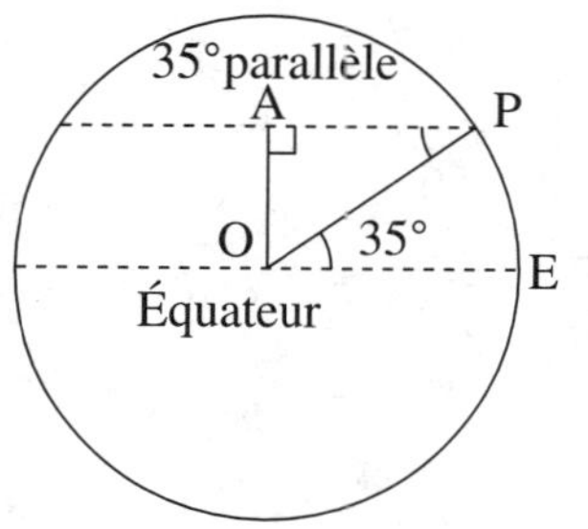

Calculer la longueur du 35° parallèle sachant que $\widehat{EOP} = 35°$

Rayon de la Terre ≈ 6 400 km.

($\pi \approx 3{,}14$)

4.

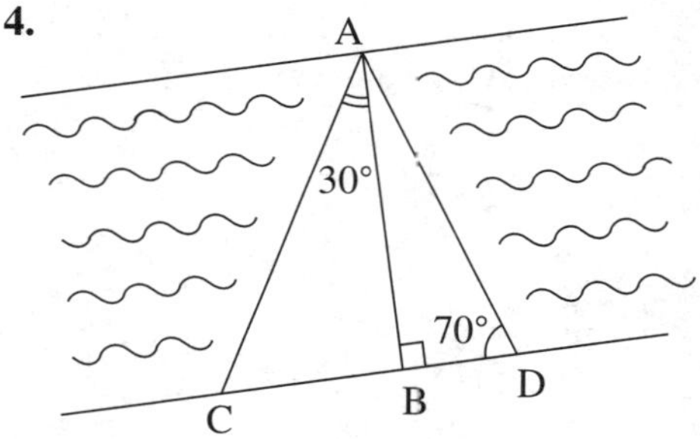

Si CD = 70 m, $\widehat{D} = 70°$ et $\widehat{CAB} = 30°$, **calculer la largeur AB de la rivière à 1 m près.**

Corrigés

1. *a.* $\widehat{C} = 90° - 50° = 40°$; $\cos\widehat{B} = \dfrac{BA}{BC}$ donc

$BA = BC \times \cos\widehat{B}$

$BA = 3 \times \cos 50°$

BA ≈ 1,93 cm.

$\sin\widehat{B} = \dfrac{AC}{BC}$ donc

$AC = BC \times \sin\widehat{B}$

$AC = 3 \times \sin 50°$

AC ≈ 2,30 cm.

b. $\widehat{C} = 90° - 55° = 35°$; $\cos\widehat{C} = \dfrac{CA}{CB}$ donc $CB = \dfrac{CA}{\cos\widehat{C}}$

$CB = \dfrac{5}{\cos 35°}$

CB ≈ 6,1 cm.

$\tan\widehat{C} = \dfrac{AB}{AC}$ donc $AB = AC \times \tan\widehat{C}$

$AB = 5 \times \tan 35°$

AB ≈ 3,5 cm.

$\widehat{B} = 90° - 35° = \mathbf{55°}$**.**

2. Dans le triangle ABH, rectangle en H.

$\tan\widehat{B} = \dfrac{AH}{BH} = \dfrac{3}{4} = 0{,}75$ donc $\widehat{B} \approx \mathbf{37°}$**.**

$\cos\widehat{B} = \dfrac{BH}{BA}$ ou $BA = \dfrac{BH}{\cos\widehat{B}} = \dfrac{4}{\cos 37°} \approx$ **5 cm.**

Dans le triangle ACH, rectangle en H.

$\tan\widehat{C} = \dfrac{AH}{CH} = \dfrac{3}{7}$ donc $\widehat{C} \approx \mathbf{23°}$**.**

$\sin\widehat{C} = \dfrac{AH}{AC}$ ou $AC = \dfrac{AH}{\sin\widehat{C}} = \dfrac{3}{\sin 23°} \approx$ **7,7 cm.**

Dans le triangle ABC

$\widehat{A} = \mathbf{180° - (37° + 23°) = 120°}$**.**

3. Le rayon du 35° parallèle est [AP].

Le rayon de la Terre est [OP].

$\widehat{EOP} = \widehat{OPA} = 35°$ angles alternes internes.

Dans le triangle AOP :

$\cos\widehat{APO} = \dfrac{PA}{PO}$ ou $PA = PO \times \cos 35°$

$PA = 6\,400 \times \cos 35°$

$PA \approx 5\,248$ km.

Le **35° parallèle** est un cercle de rayon de PA, sa **longueur, en km,** est :

$$L = 2 \times \pi \times R \approx 2 \times 3,14 \times 5\,248 \approx \mathbf{32\,957}.$$

4. Dans le triangle ABD rectangle en B on a :

$\tan\widehat{D} = \dfrac{AB}{BD}$ ou $AB = BD \times \tan\widehat{D}$ (1)

$AB = BD \times \tan 70°$

Dans le triangle ABC rectangle en B.

$\tan\widehat{A} = \dfrac{BC}{AB}$ ou $AB = \dfrac{BC}{\tan 30°}$ (2)

Des égalités (1) et (2) on déduit :

$$BD \times \tan 70° = \frac{BC}{\tan 30°}$$

$$(CD - CB) \times \tan 70° = \frac{BC}{\tan 30°}$$

$$CD \times \tan 70° - CB \times \tan 70° = \frac{BC}{\tan 30°}$$

$$70 \times \tan 70° = CB \times \tan 70° + \frac{BC}{\tan 30°}$$

$$70 \times \tan 70° = CB\left(\tan 70° + \frac{1}{\tan 30°}\right)$$

$$192{,}3 \approx 4{,}48\,CB$$

$$\frac{192{,}3}{4{,}48} \approx CB$$

$$42{,}92 \approx CB.$$

D'après l'égalité (2), on a : $AB = \frac{CB}{\tan 30°} \approx \frac{42{,}92}{\tan 30°} \approx 74{,}3.$

La rivière a environ 74 m de largeur.

Sujets de concours

1. Garde-pêche, Conseil supérieur de la Pêche, 1995.

Pour calculer la distance qui sépare les phares P_1 et P_2, on a pris les mesures suivantes :

$AB = 50$ m, $\widehat{ABP_1} = 12°$ et $\widehat{ABP_2} = 76°$.

Calculer AP_1 et AP_2. En déduire la distance P_1P_2 que l'on arrondira au mètre supérieur.

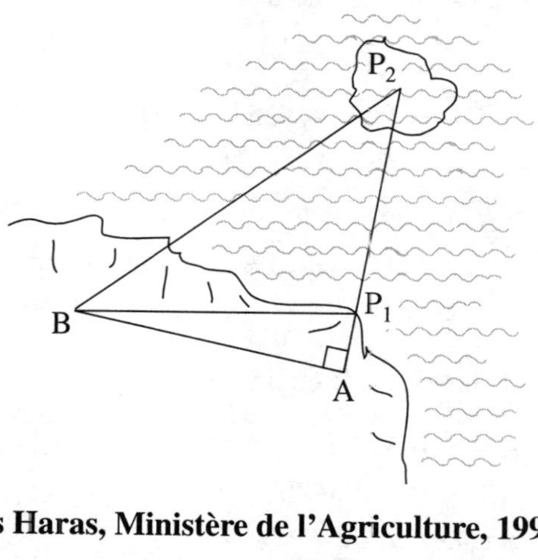

2. Agent technique des Haras, Ministère de l'Agriculture, 1997.

Une parcelle de terrain a la forme d'un trapèze rectangle ABCD où les angles en A et D sont droits avec (DB) perpendiculaire à (BC) et $\widehat{ABD} = 60°$.

Le côté [A , B] mesure 50 m.

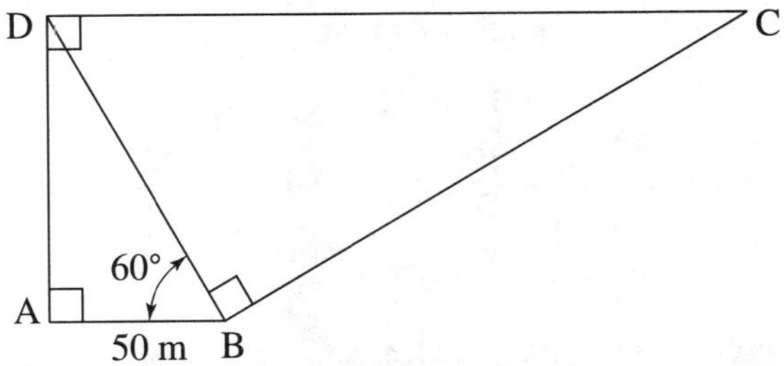

Calculer la mesure de chaque côté du trapèze ainsi que celle de la diagonale BD.

3. Agent technique des Haras, 1996.

Soit un triangle ABC rectangle en A, tel que AB = 5 cm et AC = 8 cm.

a. **Calculer la longueur de BC.**

b. **Calculer les angles $\widehat{ABC}$ et $\widehat{BCA}$ en degrés.**

4. Agent technique des Parcs nationaux, 1991.

Sur un plan cadastral, on a relevé les cotes suivantes (voir figure) : AB = 280 mm, BC = 160 mm.

a. **Calculer DB, HK, l'aire de ABD et celle de ABCD.**

b. L'échelle étant au 1/10 000, quelles sont les dimensions réelles de DB, HK. **Quelle est l'aire de ABD et celle de ABCD ?**

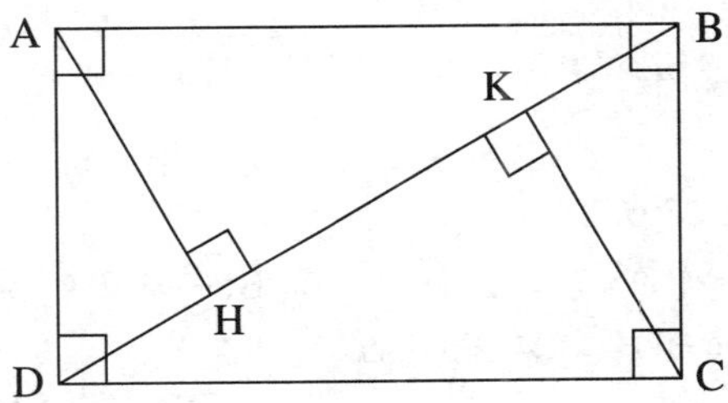

Corrigés

1. Dans le triangle ABP_1, rectangle en A :

$$\tan\widehat{ABP_1} = \frac{AP_1}{AB} \quad \text{ou} \quad \tan 12° = \frac{AP_1}{50} \quad \text{ou} \quad AP_1 = 50 \times \tan 12°$$

$\mathbf{AP_1 \approx 10{,}6}$ **m.**

Dans le triangle ABP_2, rectangle en A :

$$\tan\widehat{ABP_2} = \frac{AP_2}{AB} \quad \text{ou} \quad \tan 76° = \frac{AP_2}{50} \quad \text{ou} \quad AP_2 = 50 \times \tan 76°$$

$\mathbf{AP_2 \approx 200{,}5}$ **m.**

$P_1P_2 = AP_2 - AP_1 = 200{,}5 - 10{,}6 = 189{,}9.$

La distance entre les deux phares est environ 190 m.

2. Calcul de AD

Dans le triangle DAB, rectangle en A on a :

$$\tan\widehat{ABD} = \frac{AD}{AB} \quad \text{ou} \quad \tan 60° = \frac{AD}{50} \quad \text{ou} \quad AD = 50 \times \tan 60°$$

$\mathbf{AD \approx 86{,}6}$ **m.**

On a aussi : $\cos\widehat{ABD} = \frac{AB}{BD}$ ou $\cos 60° = \frac{50}{BD}$

ou $DB = \frac{50}{\cos 60°}$ ou $\mathbf{BD = 100.}$

Les droites (AB) et (DC) perpendiculaires à (AD) sont parallèles entre elles. Les angles $\widehat{BDC}$ et $\widehat{ABD}$, alternes-internes, ont mêmes mesure : 60°.

Dans le triangle DBC, rectangle en B, on a :

$\cos\widehat{BDC} = \dfrac{DB}{DC}$ ou $\cos 60° = \dfrac{100}{DC}$ ou $\mathbf{DC = \dfrac{100}{\cos 60°} = 200.}$

On a aussi : $\sin\widehat{BDC} = \dfrac{BC}{DC}$ ou $\sin 60° = \dfrac{BC}{200}$

ou $BC = 200 \times \sin 60°$ ou $\mathbf{BC \approx 173{,}2\ m.}$

3. *a.* D'après le théorème de Pythagore (voir chapitre 16) appliqué à ce triangle, on a : $BC^2 = AB^2 + AC^2$ ou $BC^2 = 5^2 + 8^2$ ou $BC^2 = 25 + 64$

ou $BC^2 = 89$ donc $\mathbf{BC = \sqrt{89} \approx 9{,}4.}$

b. On a $\tan\widehat{B} = \dfrac{AC}{AB} = \dfrac{8}{5} = 1{,}6$

donc $\mathbf{mes\widehat{ABC} \approx 58°}$

$\mathbf{mes\widehat{ACB} = 90° - 58° = 32°.}$

4. *a.* Le théorème de Pythagore appliqué au triangle BAD, rectangle en A permet d'écrire :

$BD^2 = AB^2 + AD^2$ ou $BD^2 = 280^2 + 160^2$ ou $BD^2 = 78\,400 + 25\,600$
ou $BD^2 = 104\,000$ donc

$$\mathbf{BD = \sqrt{104\,000} \approx 322{,}5\ mm.}$$

Mesure de $\widehat{ADB}$: $\tan\widehat{ADB} = \dfrac{AB}{AD} = \dfrac{280}{160} = 1{,}75$

donc $\mathbf{mes\,\widehat{ADB}} \approx 60°$.

Calcul de DH : dans le triangle AHD, rectangle en H, on a : $\cos\widehat{ADH} = \dfrac{DH}{AD}$ ou $\cos 60° = \dfrac{DH}{160}$ ou $DH = 160 \times \cos 60° = 80$ mm.

$HK = BD - (DH + KB)$ ou $DH = KB$ donc

$$\mathbf{HK = 322{,}5 - (80 + 80) = 162{,}5\ mm.}$$

Aire de ABD $\mathbf{= \dfrac{AB \times AD}{2} = \dfrac{280 \times 160}{2} = 22\,400\ mm^2}$

Aire de ABCD = 2 × aire de ABD = 2 × 22 400 = 44 800 mm².

b. **Longueur réelle de DB** = 322,5 × 10 000 = 3 225 000 soit **3 225 m.**

Longueur réelle de HK en mètres : $162{,}5 \times 10^4 \times 10^{-3}$ = **1 625 m.**

Aire réelle de ABD en m² $\mathbf{= 22\,400 \times (10^4)^2 \times 10^{-6} = 22\,400 \times 10^8 \times 10^{-6}}$

$\mathbf{= 2\,240\,000\ m^2}$

soit : 224 ha.

Aire réelle de ABCD en m² = 2 × 2 240 000 = 4 480 000 m² ou 448 ha.

18. Statistiques

I. Quelques rappels de vocabulaire

La statistique collecte un **ensemble d'observations** dans le but de les **organiser** (tableaux, graphiques) de **les caractériser** (moyenne, écart type) et de **les analyser.**

L'ensemble des éléments observés s'appelle une **population** (êtres vivants ou objets) et l'étude de chaque élément porte sur un **caractère** précis.

Ce caractère peut être **quantitatif** (prix, poids...) ou **qualitatif** (couleur, forme...).

L'ensemble des nombres se rapportant à un caractère quantitatif constitue une **série statistique** dont **l'étendue** est la différence entre la plus grande et la plus petite valeur.

Un caractère quantitatif est dit :

– **continu** lorsqu'il prend toutes les valeurs d'un intervalle (prix, longueurs...)

– **discret** lorsqu'il prend des valeurs isolées (nombres d'enfants dans une famille...)

II. Tableau statistique

Généralement on présente dans un **tableau** des informations concernant les valeurs prises par le caractère :

– **son effectif :** c'est le nombre de fois que la valeur est prise;

– **sa fréquence :** c'est le rapport de l'effectif de la valeur à l'effectif total des valeurs.

Si le nombre de valeurs prises par le caractère est important on partage l'étendue de la série en intervalles appelées classes.

Exemple : [20 , 30[.

L'amplitude d'une classe est la différence entre la limite supérieure et la limite inférieure de la classe.

$$30 - 20 = 10.$$

La valeur centrale au centre d'une classe est la moyenne arithmétique des limites de la classe.

$$(20 + 30) : 2 = 25.$$

Exemple :

On a étudié la répartition par âge des salariés d'une entreprise et commencé à remplir le tableau statistique ci-après :

Âges en années	Effectifs n_i	Effectifs cumulés croissants	Fréquences en % f_i	Fréquences cumulées décroissantes	Centres x_i	Produits $n_i x_i$
[20 ; 30[	28	28	20	100	25	700
[30 ; 40[	52	80	37,1	80	35	1 820
[40 ; 50[	39	119	27,9	42,9	45	1 755
[50 ; 60[	21	140	15	15	55	1 155
	140		100			5 430
↑ classes de même amplitude	↑ effectif total noté N		↑ total des fréquences			↑ total des produits notés $\sum n_i x_i$

L'effectif cumulé croissant de la classe de rang k est la somme des effectifs depuis la première jusqu'à celle de rang k incluse.

Exemple :

effectif cumulé croissant de la classe [40 , 50[

$$28 + 52 + 39 = 119.$$

Cela signifie que dans cette entreprise il y a 119 salariés âgés de 20 à 49 ans.

On procède de même pour obtenir les **fréquences cumulées croissantes.**

L'effectif cumulé décroissant de la classe de rang k est la somme des effectifs depuis la dernière jusqu'à celle de rang k incluse.

Il en est de même pour **les fréquences cumulées décroissantes.**

Exemple :

Fréquence cumulée décroissante de la classe [30 , 40[

$$15 + 27{,}9 + 37{,}1 = 80\ \%.$$

Cela signifie que dans cette entreprise 80 % des salariés sont âgés de 30 ans et plus.

La moyenne arithmétique pondérée, notée $\bar{x}$ d'un ensemble de valeurs est le quotient de la somme des produits, notée $\sum n_i x_i$, par le total des effectifs, noté N.

d'où la formule : $$\boxed{\bar{x} = \frac{\sum n_i x_i}{N}}$$

Exemple : $\bar{x} = \dfrac{5\,430}{140} \approx 39.$

Ce qui signifie que **l'âge moyen** des salariés de cette entreprise est d'environ 39 ans.

Moyenne pondérée : Pour calculer la moyenne pondérée d'une série statistique dont les valeurs sont affectées de coefficients :

– on multiplie les valeurs du caractère par les coefficients de pondération;

– on ajoute les résultats obtenus;

– on divise le résultat obtenu par la somme des coefficients de pondération.

Exemple :

Matthieu a passé un examen comportant quatre épreuves avec coefficients. Voici ses résultats.

Matière	Coefficient	Note
Mathématiques	4	15
Français	3	8
Langue vivante	3	7
Histoire-géo	2	12

Sa moyenne à l'examen est :

$$\frac{15 \times 4 + 8 \times 3 + 7 \times 3 + 12 \times 2}{4 + 3 + 3 + 2} = \frac{129}{12} = 10{,}75.$$

Médiane :

Dans une population ordonnée suivant les valeurs croissantes du caractère, la médiane est la valeur qui sépare la population en deux parties de même effectif.

Exemple :

Pour une épreuve de gymnastique au sol, le professeur d'éducation physique a partagé la classe de 3e B en deux groupes : l'un constitué de 13 garçons et l'autre de 14 filles.

Les résultats des garçons classés par ordre croissant sont :

$$\underbrace{7\ 8\ 9\ 10\ 10\ 10}_{\text{6 notes}}\ 11\ \underbrace{14\ 14\ 15\ 16\ 16\ 19}_{\text{6 notes}}$$

11 est la note médiane

Les résultats des filles classés par ordre croissant sont :

$$\underbrace{5\ 6\ 6\ 7\ 8\ 12\ 12}_{\text{7 notes}}\quad \underbrace{13\ 13\ 13\ 13\ 14\ 15\ 17}_{\text{7 notes}}$$

12,5 est la note médiane

Écart type : L'écart type est un nombre qui caractérise la dispersion des valeurs autour de la moyenne arithmétique.

On procède ainsi :

• on calcule la différence $x_i - \bar{x}$ de chaque valeur avec la moyenne.

• on calcule la moyenne arithmétique des carrés de ces différences. Le nombre obtenu est appelé **variance** et noté σ^2.

L'écart-type σ est la racine carrée positive de la variance, on a donc la formule :

$$\boxed{\sigma = \sqrt{\frac{\sum n_i (x_i - \bar{x})^2}{N}}} \text{ ou dans la pratique } \boxed{\sigma = \sqrt{\frac{\sum x_i^2 n_i}{N} - \bar{x}^2}}$$

D'une manière générale :

environ 68 % des valeurs appartiennent à l'intervalle :

$$[\bar{x} - \sigma\ ,\ \bar{x} + \sigma]$$

environ 95 % des valeurs appartiennent à l'intervalle :

$$[\bar{x} - 2\sigma \, , \, \bar{x} + 2\sigma]$$

plus de 99 % des valeurs appartiennent à l'intervalle :

$$[\bar{x} - 3\sigma \, , \, \bar{x} + 3\sigma].$$

Exemple :

Calcul de l'écart-type de la série statistique de l'exemple du II.

On a le tableau suivant :

Âges en années	Effectifs n_i	Centres x_i	$x_i^2 n_i$
[20 ; 30[	28	25	17 500
[30 ; 40[	52	35	63 700
[40 ; 50[	39	45	78 975
[50 ; 60[	21	55	63 525
	140		223 700

rappel : $\bar{x} \approx 39$

$$\sigma = \sqrt{\frac{223\,700}{140} - 1\,521} \approx 8{,}8 \text{ soit } 9.$$

III. Représentations graphiques des effectifs ou fréquences

1. Diagramme en bâtons

Quand les valeurs de la variable sont peu nombreuses (surtout caractère quantitatif discret) on utilise de préférence ce type de représentation.

Exemple :

Dans cet exercice les données ont été arrondies pour faciliter les calculs.

1. Pour les vendre, les ostréiculteurs classent leurs huîtres par catégories numérotées de 1 à 6.

Une fois classées, un ostréiculteur expédie ses huîtres en caissettes (appelées bourriches) de 100 huîtres. Pour les fêtes de Noël 1990, ses expéditions se sont réparties ainsi :

Catégorie	1	2	3	4	5	6
Nombre de bourriches expédiées	10	40	200	320	360	70

a. Représenter ces données dans un diagramme à bâtons (choisir convenablement les unités graphiques).

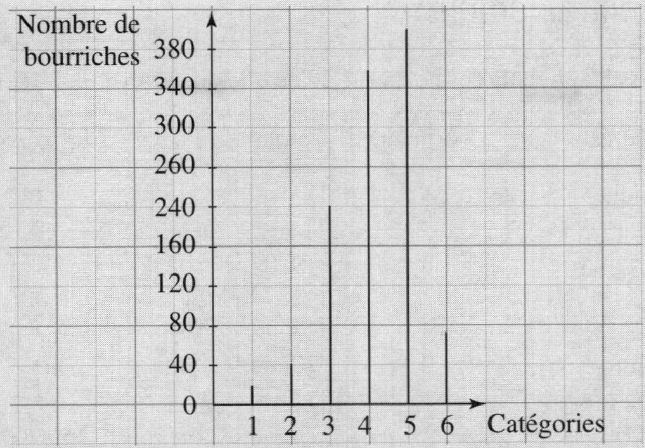

Les hauteurs des différents bâtons sont proportionnelles aux effectifs correspondants.

2. Histogramme

Quand les valeurs de la variable sont nombreuses et regroupées en classes on utilise de préférence ce type de représentation.

Exemple :

Histogramme des effectifs du tableau du II, page 208

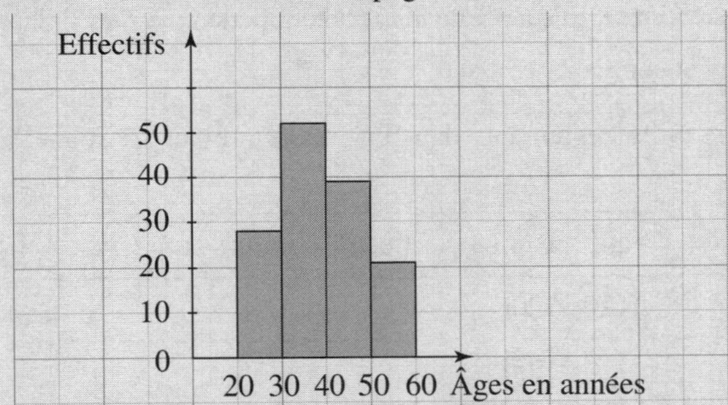

Les aires des différents rectangles sont proportionnelles aux effectifs (ou aux fréquences) correspondants.

3. Diagramme à secteurs (ou circulaires)

C'est le type de représentation privilégié pour les pourcentages.

Exemple :

Fréquence du tableau du II, page 208

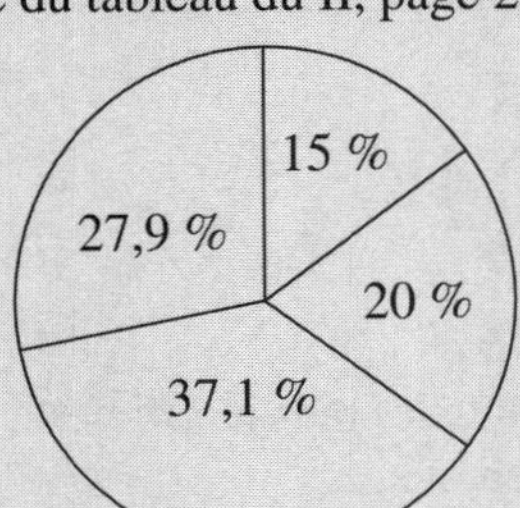

Chaque secteur a un angle au centre dont la mesure est proportionnelle à la fréquence de la classe correspondante.

Exemple :20 % est représenté par un secteur qui a pour mesure en degrés :

$\frac{360}{100} \times 20 = 72.$

Exercices d'entraînement

1. Voici un tableau récapitulatif des notes sur 20 de quelques élèves qui ont passé le bac C.

Matières	Coefficient	Carole	Luc	Christophe	Élodie
Mathématiques	5	12	9	7	13
Physique	5	14,5	12	11	10
1re langue	3	9	10	14	
Philosophie	2	7	11	8	9
Français	3	13	10,5	9	12
Histoire-Géographie	2	10	6	10	4
Sciences naturelles	1	15		8	7
E.P.S.	1	8	16	Dispensé	10

a. **Calculer la moyenne pondérée de Carole et de Christophe.**

Il faut avoir 10 sur 20 pour être admis. **Sont-ils admis?**

b. On sait que Luc est admis avec 10,5 de moyenne.

Quelle est sa note de sciences naturelles?

c. Élodie n'est pas admise. Elle a pourtant une note supérieure à 7 en 1re langue.

Quelle est cette note entière.

2. Une étude sur la taille des enfants dans une école primaire a donné la série statistique suivante :

Taille en cm	Effectifs cumulés croissants
[110 ; 120[	30
[120 ; 125[	75
[125 ; 130[	133
[130 ; 135[	195
[135 ; 145[	220
[145 ; 155[	230

a. **Construire l'histogramme de cette série.**

b. **Quelle est la médiane graphique.**

c. **Calculer la médiane et la taille moyenne.**

3. En vue d'une étude statistique, un sylviculteur décompte les pins maritimes d'une parcelle en fonction de la circonférence de leur tronc exprimée en mètres.

1 arbre est représenté par un trait (exemple : ┌ représente 2 arbres).

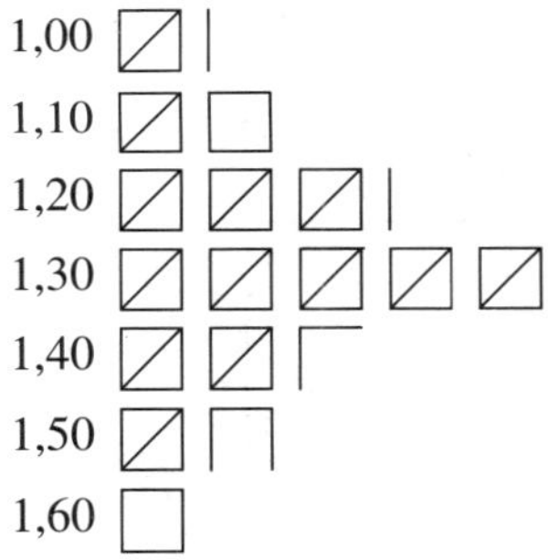

a. **Dresser le tableau de cette série statistique indiquant les valeurs de caractère, les effectifs et les fréquences.**

b. **Représenter les effectifs par un diagramme en bâtons.**

c. **Calculer la circonférence moyenne d'un pin de cette parcelle.**

4. Un club sportif créé depuis 6 ans étudie la répartition de ses adhérents actuels suivant leur ancienneté au club.

On obtient le diagramme en bâtons des effectifs ci-dessous :

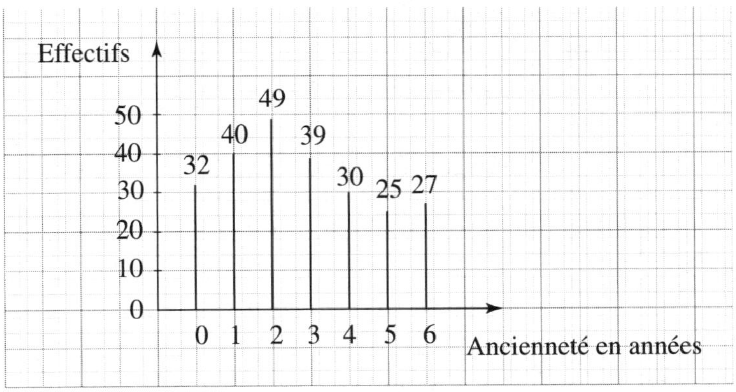

a. **Complète le tableau ci-dessous :**

Ancienneté	Effectifs	Fréquences	Fréquences en %

b. **Représenter l'ancienneté par un diagramme circulaire, à partir des fréquences.**

c. **Calculer la moyenne de cette série statistique.**

5. Dans une entreprise, une statistique portant sur les versements à l'U

Versements trimestriels à l'URSSAF	Effectifs (nombre d'employés)
[4 000 ; 4 200[	25
[4 200 ; 4 400[	18
[4 400 ; 4 600[	32
[4 600 ; 4 800[	15
[4 800 ; 5 000[	6

a. **Calculer le versement moyen.**
b. **Calculer l'écart-type.**

Corrigé

1. *a.* Moyenne pondérée de Carole :

$$\frac{12 \times 5 + 14{,}5 \times 5 + 9 \times 3 + 7 \times 2 + 13 \times 3 + 10 \times 2 + 15 + 8}{5 + 5 + 3 + 2 + 3 + 2 + 1 + 1} = \frac{255{,}5}{22} \approx \mathbf{11{,}6.}$$

Moyenne pondérée de Christophe :

$$\frac{7 \times 5 + 11 \times 5 + 14 \times 3 + 8 \times 2 + 9 \times 3 + 10 \times 2 + 8}{5 + 5 + 3 + 2 + 3 + 2 + 1} \approx \mathbf{9{,}7.}$$

Carole est admise. Christophe est refusé.

b. On a l'équation, si x est la note de sciences naturelles :

$$\frac{9 \times 5 + 12 \times 5 + 10 \times 3 + 11 \times 2 + 10{,}5 \times 3 + 6 \times 2 + x + 16}{22} = 10{,}5$$

$$\frac{45 + 60 + 30 + 22 + 31{,}5 + 12 + x + 16}{22} = 10{,}5$$

$$216{,}5 + x = 10{,}5 \times 22$$

$$216{,}5 + x = 231$$

$$x = 231 - 216{,}5$$

$$x = 14{,}5.$$

La note de sciences naturelles de Luc est **14,5.**

c. Soit x la note d'Élodie en 1re langue. On a l'inéquation :

$$\frac{\times 5 + 10 \times 5 + x \times 3 + 9 \times 2 + 12 \times 3 + 4 \times 2 + 7 + 10}{22} < 10$$

$$\frac{65 + 50 + 3x + 18 + 36 + 8 + 7 + 10}{22} < 10$$

$$194 + 3x < 220$$

$$3x < 220 - 194$$

$$x < \frac{26}{3}$$

$$x < 8 + \frac{2}{3}$$

La note d'Élodie en 1re langue est **8.**

2.

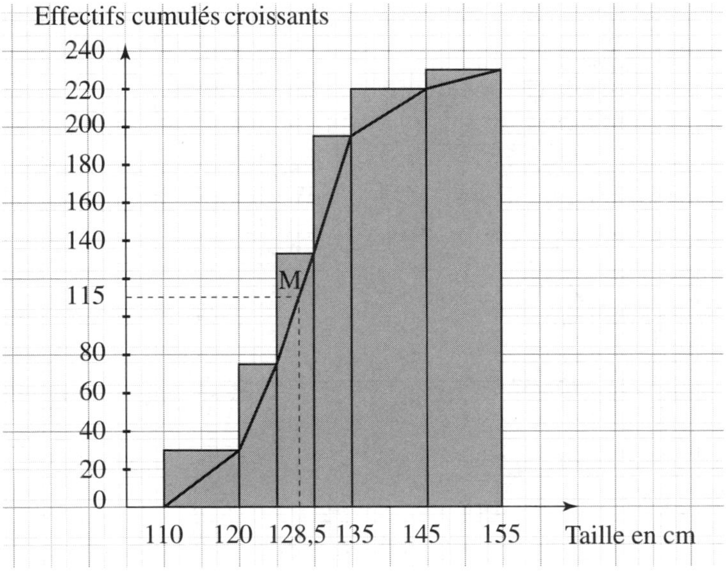

médiane graphique $\approx$ 128,5 cm.

(abscisse du point M d'ordonnée 115).

Taille médiane par le calcul.

$$125 + \left(\frac{5}{58} \times 40\right) \approx 128{,}4 \text{ cm.}$$

Le 115e enfant se situe dans la 3e classe [125 , 130[qui compte 58 éléments (133-75) et il est en 40e position (115-75).

Taille moyenne :

Taille en cm	Effectifs n_i	Centre x_i	Produits $n_i \times x_i$
[110 ; 120[	30	115	3 450
[120 ; 125[	45	122,5	5 512,5
[125 ; 130[	58	127,5	7 395
[130 ; 135[	62	132,5	8 215
[135 ; 145[	25	140	3 500
[145 ; 155[	10	150	1 500
	230		29 572,50

Taille moyenne en cm

$$\frac{29\,572{,}5}{230} \approx \mathbf{128{,}6}$$

3. *a.*

Valeurs de caractère en mètres	Effectifs	Fréquences
1	6	0,075
1,10	9	0,1125
1,20	16	0,2
1,30	25	0,3125
1,40	12	0,15
1,50	8	0,1
1,60	4	0,05

Total 80

← 6 : 80
← 9 : 80
etc.

b.

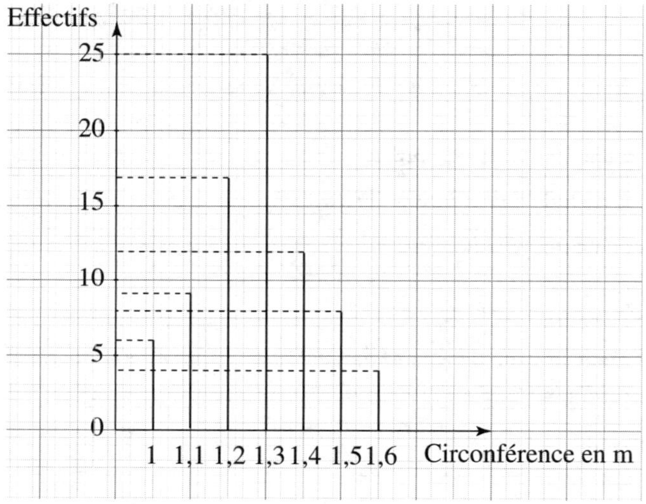

c. Circonférence moyenne d'un pin :

$$\frac{1 \times 6 + 1{,}1 \times 9 + 1{,}2 \times 16 + 1{,}3 \times 25 + 1{,}4 \times 12 + 1{,}5 \times 8 + 1{,}6 \times 4}{80} = \frac{102{,}8}{80} = \mathbf{1{,}285.}$$

4. *a.*

Ancienneté en années	Effectifs	Fréquences	Fréquences en %
0	32	0,1 322…	13,22
1	40	0,1 653	16,53
2	49	0,2 025	20,25
3	39	0,1 612	16,12
4	30	0,1 24	12,4
5	25	0,1 033	10,33
6	27	0,1 116	11,16

Total : 242

← 32 : 242
etc

b.

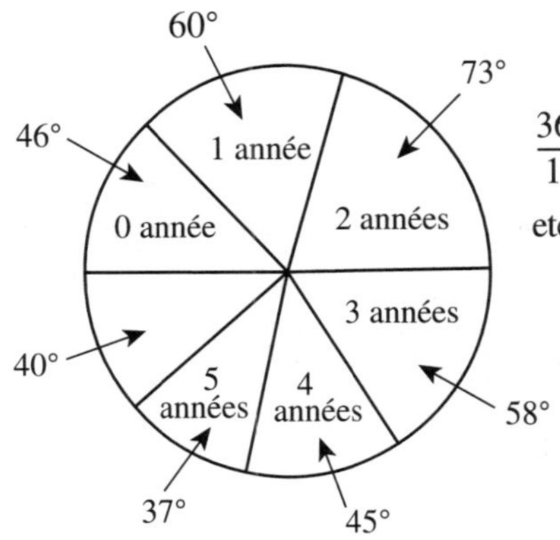

$\frac{360°}{100} \times 13{,}22 \approx 46°$

etc.

c. Calcul de l'ancienneté moyenne

$$\frac{32 \times 0 + 40 \times 1 + 49 \times 2 + 39 \times 3 + 30 \times 4 + 25 \times 5 + 27 \times 6}{242} = \frac{662}{242} \approx 2{,}7$$

soit **3 ans.**

5.

Versements	Effectifs n_i	Centres x_i	Produits $n_i x_i$	$x_i^2 n_i$
[4 000 ; 4 200[	25	4 100	102 500	42 025 . 10^4
[4 200 ; 4 400[	18	4 300	77 400	33 282 . 10^4
[4 400 ; 4 600[	32	4 500	144 000	64 800 . 10^4
[4 600 ; 4 800[	15	4 700	70 500	33 135 . 10^4
[4 800 ; 5 000[	6	4 900	29 400	14 406 . 10^4
	96		423 800	187 648 . 10^4

a. Versement moyen en francs :
423 800 : 96 ≈ **4 414,60 F.**

b. Écart type :

$$\sigma = \sqrt{\frac{187\,648 \cdot 10^4}{96} - 4\,414{,}6^2} \approx \mathbf{240{,}78.}$$

Sujets de concours

1. Agent technique des Parcs nationaux, 1997.

On a relevé les températures moyennes mensuelles de l'eau d'un lac, à plusieurs profondeurs, en degré Celsius :

Profondeurs (en m) :	0	5	10	20	50
Janvier	6,1	6,1	6,1	6,1	6,1
Février	5,6	5,6	5,6	5,6	5,6
Mars	6,1	5,9	5,8	5,6	5,5
Avril	8,5	7,5	6,9	6,3	5,9
Mai	12,6	10,9	9,7	8,0	6,1
Juin	16,8	14,7	12,8	9,6	6,3
Juillet	20,2	18,5	15,8	9,6	6,4
Août	20,2	19	16,9	11,6	6,4
Septembre	18,3	17,7	16,6	12,2	6,6
Octobre	14,2	14,1	13,9	12,3	6,7
Novembre	10,4	10,4	10,3	10,1	7,1
Décembre	7,6	7,6	7,6	7,6	7,1

a. **Calculer la température moyenne annuelle pour chaque profondeur.**

b. **Tracer un diagramme en bâtons des températures moyennes annuelles en fonction de la profondeur.**

c. **Calculer la différence entre la température maximale et la température minimale pour chaque profondeur, et représenter graphiquement les écarts de température en fonction de la profondeur.**

2. Adjoint administratif de la Police nationale, 1994.

X passe un examen comportant trois épreuves : les mathématiques (coefficient 4), le français (coefficient 3) et l'anglais (coefficient 2). Il a obtenu 12 en mathématiques et 8 en français. **Avec quelles notes en anglais peut-il obtenir au moins la moyenne 10 et ainsi être reçu?**

3. Agent technique des Haras, Ministère de l'Agriculture, 1997.

Une enquête effectuée auprès des élèves d'un établissement scolaire sur l'argent de poche qu'ils reçoivent chaque semaine a donné l'histogramme figurant ci-dessous.

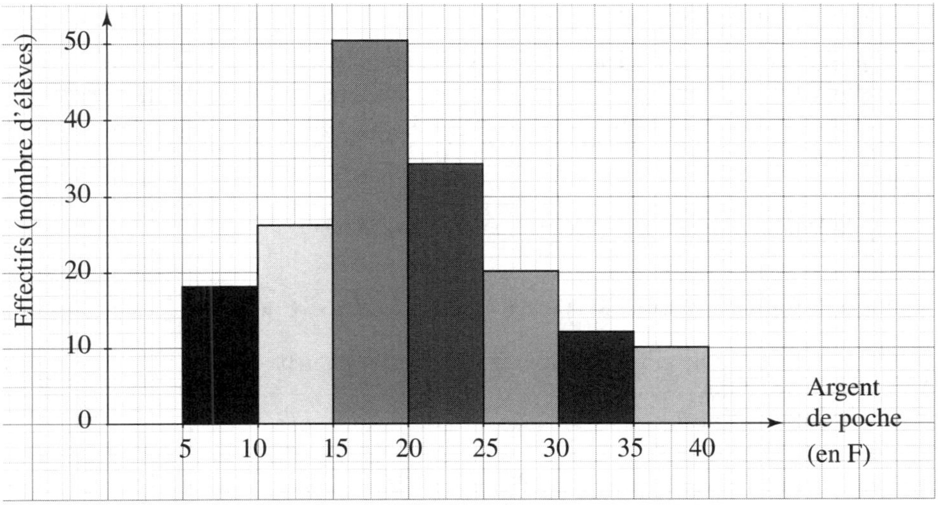

a. **Reproduire le tableau suivant sur votre feuille et le compléter**

Classes (argent de poche (F))	Effectifs (nombre d'élèves) n_i	Effectifs cumulés croissants	Effectifs cumulés décroissants	Centres de la classe x_i	Produits $x_i \times n_i$	Fréquences en %

b. **Calculer la somme moyenne reçue par un élève chaque semaine**

c. **Déterminer par le calcul la médiane de cette série.**

4. Chef d'équipe du nettoiement de Paris, 1996.

L'activité des déchetteries parisiennes est donnée dans le tableau ci-dessous :

Produits	Unité	Chapelle	Moulineaux	Peupliers	Lilas
Ferrailles	Tonnes	429	374	176	660
Papiers/Cartons	Tonnes	319	198	539	1 034
Bois	Tonnes	264	649	0	0
Divers	Tonnes	165	0	99	551

a. **Déterminer le pourcentage de chaque produit par site.**

b. **Sur un diagramme circulaire (camembert), représenter le total des produits collectés sur Paris.**

5. Agent technique des Parcs nationaux, Ministère de l'Environnement, 1990.

Au 31/12/1990, la répartition par âge d'un nouveau corps de fonctionnaires se présente comme suit :

Âge	25	26	27	28	29	30	31	32	33	34	35
effectifs	3	10	8	8	5	9	4	3	2	1	2

a. **Quel est l'âge moyen de ce corps (au 31/12/90)?**

b. **Représenter sur un diagramme, la répartition par âge de ce corps, en portant en abscisses les âges et en ordonnées les effectifs (en utilisant au mieux la feuille de copie).**

c. **En quelle année la moitié au moins de l'effectif aura-t-il atteint l'âge de départ à la retraite?**

(on considère que l'âge de départ à la retraite est de 60 ans).

6. Agent technique des Haras, Ministère de l'Agriculture, 1997.

a. L'âge des élèves d'une classe de BEPA est exprimé par le tableau suivant :

Classes en années	[15 , 16[	[16 , 17[	[17 , 18[	[18 , 19[
Effectifs n_i	5	14	7	2

- **Présenter cette série par un histogramme.**
- **Calculer la moyenne puis l'écart type de cette série.**

(Les calculs intermédiaires devront apparaître dans un tableau).

7. Agent technique des Parcs nationaux, Ministère de l'Environnement, 1995.

Dans deux zones géographiquement distinctes, la zone A et la zone B, vit une population de grands ongulés; les âges des individus qui la composent sont différents. Voici les âges observés par individu.

Zone A

17	10	5	18	10	17	18	2	19	3
19	8	18	4	11	3	1	20	4	17
17	5	6	18	7	9	14	18	10	4

Zone B

10	13	9	11	14	9	11	9	8
6	12	15	9	11	14	13	12	
8	8	10	10	10	12	10	12	

a. **Faire un tableau de répartition des âges pour chaque zone** (nombre d'individus par âge).

b. **Calculer l'âge moyen pour chaque zone, et le pourcentage d'animaux ayant l'âge moyen.**

c. **Construire la pyramide des âges pour les deux zones.**

d. **Chercher pour chaque zone, combien d'animaux ont un âge X tel que $0 \leqslant X \leqslant 4$ et leur pourcentage.**

Même question pour :

$$5 \leqslant X \leqslant 8$$
$$9 \leqslant X \leqslant 12$$
$$13 \leqslant X \leqslant 16$$
$$17 \leqslant X \leqslant 20$$

e. **Donner les histogrammes et les diagrammes circulaires correspondant à la question précédente.**

Corrigés

1. *a.* **Température moyenne annuelle : Somme des températures de moyennes mensuelles divisée par 12 :**

à 0 mètre : **12,2°**; à 5 m : **11,5°**; à 10 m : **10,7°**;

à 20 mètres : **8,7°**; à 50 m : **6,3°.**

b.

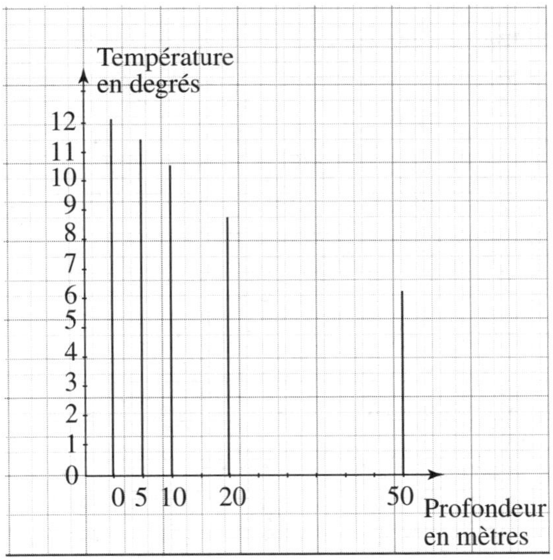

c. Différence entre la température maximale et la température minimale pour chaque profondeur :

0 m : 20,2 – 5,6 = **14,6**

5 m : 19 – 5,6 = **13,4**

10 m : 16,9 – 5,6 = **11,3**

20 m : 12,3 – 5,6 = **6,7**

50 m : 7,1 – 5,5 = **1,6.**

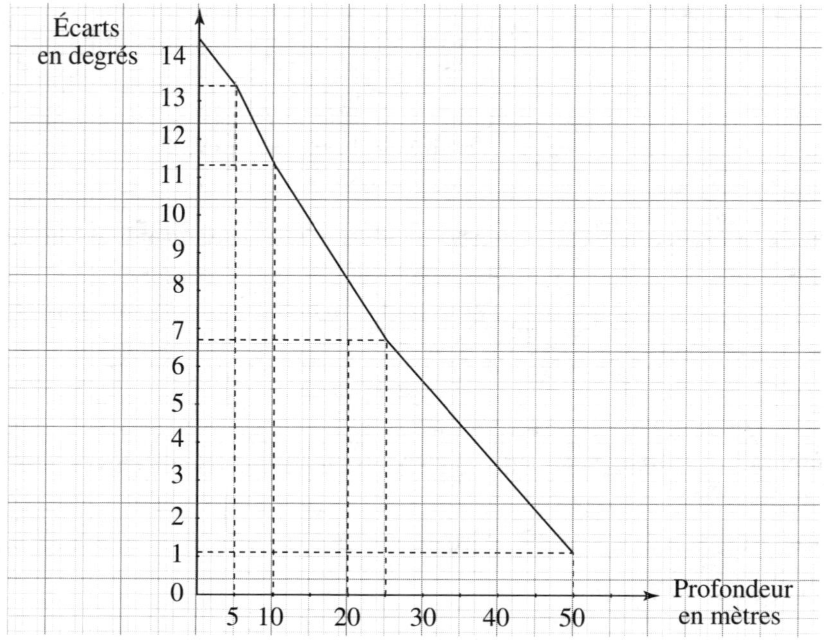

2. Soit n la note d'anglais

On a l'égalité : $\dfrac{12 \times 4 + 8 \times 3 + 2 \times n}{4 + 3 + 2} \geqslant 10.$

On résout l'équation : $\dfrac{48 + 24 + 2n}{9} \geqslant 10$

$$\frac{72 + 2n}{\not 9} \geqslant \frac{90}{\not 9}$$

$$2n \geqslant 90 - 72$$

$$n \geqslant \frac{18}{2}.$$

Si X obtient une note supérieure ou égale à 9 en anglais il sera reçu $\boldsymbol{n \geqslant 9}$.

Vérification : $\dfrac{48 + 24 + 2 \times 9}{9} = \dfrac{48 + 24 + 18}{9} = \dfrac{90}{9} = 10.$

3. *a.*

Classes (argent de poche F)	Effectifs (Nombre d'élèves) n_i	Effectifs cumulés croissants	Effectifs cumulés décroissants	Centres de la classe x_i	Produits $x_i \times n_i$	Fréquences en %
[5 , 10[	18	18	170	7,5	135	10,6
[10 , 15[	26	44	152	12,5	325	15,3
[15 , 20[	50	94	126	17,5	875	29,4
[20 , 25[	34	128	76	22,5	765	20
[25 , 30[	20	148	42	27,5	550	11,8
[30 , 35[	12	160	22	32,5	390	7,1
[35 , 40[	10	170	10	37,5	375	5,9

Total : 170 3 415

b. Somme moyenne perçue par chaque élève, en francs :

3 415 : 170 ≈ **20,09.**

c. Médiane de cette série ou somme médiane, en francs :

$15 + \frac{5}{50}(85 - 44) \approx$ **19,10.**

4. *a.* **Pourcentage de chaque produit par site**

(Somme des déchets par produit : somme totale des déchets × 100) :

Ferrailles : (1 639 : 5 457) × 100 ≈ **30 %.**

Papiers/cartons : (2 090 : 5 457) × 100 ≈ **38,3 %.**

Bois : (913 : 5 457) × 100 = **16,7 %.**

Divers : (815 : 5 457) × 100 = **14,9 %.**

b.

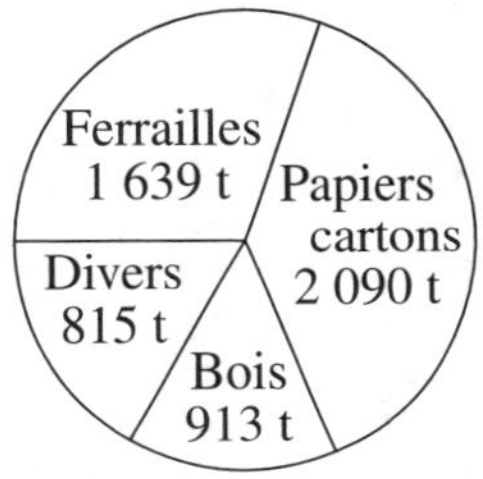

5. *a.* **Âge moyen de ce corps, en années :**

[(25 × 3) + (26 × 10) + (27 × 8) + (28 × 8) + (29 × 5) + (30 × 9)
+ (31 × 4) + (32 × 3) + (33 × 2) + (34 × 1) + (35 × 2)] : 55

(effectif total) ou 1 580 : 55 = **28,7.**

b.

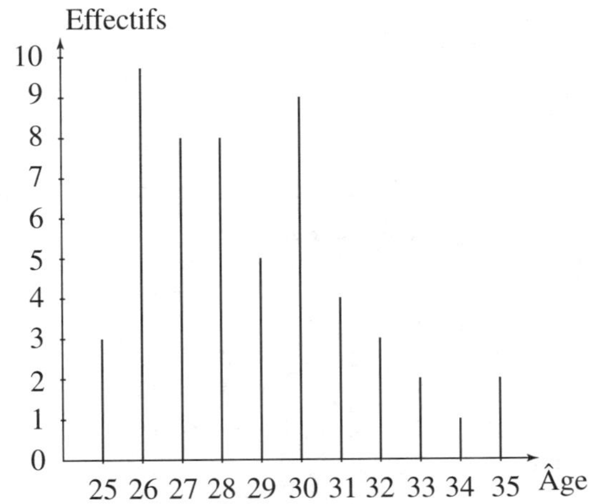

c. Pour obtenir au moins la moitié de l'effectif il faut remonter jusqu'à l'âge de 28 ans (effectifs cumulés décroissants), soit 34 fonctionnaires. C'est donc dans 32 ans (60-28), c'est à dire en **l'an 2022** (1990 + 32).

6.

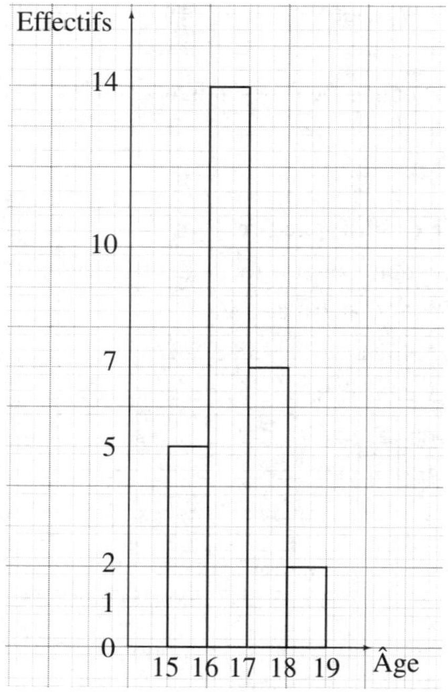

Âges en années	Effectifs n_i	Centre x_i	Produits $x_i \times n_i$	$x_i - \bar{x}$	$(x_i - \bar{x})^2$	$n_i(x_i - \bar{x})^2$
[15 , 16[	5	15,5	77,5	–1,2	1,44	7,2
[16 , 17[	14	16,5	231	–0,2	0,04	0,56
[17 , 18[	7	17,5	122,5	0,8	0,64	4,48
[18 , 19[	2	18,5	37	1,8	3,24	6,48
Total	28		468			18,72

Âge moyen en années : 468 : 28 ≈ **16,7.**

Écart type : $\sigma = \sqrt{\dfrac{18,72}{28}} \approx$ **0,818.**

7. *a.*

Âges	Nombre d'individus		Âges	Nombre d'individus	
	Zone A	Zone B		Zone A	Zone B
1	1	0	11	1	3
2	1	0	12	0	4
3	2	0	13	0	2
4	3	0	14	1	2
5	2	0	15	0	1
6	1	1	16	0	0
7	1	0	17	4	0
8	1	3	18	5	0
9	1	4	19	2	0
10	3	5	20	1	0

b. Âge moyen : $\dfrac{\text{Somme des âges}}{\text{Effectif total}}$.

zone A : 332 : 30 ≈ **11 ans.**

zone B : 266 : 25 ≈ **11 ans.**

Pourcentage d'animaux ayant l'âge moyen.

$\dfrac{\text{Somme des âges}}{\text{Effectif total}} \times 100$

zone A : $\dfrac{1}{30} \times 100 \approx$ **3,33 %** zone B : $\dfrac{3}{25} \times 100 =$ **12 %.**

c.

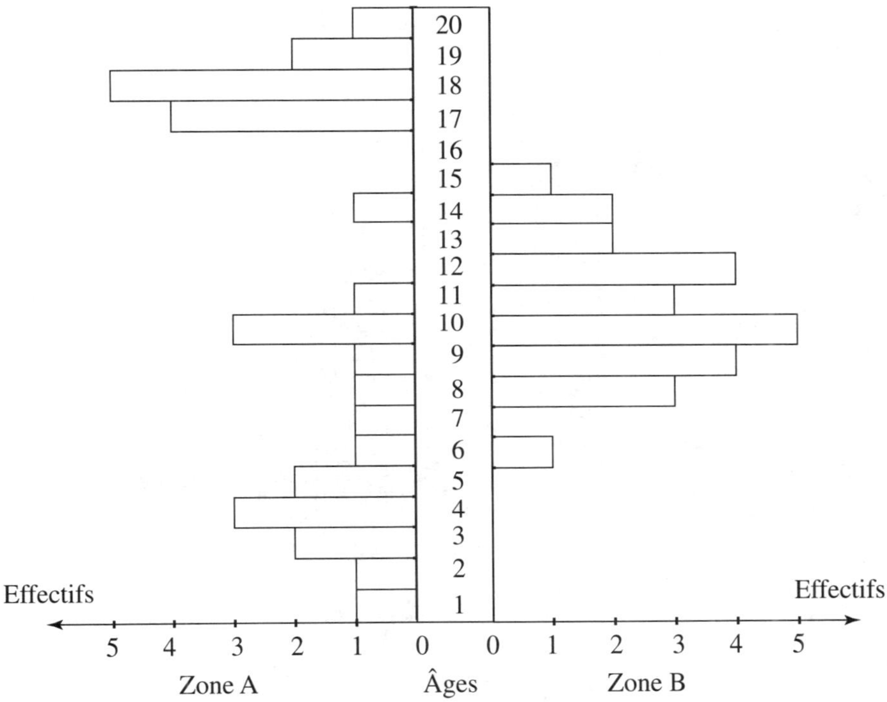

d.

Âges	Zone A		Zone B	
	Effectif	Pourcentage	Effectif	Pourcentage
$0 \leqslant x \leqslant 4$	7	23,33	0	0
$5 \leqslant x \leqslant 8$	5	16,66	4	16
$9 \leqslant x \leqslant 12$	5	16,66	16	64
$13 \leqslant x \leqslant 16$	1	3,33	5	20
$17 \leqslant x \leqslant 20$	12	40	0	0

e.

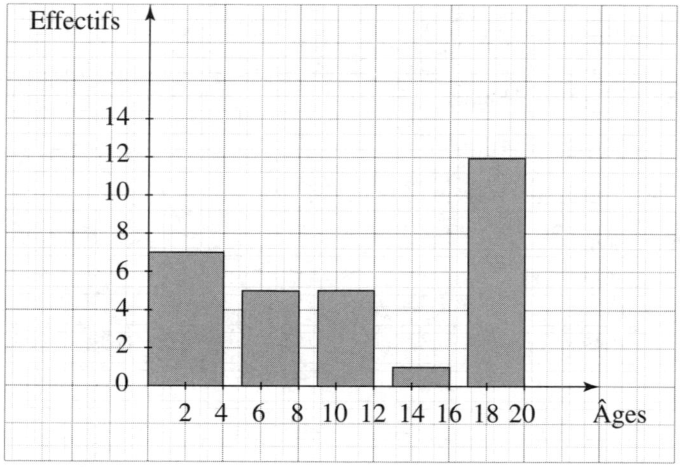

Zone A

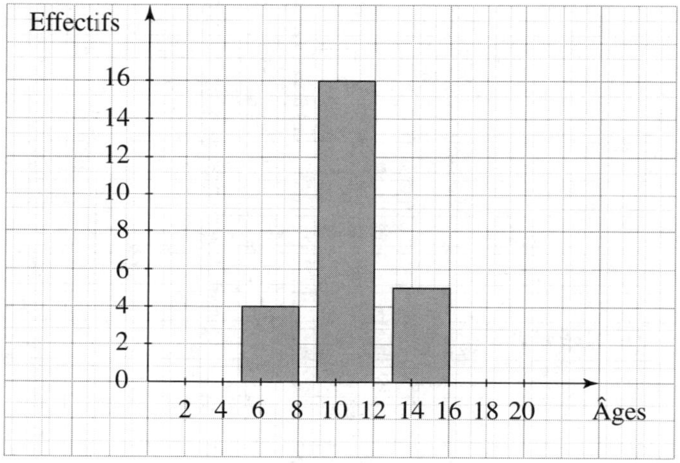

Zone B

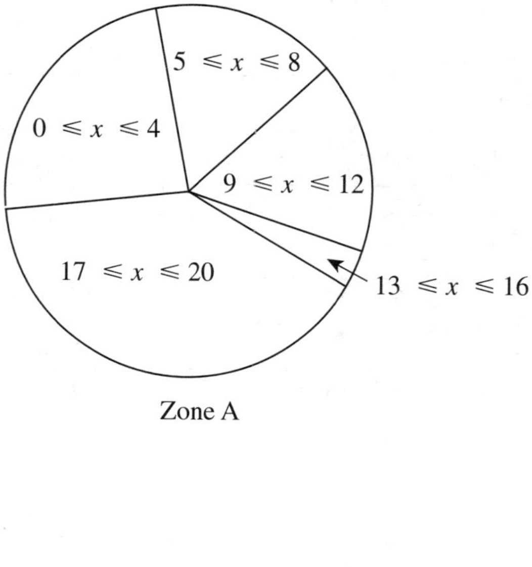

Zone A

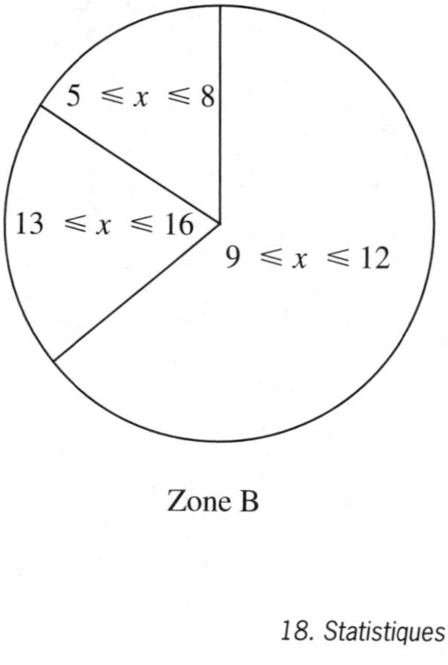

Zone B

19. Le tableau numérique

I. Définition et objectif

Réaliser un tableau numérique c'est mettre dans un **ordre logique** des **informations littérales** et **numériques** en lignes et en colonnes, de façon à obtenir un **document clair**, **précis** et **exploitable** par **simple lecture**. Il présente très souvent un **état récapitulatif** et met en valeur les éléments qui permettront **des comparaisons**.

II. Qualités du tableau numérique

C'est un document :

• **clair** et **précis** dans sa **concision.**

Le titre du tableau permet d'identifier clairement le contenu afin que l'utilisateur n'ait pas d'hésitation sur l'information qu'il recherche (sujet abordé, dates, unités...).

Les titres des colonnes et des lignes doivent être facilement compréhensibles (libellés des en-têtes, unités, abréviations...).

• aisément identifiable

Les totaux se trouveront de préférence en bas des colonnes. Éviter les grands nombres (utiliser les KF, arrondir les nombres à virgule...).

• dont **la présentation flatte l'œil**

Tracé très soigné des cases, dimensions bien proportionnées, écriture très lisible des en-têtes et des nombres (chiffres bien alignés).

III. Méthodologie

a. Lectures de l'énoncé :

Une **première lecture** attentive de l'énoncé permettra d'avoir une **idée précise** des informations que doit contenir le tableau.

Au cours d'une **deuxième lecture** on pourra **souligner les mots-clefs** qui se retrouveront dans le titre général et les titres des colonnes et des lignes.

b. Repérage des questions :

Bien répertorier les **questions posées** afin de déterminer les colonnes et les lignes et de les disposer dans un ordre logique (les totaux de préférence en bas).

c. Présentation du tableau

En général plusieurs dispositions sont possibles. Il est souhaitable de procéder à des **essais de présentation au brouillon** afin d'obtenir une version qui réponde le mieux aux exigences de qualité d'un tableau numérique.

Si les colonnes occupent moins de place que les lignes on prendra la feuille dans le sens de la hauteur ou « sens portrait ». Dans le cas contraire on préférera le sens de la largeur ou « sens paysage ».

d. Les calculs :

Ils ne présentent pas de grande difficulté (sommes, différences, recherche d'un pourcentage...) mais ils sont souvent assez longs et il est indispensable d'être bien entraîné pour **les terminer dans le temps imparti**. La calculatrice est ici un outil précieux qu'il faut savoir bien manipuler (vérifier l'affichage, priorité dans les opérations...).

Le souci de calculer rapidement ne dispense pas de **vérifier** ni surtout de rendre un travail particulièrement soigné (titres, cadres, nombres bien écrits...).

Exercices d'entraînement

1. Le tableau ci-après précise, par origine, les sommes en millions de francs, collectées au titre de l'épargne sur le plan national au cours des années 1991-92-93-94-95.

Origine	période				
	1991	1992	1993	1994	1995
Trésor public	60,15	65	72	69,8	71
Banques	82	87,3	91	88,5	90
Crédit Agricole	35	39,65	42	40	41,7
Crédit Mutuel	8,13	10,05	11,3	10,75	11
Caisse d'Épargne	...	...	...	...	...
Total	325,58	357,1	376,3	366,95	373

Dans un tableau mettre en évidence :

a. **Le montant de l'épargne « Caisse d'Épargne » collectée chaque année.**

b. Pour, chaque catégorie d'épargne considérée et pour l'ensemble des catégories, le **montant total de l'épargne collectée de 1991 à 1995.**

c. **Pour chaque année, le pourcentage que représente le montant de l'épargne de chaque origine par rapport au montant total de l'épargne de l'année considérée**. (Résultat à une seule décimale).

2. Dans une commune on a recensé les élèves scolarisés en classe de 6e dans les trois collèges pendant les années scolaires 1995-96 et 1996-97.

En 1995-96, on comptait :

collège A : 150 élèves répartis en 5 classes;

collège B : 234 élèves répartis en 8 classes;

collège C : 238 élèves répartis en 7 classes.

En 1996-97, les collèges A, B, C comptaient respectivement 140, 241, 220 élèves. Le nombre de classes demeurait inchangé.

Pour 1997-98, on a prévu :

- dans le collège A, la même variation de l'effectif que celle constatée de 1995-96 à 1996-97.
- dans le collège B, une diminution de 6,5 % par rapport à l'année précédente.
- dans le collège C, une augmentation de 4,3 % par rapport à 1996-97.

Réaliser un tableau, présentant pour ces trois collèges et pour l'ensemble :

– **l'effectif des classes de 6e et la moyenne par classe** (arrondie au dixième) pour les années 1995-96 et 1996-97.

– **la variation en pourcentage de l'effectif entre ces deux années scolaires** (arrondie au centième).

– pour 1997-98, la prévision :

- de l'effectif;
- du nombre de classes sachant que le nombre d'élèves par classe ne doit pas dépasser 34.

3. Pour le nombre de pays de la Communauté européenne, le tourisme est une ressource économique importante. C'est ainsi que la France, l'Espagne, l'Italie et la Grèce, entre autres, ont comptabilisé respectivement en 1995 et en milliards de dollars : X; 10,8; 14; 3,5 pour une recette globale de 40,8.

En 1996 et toujours dans le même ordre, la recette de chaque pays, en milliards de dollars, s'élève à 13,1; $\frac{6}{5}$ de 1995; 7 % de plus qu'en 1995 et Y, sachant que la recette totale s'élève à 45,14.

En 1997 on relève respectivement 14,2; 14,5; Z, T et une recette globale de 49.

Cette même année le produit du tourisme par habitant est en Italie de 273,7 dollars pour une population de 57 millions d'âmes. La France recense 56,63 millions d'habitants, l'Espagne 39,14 et la Grèce 10,3.

Réaliser un tableau numérique faisant apparaître pour chaque pays et pour l'ensemble :

– les recettes du tourisme, en milliards de dollars pour les années 1995-96-97.

– Pour l'année 1997 donner l'indice de variation de ces recettes en prenant pour base 100 l'année 1995.

Préciser la valeur en dollars du produit du tourisme par habitant.

Les nombres seront donnés avec deux décimales.

Les indices seront arrondis à l'unité près par excès.

Corrigés

1. Sommes collectées au titre de l'épargne

Origine	Période										
	1991		1992		1993		1994		1995		Montant total de 1991 à 95
	Montant	%	Montant	%	Montant	%	Montant	%	Montant	%	
Trésor public	60,15	18,5	65	18,2	72	19,1	69,8	19	71	19	337,95
Banques	82	25,2	87,3	24,4	91	24,2	88,5	24,1	90	24,1	438,8
Crédit agricole	35	10,8	39,65	11,1	42	11,2	40	10,9	41,7	11,2	198,35
Crédit mutuel	8,13	2,5	10,05	2,81	11,3	3	10,75	2,9	11	2,9	51,23
Caisse d'épargne	140,3	43,1	155,1	43,4	160	42,5	157,9	43	159,3	42,7	772,6
Total	325,58	–	357,1	–	376,3	–	366,95	–	373	–	1 798,93

Conseils pour réaliser les calculs

a. Pour obtenir le **montant collecté par la Caisse d'épargne** il suffit de soustraire au total de l'année la somme des montants collectés par les autres organismes.

Exemple : en 1991 : 325,58 – (60,15 + 82 + 35 + 8,13) = 140,3.

b. Pour chaque catégorie **le montant total de l'épargne** est la somme des montants annuels :

Exemple : Trésor public : 60,15 + 65 + 72 + 69,8 + 71 = 337,95.

Pour l'ensemble des catégories il suffit d'additionner les montants totaux de 1991 à 95.

c. Exemple de **calcul d'un pourcentage :**

Trésor public, en 1991 : $\frac{60,15 \times 100}{325,58} \approx 18,5$.

2. Commune : Scolarisation des élèves de 6e. 1995-96 et 1996-97. Prévision 1997-98

Collèges	1995-96		1996-97			Prévisions 97-98	
	Effectifs	Moyenne par classe	Effectifs		Moyenne par classe	Effectifs	Nombre de classes
			en nombre	variation en % / 1995-96			
A	150	30	140	–6,67	28	131	4
B	234	29,3	241	+2,99	30,1	225	7
C	238	34	220	–7,56	31,4	229	7
	622	31,1	601	–3,38	29,8	585	18

Conseils pour réaliser les calculs

a. Moyenne par classe = effectifs : nombre de classes.

Exemple : collège B en 1995-96 :

234 : 8 = 29,25 soit ≈ 29,3.

b. Variation en pourcentage par rapport à 1995-96

$$\left(1 - \frac{\text{Effectif 1996-97}}{\text{Effectif 1995-96}}\right) \times 100.$$

Si l'effectif a diminué le résultat sera précédé du signe moins.

Si l'effectif a augmenté le résultat sera précédé du signe plus.

Exemple : collège A : $\left(1 - \frac{140}{150}\right) \times 100 = 6{,}67$ soit $-6{,}67$ %.

c. Prévisions 1997-98 :

Effectif 1997-98 = effectif 1996-97 $\times \left(1 + \frac{\text{taux de variation}}{100}\right)$.

Exemple : collège C : $220 \times \left(1 + \frac{4{,}3}{100}\right) = 229{,}46$ soit 229.

Nombre de classes : effectif prévu : 34.

Exemple : collège A : $131 : 34 \approx 3{,}85$ soit 4 classes.

3. Recettes du tourisme de 1995 à 1997.

Pays	1995 (en milliards de dollars)	1996 (en milliards de dollars)	1997		
			(en milliards de dollars)	indice. Base 100 : 1995	en dollars par habitant
France	12,5	13,1	14,2	113,6	250,75
Espagne	10,8	12,96	14,5	134,3	370,46
Italie	14	14,98	15,6	111,4	273,7
Grèce	3,5	4,1	4,7	134,3	456,31
Total	40,8	45,14	49		

Conseils pour réaliser les calculs

Recette de la France en 1995 : $40{,}8 - (10{,}8 + 14 + 3{,}5) = 12{,}5$.

Recette de l'Espagne en 1996 : $10{,}8 \times \frac{6}{5} = 12{,}96$.

Recette de l'Italie en 1996 : $14 \times 1{,}07 = 14{,}98$.

Recette de la Grèce en 1996 : $45{,}14 - (13{,}1 + 12{,}96 + 14{,}98) = 4{,}1$.

Recette de l'Italie en 1997 : 273,7 × 57 millions = 15 566,7 soit 15,6 milliards.

Calcul des indices :

Exemple : France : $\frac{100}{12{,}5} \times 14{,}2 = 113{,}6$.

Produit du tourisme par habitant :

recette : nombre d'habitants.

Exemple : Espagne : $\frac{14{,}5 \times 10^9}{39\ 140\ 000}$ ou $\frac{1\ 450\ 000}{3\ 914} = 370{,}46$.

Sujets de concours

1. Dactylographe, spécialité Administration générale, Concours externe, 1995.

Afin d'assurer les relations inter-urbaines du département, la société des Autocars Inter-Urbains (S.A.I.U.) a utilisé, en 1992, trois catégories A, B et C d'autocars qui, au total, ont parcouru 893 700 km et consommé 266 300 litres de carburant.

• Les cinq autocars de la catégorie A ont parcouru le tiers du kilométrage total de la S.A.I.U. Ils ont respectivement consommé 16 500, 17 200, 18 000, 17 800, et 16 800 litres de carburant.

• Les quatre autocars de la catégorie B ont, quant à eux, parcouru respectivement 78 400 km, 79 300 km, 82 200 km et 82 400 km. Ensemble, ils ont consommé 95 800 litres de carburant.

• Les trois autocars de la catégorie C ont parcouru ensemble X km et ont respectivement consommé 28 200, 27 500 et 28 500 litres de carburant.

Pour 1993, la S.A.I.U. prévoit, grâce à des aménagements techniques, de faire baisser la consommation moyenne aux 100 km à 28 litres pour chaque autocar de la catégorie A, à 29 litres pour chaque autocar de la catégorie B et à 30 litres pour chaque autocar de la catégorie C. La consommation totale passerait ainsi de 266 300 litres à moins de 259 000 litres.

Établir un tableau numérique faisant apparaître pour chaque catégorie et pour l'ensemble des autocars de la S.A.I.U. :

• Pour 1992 : la distance totale parcourue, la consommation totale enregistrée ainsi que la consommation moyenne aux 100 km.

• Pour 1993, sur la base d'un kilométrage identique à celui de 1992, la nouvelle consommation totale prévue ainsi que la variation en pourcentage de cette prévision par rapport à la consommation totale de 1992.

(La consommation moyenne aux 100 km et les pourcentages de variation seront donnés au centième près).

X est une valeur à calculer.

2. Agent territorial qualifié du patrimoine, 1995.

Au cours des deux prochaines semaines, plusieurs groupes d'enfants seront reçus dans l'établissement dans lequel vous travaillez et vous êtes chargé (e) d'organiser leur visite.

Pour cela, établissez un planning permettant de visualiser le jour et l'heure où chaque classe ou groupe sera accueilli, en tenant compte des éléments mentionnés ci-après.

Classes et groupes reçus

– au cours de la 1re semaine : 4 classes maternelles (que vous noterez sur le tableau M_1, M_2, M_3, M_4); 6 classes élémentaires (E_1, E_2, E_3, E_4, E_5, E_6);

– au cours de la 2e semaine : 2 groupes d'enfants d'une crèche (C_1, C_2); 3 classes maternelles (M_5, M_6, M_7); 4 classes élémentaires (E_7, E_8, E_9, E_{10}).

Horaires d'accueil

– mardi : 9 h 30 – 12 h; 13 h 30 – 16 h (sauf le mardi après-midi de la 2e semaine);

– jeudi : 10 h – 12 h; 14 h – 15 h 30 (sauf le jeudi après-midi de la 1re semaine);

– vendredi : 9 h 30 – 12 h; 13 h 30 – 16 h.

Horaires scolaires

– 9 h – 12 h; 13 h – 16 h.

La durée du trajet entre les écoles et l'établissement est de 15 min.

Durée des séances

– crèches : 30 mn;
– maternelles : 45 mn;
– élémentaires : 1 h.

Une coupure de 15 mn est nécessaire entre deux séances.

– La crèche souhaite être accueillie le mardi et le jeudi à 10 h.
– L'accueil des classes maternelles doit être planifié le matin.

3. Agent-chef de la surveillance spécialisée de la commune de Paris, 1995.

L'Europe de l'Ouest est composée des pays suivants : l'Allemagne, l'Autriche, la Belgique, la France, le Luxembourg, les Pays Bas et la Suisse.

La superficie respective de chacun de ces pays est de (en km^2) : 357 000; 84 000; 31 000; 544 000; 3 000; 42 000; 41 000.

La population moyenne de ces pays, exprimée en milliers, est respectivement de : 79 880; 7 726; 9 962; 56 420; 380; 14 951; 6 712.

De même les naissances, exprimées en milliers, sont de : 899; 91; 124; 762; 5; 198; 84 et les décès de 906; 83; 105; 529; 4; 129; 63.

Enfin ce recensement fait apparaître que la population de 65 ans et plus, représente respectivement 15 %; 15 %; 14 %; 14 %; 13 %; 12 %; 15 % de la population moyenne.

Il vous est demandé de dresser un tableau numérique à double entrée. Celui-ci fera apparaître les données suivantes pour chacun de ces pays ainsi que le total représentant l'Europe de l'Ouest.

a. La superficie (en km^2).

b. Le nombre d'habitants au km^2.

c. La population moyenne (en milliers).

d. Le nombre de naissances (en milliers).

e. Le nombre de décès (en milliers).

f. Le taux de natalité.

g. Le taux de mortalité.

h. La population de 65 ans et plus (en milliers).

i. Le taux de population de 65 et plus par rapport à la population moyenne.

4. Agent-chef de la surveillance spécialisée des musées de la commune de Paris, 1996.

Une entreprise procède au renouvellement de son matériel informatique de bureau. Elle recense en 1995 :

– Pour son service administratif, 80 micro-ordinateurs, 6 ordinateurs portatifs et 32 imprimantes.

– Pour son service études et développement, 20 micro-ordinateurs, 12 ordinateurs portatifs et 8 imprimantes.

– Pour son service exploitation-maintenance, 35 micro-ordinateurs, 10 ordinateurs portatifs et 10 imprimantes.

– Pour son service production, 8 micro-ordinateurs et 4 imprimantes.

Le prix d'un micro-ordinateur est estimé à 9 500 francs, celui d'un ordinateur portatif à 14 800 francs et enfin celui d'une imprimante à 4 000 francs.

a. **Établir un tableau numérique faisant apparaître pour chaque service : le coût de renouvellement des installations, par type de matériels. Indiquer, en nombre et en pourcentage, le montant total des dépenses par service.**

b. Compte tenu des restrictions budgétaires, l'entreprise décide de ne renouveler que la moitié des installations du service administratif, le quart des installations du service études et développement, 20 % des installations du service exploitation-maintenance et 100 % des installations du service production. **Établir un nouveau tableau numérique faisant apparaître pour chaque service : le nombre de matériels à changer et les dépenses équivalentes, par type de matériels. Indiquer, en nombre et en pourcentage, le montant total des dépenses par service.**

c. Le coût d'entretien d'une installation (micro-ordinateur, ordinateur portatif, imprimante) étant estimé à 500 F/an, **calculer par service le montant annuel des dépenses d'entretien du parc informatique.**

5. Agent de 2e classe de la surveillance spécialisée de la commune de Paris, 1996.

En 1990, la production annuelle d'automobiles en France se répartit de la façon suivante :

- Renault : 1 616 104 véhicules;
- Peugeot : 1 370 458 véhicules;
- Citroën : 782 431 véhicules.

Les exportations représentent 2 095 500 véhicules. La part de chaque constructeur **par rapport à ces exportations** est de :

- Renault : 38,26 %;
- Peugeot : 39,26 %;
- Citroën : 22,48 %.

Il vous est demandé d'établir un tableau numérique faisant apparaître pour chaque constructeur et pour la France :

a. La production annuelle.

b. Le taux de production.

c. Le nombre de véhicules vendus en France.

d. Le taux de vente de véhicules en France par ***rapport à la production.***

e. Le nombre de véhicules exportés.

f. Le taux de véhicules exportés par ***rapport à la production annuelle.***

Corrigés

1. Les autocars de la S.A.I.U

Consommations : en 1992 – Prévisions pour 1993

Catégories d'autocars	1992			1993		
	Distance totale en km	Consommation totale en l	Consommation moyenne en l	Distance totale en km	Consommation totale en l	Variation % / 92
A	297 900	86 300	28,97	297 900	83 412	–3,35
B	322 300	95 800	29,72	322 300	93 467	–2,44
C	273 500	84 200	30,79	273 500	82 050	–2,55
A + B + C	893 700	266 300	29,83	893 700	258 929	–2,78

Comment réaliser ce tableau?

a. **Pour 1992 :**

• Distance totale, consommations totale et moyenne aux 100 km (arrondie au centième pour cette dernière).

• Les catégories des cars (A, B et C) et l'ensemble des cars (A + B + C).

– Les **distances totales parcourues** par catégorie :

A : $893\,700 \times \frac{1}{3} = 297\,900$ km.

B : 78 400 + 79 300 + 82 200 + 82 400 = 322 300 km.

C : 893 700 – (297 900 + 322 300) = 273 500 km.

– Les **consommations totales** par catégorie :

A : 16 500 + 17 200 + 18 000 + 17 800 + 16 800 = 86 300.

B : 95 800.

C : 28 200 + 27 500 + 28 500 = 84 200

ou 266 300 – (86 300 + 95 800) = 84 200.

– Les **consommations moyennes** aux 100 km :

A : $(86\,300 : 297\,900) \times 100 \approx 28{,}97$ l.

B : $(95\,800 : 322\,300) \times 100 \approx 29{,}72$ l.

C : $(84\,200 : 273\,500) \times 100 \approx 30{,}79$ l.

– Pour **l'ensemble des cars** de la S.A.I.U. les deux premières informations sont données dans l'énoncé (893 700 km et 266 300 litres). La consommation moyenne aux 100 km s'obtiendra par le calcul : $(266\,300 : 893\,700) \times 100 \approx 29{,}83$ l.

b. **Pour 1993 :**

• Les **distances totales** parcourues par catégorie sont inchangées.

• Les **consommations totales** par catégorie sont obtenues à partir de la consommation moyenne aux 100 km imposée.

A : $(28 : 100) \times 297\,900 = 83\,412$ l.

B : $(29 : 100) \times 322\,300 = 93\,467$ l.

C : $(30 : 100) \times 273\,500 = 82\,050$ l.

A + B + C = 83 412 + 93 467 + 82 050 = 258 929 l.

• La **variation en pourcentage de la consommation totale** prévue en 1993 par rapport à celle de 1992 s'obtiendra par l'expression **en pourcentage** de la réduction de consommation.

⚠ Se reporter si nécessaire au chapitre sur le calcul d'un pourcentage.

A : $[(86\,300 - 83\,412) : 86\,300] \times 100 \approx 3{,}35.$

B : $\dfrac{95\,800 - 93\,467}{95\,800} \times 100 \approx 2{,}44.$

C : $\dfrac{84\,200 - 82\,050}{84\,200} \times 100 \approx 2{,}55.$

A + B + C : $\dfrac{266\,300 - 258\,929}{266\,300} \times 100 \approx 2{,}78.$

Les pourcentages traduisent une variation à la baisse ils sont donc **négatifs**.

2. Organisation des visites d'élèves dans une entreprise

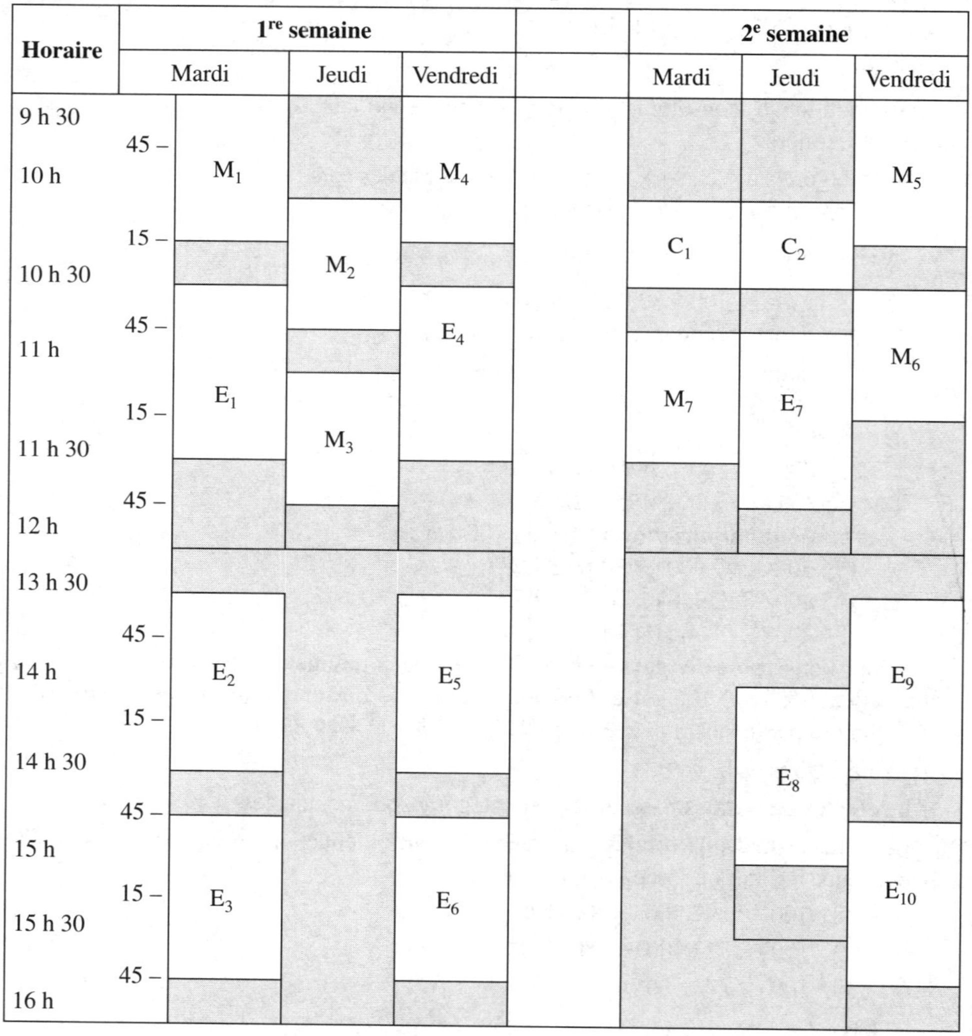

Conseils pour réaliser ce tableau

Colonne horaire : de 9 h 30 à 16 h par intervalles de 15 minutes.

Trois colonnes par semaine : mardi, jeudi, vendredi.

Commencer par **hachurer** toutes les tranches horaires interdites.

1re semaine : placer les classes maternelles le matin, penser aux 15 minutes de coupure entre 2 séances et aux 15 minutes de trajet entre l'école et l'entreprise.

2e semaine : placer les crèches le mardi et le jeudi à 10 h puis les classes maternelles le matin. Il reste une tranche horaire possible pour une classe élémentaire le matin.

Les 3 autres classes élémentaires se partagent les après-midi du jeudi et du vendredi.

3. L'Europe de l'Ouest : démographie et évolution comparée

Pays	Superficie en km^2	Nombre d'habitants au km^2	Population moyenne (en milliers)	Nombre de naissances (en milliers)	Nombre de décès (en milliers)	Taux de natalité ‰	Taux de mortalité ‰	Population ⩾ 65 ans (en milliers)	Taux pop. ⩾ 65 ans par rapport à pop. moy (%)
Allemagne	357 000	224	79 880	899	906	11	11	11 982	15
Autriche	84 000	92	7 726	91	83	12	11	1 159	15
Belgique	31 000	321	9 962	124	105	12	11	1 395	14
France	544 000	104	56 420	762	529	14	9	7 899	14
Luxembourg	3 000	127	380	5	4	13	11	49	13
Pays-Bas	42 000	356	14 951	198	129	13	9	1 794	12
Suisse	41 000	164	6 712	84	63	13	9	1 007	15
Europe de l'ouest	1 102 000	160	176 031	2 163	1 819	13	10	25 285	14

Comment remplir ce tableau?

Pour la **superficie** en km^2, la **population moyenne**, en milliers d'habitants, le **nombre de naissances** et le **nombre de décès**, exprimés en milliers, ainsi que le taux en pourcentage de la **population âgée de 65 ans** et plus, il suffit de **recopier les données de l'énoncé**.

Pour chacune de ces rubriques les **valeurs de la colonne Europe de l'Ouest** s'obtiendront en effectuant la somme des valeurs des sept pays recensés, **sauf** pour le taux, en pourcentage, de la **population de 65 ans et plus** où on fera la moyenne des 7 taux donnés.

On obtiendra le **nombre d'habitants au km²** en calculant le quotient :

$$\frac{\text{Population moyenne} \times 1\ 000}{\text{Superficie en km}^2}$$ (le résultat est logiquement arrondi à l'unité).

Le **taux de natalité** pour mille habitants est le quotient :

$$\frac{\text{Nombre de naissances (en milliers)}}{\text{Population moyenne (en milliers)}} \times 1\ 000.$$

On procède de même pour le **taux de mortalité** :

$$\frac{\text{Nombre de décès (en milliers)}}{\text{Population moyenne (en milliers)}} \times 1\ 000$$

(pour ces valeurs on arrondit aussi à l'unité).

La population de 65 ans et plus par rapport à la population moyenne est :

$$\text{population moyenne (en milliers)} \times \frac{\text{taux en pourcentage de l'énoncé}}{100} \text{(arrondi à l'unité).}$$

4. Coût du renouvellement des installations par service

a.

Types de matériels	Services			
	Administratif	Étude et développement	Exploitation – maintenance	Production
Micro-ordinateurs	760 000	190 000	332 500	76 000
Ordinateurs portatifs	88 800	177 600	148 000	—
Imprimantes	128 000	32 000	40 000	16 000
Total des dépenses	976 800	399 600	520 500	92 000
Pourcentage des dépenses/dépense totale	49,1	20,1	26,2	4,6

Conseils pour la réalisation des calculs :

• Coût par type de matériel et par service :
prix d'un appareil × nombre d'appareils recensés.
Exemple : Micro-ordinateurs du service administratif.

$$9\ 500 \times 80 = 760\ 000 \text{ F.}$$

• Total des dépenses : somme des dépenses par type de matériel.
Exemple : Étude et développement : 190 000 + 177 600 + 32 000 = 399 600 F.

• Pourcentage des dépenses par rapport à la dépense totale par service.

$$\frac{\text{Total des dépenses par service}}{\text{Dépense totale de l'entreprise}} \times 100.$$

Exemple : Exploitation – maintenance :

$$\frac{520\ 500}{976\ 800 + 399\ 600 + 520\ 500 + 92\ 000} \times 100 = 26{,}17 \quad \text{soit} \quad 26{,}2\ \%.$$

b.

Types de matériels	Services							
	Administratif		Étude et développement		Exploitation – maintenance		Production	
	Nombre	Coût	Nombre	Coût	Nombre	Coût	Nombre	Coût
Micro-ordinateurs	40	380 000	5	47 500	7	66 500	8	76 000
Ordinateurs portatifs	3	44 400	3	44 400	2	29 600	—	—
Imprimantes	16	64 000	2	8 000	2	8 000	4	16 000
Total des dépenses	—	488 400	—	99 900	—	104 100	—	92 000
Pourcentages des dépenses/dépense totale	—	62,3	—	12,7	—	13,3	—	11,7

Pour remplir ce tableau on procède de la même manière que pour le tableau *a.* en tenant compte du nombre d'appareils à renouveler $\left(\frac{1}{2}, \frac{1}{4}, 20\ \% \text{ ou } 100\ \%\right)$.

c. Montant annuel des dépenses d'entretien du parc informatique par service.

Service administratif :

3 installations complètes : $3 \times 500 = 1\,500$ F;

13 installations à 2 appareils : $13 \times 500 \times \frac{2}{3} \approx 4\,333$ F $(13 = 16 - 3)$;

24 installations à 1 appareil : $24 \times 500 \times \frac{1}{3} = 4\,000$ F $(24 = 40 - (13 + 3))$ soit un total de **9 833 F**.

Service étude et développement :

2 installations complètes : $2 \times 500 = 1\,000$ F;

1 installation à 2 appareils : $1 \times 500 \times \frac{2}{3} \approx 333$ F $(1 = 3 - 2)$;

2 installations à 1 appareil : $2 \times 500 \times \frac{1}{3} = 333$ F $(2 = 5 - (2 + 1))$

soit un total de **1 666 F**.

Service Exploitation – maintenance :

2 installations complètes : $2 \times 500 = 1\,000$ F;

5 installations $(7 - 2)$ à 1 appareil : $5 \times 500 \times \frac{1}{3} \approx 833$ F. Soit un total de **1 833 F**.

Service production :

4 installations à 2 appareils : $4 \times 500 \times \frac{2}{3} \approx 1\,333$ F.

4 installations $(8 - 4)$ à 1 appareil : $4 \times 500 \times \frac{1}{3} \approx 666$ F. Soit un total de **1 999 F**.

5. Production et vente des constructeurs français d'automobiles en 1990

a.

Marques	Production annuelle	Taux de production %	Nombre de véhicules vendus en France	Taux de vente en France %	Nombre de véhicules exportés	Taux de véhicules exportés %
Renault	1 616 104	42,9	814 666	50,4	801 738	49,6
Peugeot	1 370 458	36,4	547 765	40	822 693	60
Citroën	782 431	20,7	311 363	39,8	471 069	60,2
France	3 768 993	—	1 673 494	—	2 095 500	—

Conseils pour la réalisation des calculs :

b. Taux de production $= \dfrac{\text{production annuelle}}{\text{production France}} \times 100.$

Exemple : Renault : $\dfrac{1\,616\,104}{3\,768\,993} \times 100 = \mathbf{42{,}87}$ soit **42,9 %**.

c. Nombre de véhicules vendus en France = production annuelle – nombre de véhicules exportés.

Exemple : Peugeot : 1 370 458 – 822 693 = 547 765.

d. Taux de vente de véhicules vendus en France par rapport à la production =

$$\frac{\text{Nombre de véhicules vendus en France}}{\text{production annuelle}} \times 100.$$

Exemple : Citroën : $\dfrac{311\,363}{782\,431} \times 100 = \mathbf{39{,}79}$ soit **39,8 %**.

e. Nombre de véhicules exportés = 2 095 500 × *t* %.

Exemple Renault : $\dfrac{2\,095\,500 \times 38{,}26}{100} = \mathbf{801\,738{,}3}$ soit **801 738.**

f. Taux de véhicules exportés par rapport à la production annuelle = 100 % – taux de vente en France.

Exemple : Peugeot : 100 % – 40 % = 60 %.

20. Problèmes divers

Exercices

1. Agent administratif, Police nationale, 1995.

Soit la suite mathématique suivante : 1, 2, 3, 5, 8…

la compléter par :

( ) 12, 17, 23
( ) 15, 24, 33
( ) 13, 21, 34
( ) 11, 14, 17.

2. Agent administratif, Police nationale, 1995.

Cocher l'élément manquant dans la suite suivante :

243, 4, 81, 8, 27, 16, …, …

( ) 12 … 19
( ) 29 … 6
( ) 10 … 7
( ) 46 … 14
( ) 9 … 32

3. Agent administratif, Police nationale, 1995.

Quel chiffre vient compléter ci-après ?

10 11
20 22
41 53
51 64
63 93
75 122
84 124
96 .... ?

126 153 183 138 158

4. Agent administratif, Police nationale, 1994.

Parmi les élèves d'une classe :

– 16 étudient l'anglais
– 13 étudient l'espagnol
– 13 étudient l'allemand
– 4 étudient l'anglais et l'espagnol
– 6 étudient l'espagnol et l'allemand
– 5 étudient l'anglais et l'allemand
– 3 étudient les trois langues.

Tous les élèves étudient au moins l'une de ces trois langues.

Combien d'élèves y a-t-il dans cette classe ?

5. Agent administratif, Police nationale, 1995.

Quelle est la longueur d'un arc de cercle de 18° dans un cercle de 98 cm de diamètre? ($\pi = 3{,}14$)

( ) 17,11 cm ( ) 15,38 cm
( ) 7,70 cm ( ) 30,80 cm.

6. Le Caire et Saint-Pétersbourg sont pratiquement situés sur le même méridien. **Calculer la distance entre ces deux villes sachant que :**

– Le Caire a une latitude de 30° N;
– Saint-Pétersbourg a une latitude de 60° N;
– Le rayon d'un méridien est de 6 370 km.
(On prendra $\pi \approx 3$).

7. Chef d'équipe du nettoiement, 1996.

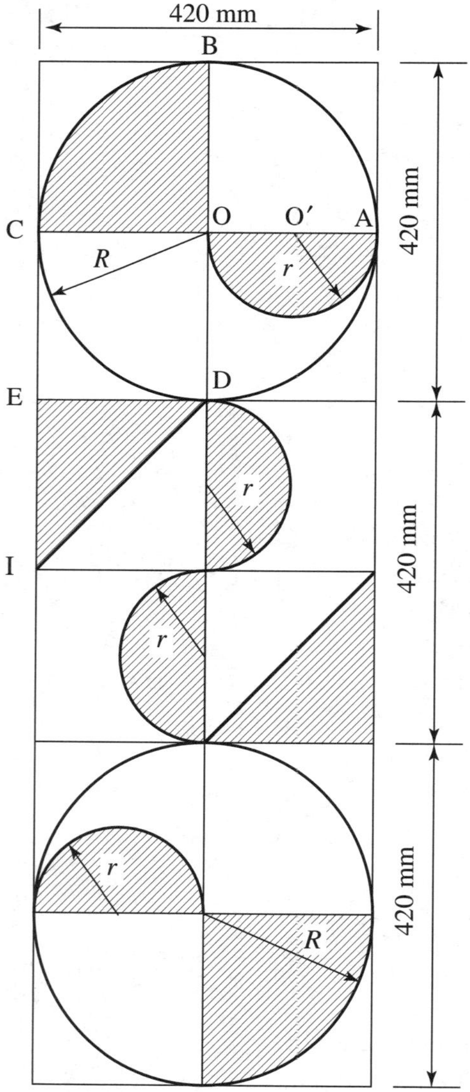

La figure ci-contre représente le motif de protection de la partie vitrée d'une porte. Il est réalisé en fer plat (pour les calculs, son épaisseur sera négligée).
Les parties hachurées sont garnies de tôles.

Déterminer :

a. Le rayons *R* et *r*.

b. La longueur de l'arc $\overset{\frown}{OA}$ et de l'arc $\overset{\frown}{ABCD}$.

c. La longueur du segment DI, arrondi au cm le plus proche.

d. La longueur totale du fer plat utilisé.

e. L'aire du secteur circulaire $\overset{\frown}{O'OA}$, $\overset{\frown}{OBC}$ et du triangle DIE.

f. L'aire de la tôle utilisée.

Les cotes sont données en mm. Les résultats des surfaces seront arrondies au cm^2 le plus proche; on prendra $\pi = 22/7$.

8. Agent territorial, Île-de-France, 1995.

Une commune dispose d'une subvention exceptionnelle qu'elle souhaite affecter à la création d'une bibliothèque.

a. Pour réaliser ce projet, elle acquiert un terrain de forme triangulaire (base = 120 m ; hauteur = 75 m) au prix de 1 200 F l'are. Elle y fait construire un bâtiment qui lui revient à 250 000 F. Le total de ces dépenses représente 80 % de la subvention.

Quel est le montant de cette subvention ?

b. Le bâtiment qui abritera cette bibliothèque étant construit, il importe à présent de l'équiper. Les travaux d'aménagement de la bibliothèque sont pris en charge par trois collectivités :

– le Conseil régional finance 35 % de la dépense,

– le Conseil général assure 25 % de la dépense,

– la Commune prend en charge le reste, soit 75 000 F.

Quel est le coût total de ces travaux d'aménagement ?

c. Après la période d'aménagement, la bibliothèque est enfin ouverte au public selon les horaires suivants :

	Public	Scolaires
Lundi	11 h – 19 h	
Mardi		13 h 30 – 17 h
Mercredi	9 h – 18 h	
Jeudi		13 h 30 – 17 h
Vendredi	9 h – 12 h	
Samedi	9 h – 12 h et 14 h – 19 h	

Déterminer le pourcentage des heures d'ouverture spécialement affectées aux enfants des écoles par rapport au total des heures d'ouverture.

d. Pour soutenir les activités culturelles de la bibliothèque, une association « *Les amis de la bibliothèque* » est créée. Celle-ci édite une revue bimestrielle tirée à 3 000 exemplaires. Cette revue comporte 8 pages (numérotées de 1 à 8). Le format d'une page est le format A3 soit 297×420 mm. Pour l'éditer, il est décidé d'utiliser une bobine de papier large de 494 mm.

Quelle longueur de papier doit-on prévoir d'utiliser pour une année (réponse en km) ?

9. Adjoint administratif périscolaire, Paris, 1996.

Nota : Les montants calculés devront être arrondis au centime près.

Vous êtes chargé(e) d'organiser des séjours d'enfants en montagne d'une durée de 5 jours chacun et d'en établir le budget.

4 séjours sont programmés :

– 1er séjour : 31 enfants et 3 animateurs

– 2e séjour : 42 enfants et 4 animateurs

– 3e séjour : 67 enfants et 7 animateurs

– 4e séjour : 58 enfants et 6 animateurs.

En ce qui concerne le voyage, deux possibilités s'offrent à vous : le transport en car ou par le train.

A) Le voyage aller en car d'une distance de 632 km est facturé 13,46 F du km (y compris le salaire des chauffeurs), il faut y ajouter le péage de l'autoroute : 876 F.

Un car contient 48 places.

B) Le voyage par le train (au tarif de groupe le billet coûte 472 F par personne pour l'aller et le retour); il faut y ajouter le transport des enfants et des animateurs de la gare au lieu de séjour, soit un forfait par trajet de 435 F pour un bus de 35 places.

a. **Calculer pour chacun des séjours le prix de revient par enfant dans le cas d'un voyage en train et dans le cas d'un voyage en car** (le montant du voyage des animateurs est à répartir sur le prix payé pour chaque enfant).

Présenter les résultats sous forme de tableau.

Comparer les résultats.

b. **Calculer le « budget voyage » en choisissant pour chaque séjour la solution la plus avantageuse.**

c. Si on souscrit un abonnement auprès de la SNCF pour tous les voyages, le prix du billet sera réduit à 456 F.

Si on souscrit un abonnement auprès de la compagnie de cars, elle consentira une réduction de 11,5 %.

Effectuer une étude comparative et choisir le moyen de transport le plus avantageux.

Quel sera alors par enfant le coût moyen du voyage?

d. Il faut par ailleurs gérer les dépenses suivantes :

– l'hébergement en pension complète : 145 F la personne et par jour;

– le forfait des remontées mécaniques (pour 5 jours) :

- 220 F par enfant
- 260 F par animateur

– les cours de skis des enfants (pour 5 jours) : 212 F par enfant;

– la location des skis (pour 5 jours);

- 182 F par enfant
- 216 F par animateur

– la rémunération des animateurs (pour le séjour) : 1 100 F par animateur

– les frais de dossiers : 632 F par séjour.

Calculer le budget global (pour les 4 séjours).

Calculer en pourcentage, par rapport au budget global, les rubriques suivantes :

- voyage
- hébergement
- frais afférents à la pratique du ski
- encadrement et frais de dossiers.

Représenter ces résultats sur un graphe circulaire de 8 cm de diamètre.

(Les pourcentages seront calculés à 0,01 % près).

e. La mairie alloue une subvention globale de 200 000 F.

Quel sera le montant demandé aux familles pour le séjour d'un enfant?

N.B. : Les montants calculés devront être arrondis au centime près.

Corrigés

1. 13, 21, 34 car chaque nombre est la somme des 2 précédents.

2. Pour passer d'un nombre de rang impair au suivant, il faut le diviser par 3.
Pour passer d'un nombre de rang pair au suivant, il faut le multiplier par 2.
L'élément est donc **9, 32.**

3. Dans la colonne de gauche, quand on passe d'un nombre au suivant en ajoutant 12, il faut dans la colonne de droite ajoutée 29 aux nombres correspondants. Le nombre qui complète la série est donc **153.**

4.

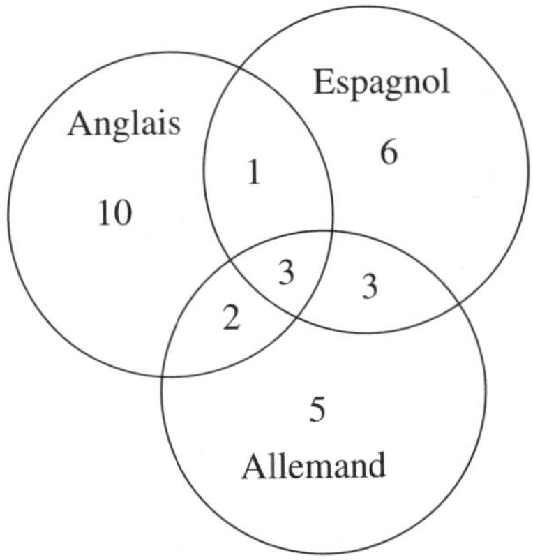

Les élèves se répartissent suivant le schéma ci-contre.
Il y a **30 élèves** dans cette classe.

5. Longueur d'un cercle de 98 cm de diamètre
$98 \times 3{,}14 = 307{,}72$ cm.
Longueur de l'arc de $18°$ ≈ **15,39 cm.**

$$\frac{307{,}72 \times 18}{360} = 15{,}386.$$

6.

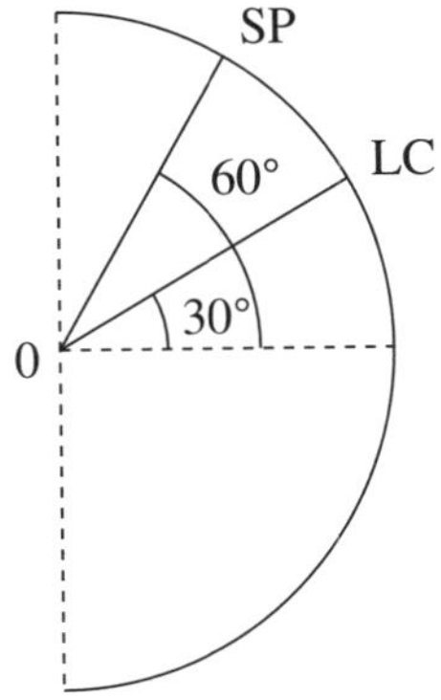

Longueur d'un méridien 19 110 km.

$$\frac{6\,370 \times 2 \times 3}{2} = 19\,110.$$

La différence des latitudes est 30°.
Distance le Caire – St.-Pétersbourg : **3 185 km.**

$$\frac{19\,110 \times 30}{180} = 3\,185.$$

7. *a.* $R = 420 : 2 = 210$ mm.
$r = 420 : 4 = 105$ mm.

b. Longueur de l'arc $\overset{\frown}{OA}$: **330 mm**

$$210 \times \frac{22}{7} \times \frac{1}{2} = 330.$$

Longueur de l'arc $\overparen{ABCD}$: **990 mm**

$420 \times \frac{22}{7} \times \frac{3}{4} = 990.$

c. La diagonale d'un carré de côté C est $C\sqrt{2}$

$(DI = 210 \times \sqrt{2}) \approx 296$ mm ou **30 cm.**

d. Longueur du fer plat : **3 900 mm** ou **3,9 m**

$330 \times 4 + 990 \times 2 + 300 \times 2 = 3\,900.$

e. Aire du secteur circulaire $\overparen{O'OA}$: **173 cm².**

$\frac{22}{7} \times (10{,}5)^2 \times \frac{1}{2} = 173{,}25.$

Aire du secteur circulaire $\overparen{OBC}$: **347 cm².**

$\frac{22}{7} \times (21)^2 \times \frac{1}{4} = 346{,}5.$

Aire du triangle DIE : **221 cm²**

$21^2 \times \frac{1}{2} = 220{,}5.$

f. Aire de la tôle : **1 828 cm².**

$173 \times 4 + 347 \times 2 + 221 \times 2 = 1\,828.$

8. *a.* 120 m = 12 dam ; 75 m = 7,5 dam.

Total des dépenses **304 000 F**

$\frac{12 \times 7{,}5}{2} \times 1\,200 + 250\,000 = 304\,000.$

Montant de la subvention : **380 000 F**

$\frac{304\,000 \times 100}{80} = 380\,000.$

b. 35 % + 25 % = 60 %

donc 40 % représente 75 000 F.

Coût total des travaux : **187 500 F**

$\frac{75\,000 \times 100}{40} = 187\,500.$

c. Nombre d'heures d'ouverture : 35 heures.
Nombre d'heures « scolaires » : 7 heures.
Pourcentage d'ouverture « scolaires » : **20 %**

$\frac{7 \times 100}{35} = 20.$

d. Nombre d'exemplaires annuels : 18 000.

$3\,000 \times 6 = 18\,000.$

Longueur de papier : 42 768 000 mm ou **42,768 km**

$18\,000 \times 8 \times 297 = 42\,768\,000.$

9. *a. Transport en car* :

1er séjour : $(13{,}46 \times 632 + 876) \times 2 = 18\,765{,}44$ F.
Prix par enfant 18 765,44 : 31 = **605,34 F.**

2e *séjour* : $(13{,}46 \times 632 + 876) \times 2 = 18\,765{,}44$ F.

Prix par enfant 18 765,44 : 42 = **446,80 F.**

3e *séjour* : $(13{,}46 \times 632 + 876) \times 4 = 37\,530{,}88$ F.

Prix par enfant : 37 530,88 : 67 = **560,16 F.**

4e *séjour* : $(13{,}46 \times 632 + 876) \times 4 = 37\,530{,}88$ F.

Prix par enfant : 37 530,88 : 58 = **647,08 F.**

Transport en train :

1er *séjour* : $472 \times 34 + 435 \times 2 = 16\,918$ F.

Prix par enfant : 16 918 : 31 = **545,74 F.**

2e *séjour* : $472 \times 46 + 435 \times 4 = 23\,452$ F.

Prix par enfant 23 452 : 42 = **558,38 F.**

3e *séjour* : $472 \times 74 + 435 \times 6 = 37\,538$ F.

Prix par enfant 37 538 : 67 = **560,27 F.**

4e *séjour* : $472 \times 64 + 435 \times 4 = 31\,948$ F.

Prix par enfant : 31 948 : 58 = **550,83 F.**

	1er séjour	2e séjour	3e séjour	4e séjour
Car	605,34 F	**446,80 F**	**560,16 F**	647,08 F
Train	**545,74 F**	558,38 F	560,27 F	**550,83 F**

Pour chaque séjour, le transport le moins onéreux est en caractères gras.

b. Budget voyage : **105 162,32 F**

16 918 + 18 765,44 +37 530,88 + 31 948 = 105 162,32.

c. Prix des transports avec abonnement :

	1er séjour	2e séjour	3e séjour	4e séjour	Total
Car	16 607,41 F	16 607,41 F	33 214,83 F	33 214,83 F	**99 644,48 F**
Train	16 374 F	22 716 F	36 354 F	30 924 F	160 368 F

Le car est le moyen de transport le plus avantageux.

Coût moyen par enfant : **503,25 F.**

$99\,644{,}48 : (31 + 42 + 67 + 58) = 503{,}25$.

d. Le nombre total d'enfants est 198
Le nombre total d'animateurs est 20 } soit 218 personnes.

Hébergement : **158 050 F**

$145 \times 218 \times 5 = 158\,050$.

Pratique du ski : **131 092 F**

$(220 + 212 + 182) \times 198 + (260 + 216) \times 20 = 131\,092$.

Encadrement et dossiers : **24 528 F**

1 100 × 20 + 632 × 4 = 24 528.

	Montants	Pourcentages	Angles
Voyage	99 644,48 F	24,11 %	87°
Hébergement	158 050 F	38,24 %	138°
Ski	131 092 F	31,72 %	114°
Encadrements et dossiers	24 528 F	5,93 %	21°
Budget global	413 314,48 F	100 %	360°

Pourcentage des frais de voyage : **24,11 %.**

$$\frac{99\,644{,}48 \times 100}{413\,314{,}48} = 24{,}108.$$

Angle correspondant au voyage : **87**°

$$\frac{360 \times 24{,}11}{100} = 86,\,7°.$$

Tous les calculs de pourcentages et d'angles se font de la même manière.

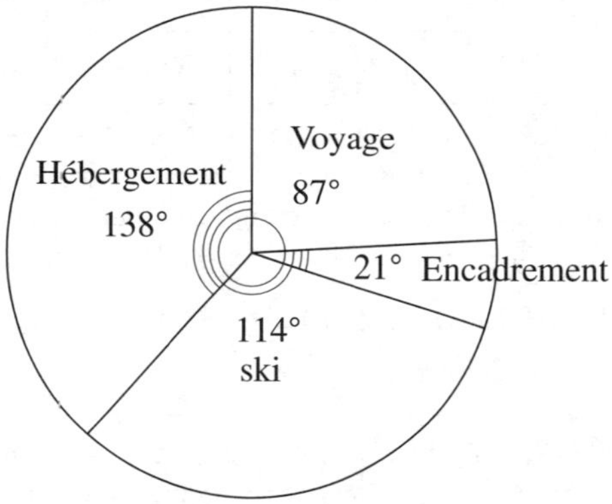

e. Budget moins la subvention : **213 314,48 F**

413 314,48 – 200 000 = 213 314,48.

Montant demandé aux familles, par enfant : **1 077,35 F**

213 314,48 : 198 = 1 077,345.

Table des matières

Achevé d'imprimer en Septembre 1998
sur les presses de l'Imprimerie Carlo Descamps
59163 Condé-sur-l'Escaut

Dépôt légal : Septembre 1998
N° d'éditeur : 6513
N° d'imprimeur : 98436